우리는 매일
죽음을
입는다

지은이 올든 위커 Alden Wicker

저널리스트이자 지속 가능한 패션 전문가. 윤리적이고 독성 없는 패션, 뷰티, 생활용품에 대해 연구하고 글을 쓴다. 우리 자신에게도 지구에도 안전한 옷을 선택하는 방법에 대해 신뢰할 수 있는 정보를 제공하는 웹사이트 '에코 컬트Eco Cult'의 설립자이자 편집장이다. 《뉴욕타임스》《보그》《와이어드》 등에 탐사 보도 기사를 기고했으며 BBC, NPR, 로이터, 《포춘》, CBC 등과 인터뷰를 했다. 2021년 비즈니스 보도 분야에서 미국기자협회상을 수상했다.

우리는 매일 죽음을 입는다

올든 위커 지음 김은령 옮김

유독한 옷은
어떻게 서서히
우리 몸을
망가뜨리는가

TO DYE
FOR

부·키

옮긴이 김은령

디자인하우스의 라이프스타일 잡지 《행복이 가득한 집》과 《럭셔리》 편집장을 거쳐 부사장으로 일하고 있다. 틈틈이 번역을 하고 글을 쓴다. 《침묵의 봄》 《나는 풍요로웠고 지구는 달라졌다》 《요람에서 요람으로》 《패스트푸드의 제국》 《설득의 심리학》(공역) 《아버지의 사과 편지》 등 30여 권을 번역했고, 《두 여자의 인생편집 기술》 《밥보다 책》 《럭셔리 is》 《비즈 라이팅》 등을 썼다. 이화여자대학교에서 영어영문학을 전공하고 같은 학교 대학원에서 언론학 석사 학위를 받았다.

우리는 매일 죽음을 입는다

초판 1쇄 발행 2024년 2월 29일 | 초판 3쇄 발행 2024년 5월 28일

지은이 올든 위커
옮긴이 김은령
발행인 박윤우
편집 김송은, 김유진, 박영서, 성한경, 장미숙
마케팅 박서연, 이건희, 정미진
디자인 서혜진, 이세연
저작권 백은영, 유은지
경영지원 이지영, 주진호
발행처 부키(주)
출판신고 2012년 9월 27일
주소 서울시 마포구 양화로 125 경남관광빌딩 7층
전화 02-325-0846 팩스 02-325-0841
이메일 webmaster@bookie.co.kr
ISBN 979-11-93528-04-4 03300

만든 사람들
편집 김유진 | 디자인 이세연

나의 행복과 성공을 위해 노력을 아끼지 않은 어머니께
어머니 덕분에 이 책이 가능했어요.

사랑과 응원의 영원한 원천인 남편에게
당신이 나와 한 팀이어서 얼마나 다행인지.

5900원 무료 배송으로 집 앞에 도착해 있던 회색 비닐. 급한 마음에 서둘러 잡아 뜯으면, 손가락 모양에 따라 비닐이 주욱 늘어났다. 풀럭, 그 사이로 새 옷 냄새가 풍겼다. 코끝을 찌르던 특유의 새 옷 냄새. 베란다에 며칠 내두면 빠질 거야. 하루가 지나기도 전에 베란다로 쪼르르 달려가 옷에 코를 박는 날이면 '으악' 하고 물러서야 했다.

새 옷 냄새의 정체는 뭐였을까? 그러고 보니 한 번도 생각한 적 없다. 배냇저고리부터 수의까지, 세상에 태어나 한 줌 흙으로 돌아가는 순간까지 옷을 입는데도 그 유해성에 대해 단 한 번도 생각해 본 적 없다. 코발트블루의 오묘한 색감을 완벽하게 재현해 내기 위해 얼마나 많은 염료가 쏟아졌을지. 몇 달 며칠 바다를 건너 해외 배송으로 온 치마가, 인터넷에서 보던 모습 그대로 유지되기 위해 얼마나 많은 주름 방지, 곰팡이 방지, 냄새 방지 화학물질을 끌어안고 있을지.

작은 티끌도 용납하지 않는 새하얀 셔츠, 멀리서도 시선을 끄는 화려한 진분홍 배기 팬츠, 기분 좋게 짤랑이는 실버 스팽글 귀걸이. 이 아름다운 것들을 입으며 죽음을 생각할 리 없다. 작은 캐리어를 끌고 당당한 발걸음을 이어 가는 항공 승무원의 각 잡힌 유니폼을 보며 발진, 호흡 문제, 갑상선 질환, 탈모, 난임 따위를 떠올릴 리 없다.

이 책은 항공 승무원에게 지급한 유니폼이, 수만 피트 상공을 날던 건강한 이들의 삶을 처참하게 곤두박질치게 만든 사건을 추적하며 시작된다. 화학물질로 뒤덮인 '그' 유니폼을 입지 않았으니 다행이라고 생각할 건 없다. "패션 제품은 우리가 취급 허가증 없이 구입할 수 있는 소비재 중 가장 복잡하고 다층적인 화학적 프로필을 갖고 있다." 항공 승무원은 매일 같은 옷을 입고 밀폐된 공간에서 생활하는, 다시 말해 '옷'의 영향을 가장 적나라하게 경험하는 직군 중 하나다. 따라서 유니폼이 쏘아 올린 옷의 유해성은 우리가 마주해야 할 진실의 시작에 불과할 것이다. 형형색색의 일회용품처럼 만들어지는 옷과 그에 사용되는 화학물질의 잔흔은 전적으로 우리 모두의 몫이 될 테니까.

가장 트렌디한 옷을 입는 패셔니스타가 누구인지, 어떤 쇼핑몰에서 구매해야 가장 저렴하게 구매할 수 있는지는 알고 있지만, 올림픽 경기장 수영장에 떨어진 물 한 방울만큼 아주 적은 양의 내분비교란물질이 우리 몸에 영구적인 영향을 미칠 수 있다는 사실은 몰랐다면, 《우리는 매일 죽음을 입는다》의 세계에 온 여러분을 환영한다. 지극히 평범하고 일상적인 쇼핑을 즐기는 모든 이에게 이 책을 추천한다.

계절마다 바뀌는 유행과 '당일 배송'으로 우리 앞에 놓인 옷들. 생의 모든 순간 피부 가장 가까운 곳에서 우리와 함께 숨 쉬는 옷의 진짜 정체에 대해 이제는 더 이상 모른 체 할 수 없다. .

이소연 | '당근' 콘텐츠 에디터, 《옷을 사지 않기로 했습니다》 저자

파스텔색이 예뻤던 바지를 샀다. 얼마 지나지 않아 바지가 닿았던 허벅지부터 발목까지 붉은 반점이 돋았다. 발진을 없애려고 병원을 다니고 나서야 깨달았다. 유독성 물질을 더 많이 사용했던 과거의 섬유 공장 노동자가 아니더라도, 바로 오늘 외출하기 위해 옷장 속에서 옷을 꺼내 입는 나의 몸 역시 옷을 만들며 첨가했던 수많은 화학물질을 흡입할 수 있다는 것을.

이 물질들은 누군가의 몸속에서 암과 난임의 원인이 되기도 한다. 플라스틱 성분의 유니폼을 입고 일해야 하는 항공 승무원들은 피할 길도 없이 건강이 나빠졌다. 매일 입는 옷이 몸을 아프게 한다니. 서서히 몸을 시들게 하는 이 잔인한 죽음을 사회적 타살이 아니라고 말할 수 있을까.

저자는 과민한 반응이고 근거 없는 추측에 불과하다며 옷의 화학물질 문제를 일축해 온 이들을 향해 진실을 묻는다. 세계 패션 산업이 굳건하게 유지되는 이면에 독성 오염 물질 사용을 규제하고 덜어내기 위한 노력이 얼마나 부족했는지를 성실하게 추적한다. 웹사이트와 소셜미디어 플랫폼 등을 통해 비슷한 경험을 한 평범한 여성들의 이야기를 모아 보니 더욱 선명해졌다. 개인의 소소한 경험이 사회를 바꾸는 단초가 되어, 패션 산업과 지구와 나의 건강한 미래를 위해 외면할 수 없는 이야기를 기록했다.

지속 가능한 패션을 고민하는 많은 이들이 할 수 있는 가장 쉬운 선택은 '합리적 소비자'가 되는 것이다. 실오라기 하나 걸치지 않고 태어난 인간은 자연 앞에서 연약하다. 자연과 타인으로부터 나를 보호하고 구분하는 옷은 빼앗길 수 없는 필수품이다. 다만, 우리가 최소한의 소비를 하고, 우리와 지구의 건강을 위협하는 기업에 사회적 책임을 요구하는 '책임 있는 소비자'가 된다면 세상은 조금씩, 그러나 분명히 바뀔 수 있을 것이다. 생활 속 건강·환경 문제와 기업의 윤리, 느슨한 국제 환경 규제의 문제전, 소비자의 권리를 함께 고민하다 보면 '더 나은 소비자'가 될 수 있다.

최우리 | 한겨레신문 기자, 《지구를 쓰다가》 저자

"옷장 속 '침묵의 봄'이라고 생각하시면 될 듯해요."

이 책을 번역하게 된 것은 편집자의 한마디 때문이었다. 1962년 발표된 레이철 카슨의 《침묵의 봄》은 해충을 잡겠다고 무분별하게 사용한 살충제가 인간과 생태계에 어떤 문제를 일으키는지 보여 주며 환경 문제에 대한 인식을 새롭게 해 준 책이다. 책이 출간되었을 때 화학업계는 카슨을 감상주의적이고 히스테리로 가득하다고 공격했다. 하지만 시간이 흘러 살충제가 어떤 문제를 일으키는지 확인한 사람들은 이 책을 인류 역사상 가장 중요한 저작물 중 하나로 선정했다.

어쩌면 비슷한 일이 《우리는 매일 죽음을 입는다》에도 일어날지 모르겠다. 저자인 올든 위커는 미국 전역에서 옷에 든 화학물질 때문에 건강을 해치고 심하게는 사망에 이른 사람들을 찾아다니며 취재를 하고, 인도까지 날아가 옷을 만들고 염색하는 공장들을 살폈다. 유독물 중독의 역사를 조사하고, 셀 수 없이 많은 자료를 참고

했으며, 직접 옷을 사서 화학 성분 분석을 전문 기관에 의뢰했다. 의사와 과학자, 각 분야 전문가의 설명과 변명을 듣기도 했다.

카슨이 이미지와 은유를 사용한 시적인 문장으로 문제의 심각성을 강조했다면, 위커는 군더더기 없이 단호한 글로 일상에 드리워진 '죽음'의 그림자를 탐구한다. 유니폼을 입는 항공 승무원이, 방호복을 입는 소방관이, 땀 흘리며 뛰어노는 아이들이 옷 때문에 어떤 일을 겪었는지 생생하게 소개했지만 두려움과 걱정은 독자들의 몫으로 남을 확률이 높다. 이 책에 등장한 대부분의 사례에 대해 관련 기업이나 정부는 '개인적인 과민 반응' '근거 없는 추측'이라며 대수롭지 않게 여겼기 때문이다. 너무나 익숙한 대응 아닌가.

2000년대 초반 급격하게 커진 패스트패션 덕에 누구나 멋쟁이가 될 수 있었다. 부담스럽지 않은 가격에 최신 유행을 따라 근사하게 차려입을 수 있었으니 누군가는 이것을 패션의 민주화라 부를지도 모르겠다. 하지만 싼 가격의 옷이 치러야 하는 대가는 비쌌다. 세탁이나 관리에 필요한 비용과 새로 사는 비용이 비슷해진 탓에 새 옷의 유효 기간이 턱없이 짧아져 한두 번 입고 버리는 일이 이상하지 않았다. 유행이 지나 팔리지 않는 옷들은 폐기물이 되어 산더미처럼 쌓이거나 소각된다. 엄청난 자원 낭비이자 환경오염의 원인이다.

그런데 한 발 더 나아가 울트라 패스트패션까지 등장했다. 누가 어떻게 만들었는지 알 수 없고 적절한 품질 검사도 거치지 않은 옷이 소셜 미디어나 인터넷을 통해 그날그날 판매된다. 이런 옷들이 건강에 어떤 문제를 일으키는지 추적이나 확인도 불가능하다. 외부 위험으로부터 우리를 지켜 주는 것이 옷의 고전적인 기능이었는데, 이제는 옷 자체가 위험이 되어 버렸다. 화려한 디자인과 온갖 기능이 더해지면서 그 위험은 점점 더 심각해질 것이다.

　나 역시 새 옷을 사 입을 때면 가려움증이나 피부 발진으로 고생하곤 했다. '몸 상태가 안 좋은가' '알러지 반응인가' 생각하고 넘어갔지만, 이 책을 통해 내가 아니라 옷이 문제일 수도 있다는 사실을 알게 되었다. 나는 화학물질로 가득한 옷을 입겠다고 동의한 적이 없다. 그러나 내가 입는 옷에 어떤 화학물질이 얼마나 들어 있는지 알 수 없으니 내 의지와 상관없이 계속 위험에 노출될 것이다. 지금과 같은 상황이라면 옷이 아무 문제 일으키지 않기를 운에 맡기는 수밖에 없다.

　계절이 바뀔 때마다 신제품을 소개하는 패션업계와 기능성 의류를 통해 엄청난 수익을 올리는 화학업계가 문제 되는 옷들의 생산과 판매를 스스로 중단하는 일은 없을 것이다. 그렇다면 당분간 소비자가 제대로 살펴서 구매를 중단하는 수밖에 없다. 나쁜 것을 피하기만 하는 것은 소극적인 방식이니 문제를 만들어 내는 화학회사, 의류업체, 관련 정부 기관에 책임을 물어야 한다. 누군가를 위험에 빠뜨리거나, 착취하거나, 세상을 오염시키는 물건은 그것이 무엇이건 간에 애초에 만들어서는 안된다. 유독 물질에 덜 반응하는 젊고 건강한 사람들이 아니라 가장 약하고 가장 예민하게 반응하는 사람들을 기준으로 삼아 모두에게 안전한 옷을 만들고 유통해야 한다. 불매, 대대적 리콜 요구, 법적인 책임 추궁이 별 실효를 거두지 못한 우리 상황에서 멀고 먼 길처럼 보이지만, 오늘 성과가 없었다고 내일도 그러리라는 법은 없으니까.

저자가 자신에게 영향을 주었다고 이야기한 《침묵의 봄》 《패스트푸드의 제국》 《요람에서 요람으로》를 모두 내가 번역한 터라 더 반가웠다. 이런 책들을 만날 때마다 나는 무언가와 헤어졌다. 《침묵의 봄》을 번역하고 나서 살충제를 사용하지 않게 되었다. 《패스트푸드의 제국》을 옮긴 후로 대규모 프랜차이즈 업체의 햄버거와 청량음료를 거의 먹지 않는다. 《요람에서 요람으로》를 작업한 후에는 지속적 재활용이 가능한 제품과 폐기해도 환경에 해가 되지 않을 물건들을 고르려고 노력해 왔다. 이번 책을 번역하면서는 옷을 가능한 한 사지 않겠다고 결심하게 되었다.

앞으로 또 다른 환경서를 만나게 되면, 나는 또 어떤 대상에 작별을 고하게 될까.

이 책을 쓴 것은 우리가 매일 입는 옷에 숨겨진 화학물질에 관해 알리고 싶어서다. 근거 없이 막연한 두려움을 조장하는 게 아니라, 최신 연구를 바탕으로 가능한 한 정확하게 문제를 제기해서 세상에 경보를 울리는 것이 목표였다. 그러기 위해 자신이 목격한 일을 솔직하게 들려줄 수 있는 독립적인 연구자와 섬유 전문가를 찾아 나섰다.

또한 내가 운영하는 웹사이트 에코컬트EcoCult의 뉴스레터와 소셜미디어를 통해, 옷과 관련한 이상 반응을 겪은 평범한 여성들의 이야기를 모으기 시작했다. 이들의 사연은 호소력 있는 증거이긴 하지만, 모든 미국인의 경험을 통계적으로 대표한다고 볼 수는 없다. 나와 이야기 나눈 평범한 여성들과 비행기 승무원들의 상당수는 사생활과 경력 보호를 위해 성을 제외한 이름만 소개하거나 가명을 사용했다.

나는 의료 전문가가 아니며 이 책은 의학적 조언을 제공하기 위해 쓴 것이 아니다. 책을 읽고 나서 옷에 든 화학물질 때문에 건강 문제를 겪고 있다는 생각이 든다면 약이나 치료에 관한 결정을 내리기에 앞서 의사와 상의하길 권한다.

차례

5부 나 자신을 지키는 방법

- -

프롤로그

2021년 9월 어느 날, 어머니에게 빌린 차를 타고 피닉스 외곽에서 한 시간 거리에 새로 조성된 마을을 달리고 있었다. 내비게이션의 수다스러운 안내대로 운전했더니 모래, 바위, 다육식물, 선인장 같은 사막 풍경이 이어지는 비슷한 거리에, 회반죽을 바른 비슷한 집들이 줄지어 등장했다.

추적 끝에 도착한 곳이 여기라는 사실이 별로 놀랍지는 않았다. 내가 취재하려는 여성은 원래 캘리포니아 북부에 살고 있었는데, 심각한 화학물질 민감증을 겪게 되어 법적 싸움을 진행했고 상처투성이가 된 채 결국 패소하고 말았다. 이런 사막 마을은 그런 사람이 한발 물러나 은둔하기에 완벽한 장소였다.

각종 곰팡이, 향료 또는 인공 화학물질에 민감한 사람들은 종종 사막지대로 이사하곤 한다. 생명력이 엄청나게 강한 종種을 제외한 거의 모든 생명체를 몰살시킬 만큼 뜨겁고 건조한 사막 기후는 고령자의 여러 건강 문제에 도움이 되기도 한다. 내 어머니 역시 몇 가지 이유로 미국 북동부에서 피닉스로 이사한 참이었다. 그 중요한 이유 하나가 바로 레이노병으로, 날씨가 추우면 손발의 혈액순환이 잘 되지 않는 자가면역질환의 일종이다.

화학물질 민감증처럼 눈에 보이지 않는 장애 때문에 직장과 집에서 쫓기듯 떠나 이곳에 온 사람들은 인구가 많고 다양한 활동이 벌어지는 도시나 마을에서 이웃들과 가까이 지낼 때 발생하는 온갖 냄새, 건조기 환기구의 먼지, 요리할 때 나오는 연기, 대기오염, 잔디 살충제 같은 문제들로부터 훨씬 자유롭게 생활할 수 있다.

작은 단층 건물 앞에 차를 세우고 숨을 깊이 들이마셨다. 지난 6개월 동안 이 집에 사는 여성에게 전화를 하고 이메일을 쓰고 심지어 우편으로 편지도 보냈지만 아무런 응답을 받지 못했다. 이번 이야말로 내가 누구인지 소개하고, 그가 처한 상황에 진심으로 관심 있다는 것을 증명하여, 이야기를 끌어낼 마지막 기회였다. 마침내 용기를 내서 차에서 내려 현관문으로 다가가 초인종을 눌렀다.

1분 정도의 정적 끝에 문이 흔들리더니 살짝 열렸다. 잠금장치가 걸려 여전히 닫혀 있는 금속 스크린 도어 너머로 안을 들여다보았다. 어둑한 현관 어귀에 흰 티셔츠에 검은색 면 반바지를 입은 가냘프고 나이 지긋한 여성이 구부정하게 서 있는 것을 짐작할 수 있었다.

"안녕하세요. 저는 올든 위커이고 뉴욕에서 온 기자입니다. 옷의 독성에 관한 책을 쓰고 있어요. 이야기를 듣고 싶습니다."

"당신이 누군지 알아요." 생각을 정리하려는 듯 여성이 잠시 말을 멈췄다. "알다시피, 나는 유니폼에 뿌려진 화학물질 때문에 고통을 겪었습니다. 인생이 망가져 버렸어요. 남편은 더 젊고 예쁜 여자를 찾아 떠났고요." 무너지기 직전인 듯 떨리는 거친 목소리가 들렸다. "간이 손상되고 심장도 손상되었어요. 죽어 가고 있는 거나 마찬가지지요. 하지만 자세히 말할 수는 없어요. 그 일을 다시 떠올리고 싶진 않으니까요."

"제발 부탁드려요." 나는 거의 울 지경으로 말했다. 내가 해 온 일의 중대함을 되새기고, 너무 늦기 전에 이 이야기를 기록하겠다는 결심을 다잡았다. "비슷한 일로 사망한 승무원의 파트너와 이야기를 나눴습니다. 당사자의 이야기를 직접 듣고 싶어서 찾아왔어요. 이 문제에 관해 도움을 줄 다른 누군가가 있을까요?"

"미안해요. 동료들에게 도움을 요청해 봤지만 모두 내 말을 들어 주지 않았어요. 그들 역시 이 일에 관해 말할 수 없는 거겠죠. 그만 가 주세요. 마침 의사와 진료 약속이 있답니다." 씁쓸함이 묻어나는 목소리로 그가 말했다. "신의 가호가 있기를." 그러고는 문이 찰칵 닫혔다.

밝은 햇살 아래 잠시 멍하니 서 있다가 차로 돌아갔다. 이 여성과 만나고 싶었던 것은 그가 독성 유니폼과 관련해 피해 소송을 제기한 최초의 항공 승무원이었기 때문이다. 옷이 건강에 문제를 일으킬 수 있다고 암시해 준 최초의 인물 중 한 사람. 당시 이 여성의 이야기를 믿는 사람은 거의 없었다. 지금도 그가 겪은 일을 이해하는 사람은 소수에 지나지 않는다.

차로 돌아와서 가능성 있는 다른 취재원들에게 문자를 보냈다. 이 여성이 취재에 응해 주지 않는다면 다른 사람을 찾아야 할 터였다. 그는 2011년에 새로운 유니폼을 받고 병에 걸린 알래스카항공 승무원 수백 명 중 한 명이었다. 또 이후 10년 동안 발진, 호흡 곤란, 갑상선 질환, 탈모, 극심한 피로 등 여러 건강 문제를 겪게 된 주요 항공사 최소 세 곳의 승무원 수천 명 중 한 명이었다. 어떤 이들은 이런 문제로 인생을 망치기도 했다.

이 모든 일이 유독 물질이 든 유니폼 때문에 일어났다.

15분쯤 후, 뿌옇게 흐린 피닉스 구릉지대의 고속도로를 달리고 있을 때 전화가 울렸다. 승무원들의 신원 보호에 신경 써 준다면 대화를 주선하겠다는 승무원 노조 대표 한 명의 연락이었다.

음식이 문제라면 옷은 과연 괜찮을까

이 일에 대해 처음 알게 된 것은 2019년이었다. 델타항공 직원들이 유니폼을 만든 의류 브랜드 랜즈 엔드Lands' End를 상대로 소송을 제기했는데 이와 관련해 언급해 달라는 라디오 프로듀서의 연락을 받고 나서였다.

그 당시에는 옷 때문에 사람들이 아플 수 있다고는 생각하지 못했다. 지속 가능한 패션과 라이프스타일 분야의 저널리스트로 활동하며, 나는 친환경 패션이 유행하기 전부터 이에 관해 글을 써 왔다. 또한 무독성 세제, 단순한 자연 성분을 사용한 '클린' 뷰티 제품, 무농약(이 부분이 가장 중요했다) 유기농 식품, 유기농 면제품을 사라고 오랫동안 주장해 오기도 했다.

내 경력은 1960년대에 《침묵의 봄》을 발표해 환경 운동에 불을 붙인 레이첼 카슨 같은 선구적인 작가들 덕에 가능했다. 카슨의 책에는 엄청난 독성을 지닌 DDT 살충제, 안전에 대한 잘못된 정보를 퍼뜨리는 화학 회사, 길가 잡초에 무차별 농약 살포를 허용한 정부 관료들이 악당으로 등장했다.

책이 주는 메시지는 암울했다. 흰머리수리를 비롯한 많은 새와 야생동물이 멸종 위기에 놓여 있다는 이야기였으니까. 그러나 이 책 덕분에 사람들이 깨달음을 얻었고, 1970년 첫 번째 지구의 날을 맞아 수천 명이 환경 문제에 대한 인식 전환을 요구하며 거리를 행진했다. 같은 해 미국 환경보호국이 설립되었고, 1980년 미국 연방 정부는 기업에 유독성 부지 정화 비용을 요구하기 시작했다. 그 결과 오늘날 강과 대기는 산업혁명 이후 그 어느 때보다 깨끗하다.[1]

이 모든 내용은 고등학교 시절에 배운 것이다. 여기에 기후 변화와 생물다양성 손실에 대한 나쁜 소식이 더해지면서, 몇몇 전투에서는 승리를 거두었을지 모르지만 전반적으로 지구의 미래를 위한 전쟁은 계속되고 있다.

나는 대학에서 저널리즘과 비즈니스를 공부하면서 소비자 보건을 선택 과목으로 골랐고, 마이클 폴란의 《잡식동물의 딜레마》와 에릭 슐로서의 《패스트푸드의 제국》을 읽었다. 이 저자들 덕분에 내가 고른 음식이 토양과 동물의 건강뿐만 아니라 내 건강을 어떻게 해치고 있는지 새롭게 눈 뜨게 되었다. 그 덕에, 평생 맥도날드와 다이어트 광고 사이에서 오락가락하며 망가진 음식과의 관계를 복구할 수 있었고 내 인생은 훨씬 나아졌다. 우리가 먹는 것들이 어디에서 오고 어떻게 만들어지는지가 중요하다면, 다른 생활용품들도 마찬가지라고 확신했다. 2009년 대학 졸업 직후, 개인적인 궁금증을 해소하고 내가 발견한 것을 세상과 공유하고 싶어서 친환경 뷰티, 여행, 패션 등에 관한 블로그를 시작했다. 이런 일을 통해 몇몇 사람의 생각이라도 바꿀 수 있다면 훨씬 더 좋을 터였다.

몸에 바르거나 입에 넣는 제품들에 대해 다시 살펴보려는 사람은 나뿐만이 아니었다. 살충제 잔류물이 없는 유기농 식품은 음식 시장에서 가장 빨리 성장하는 분야로, 2021년 매출이 575억 달러에 이를 정도였고 그 뒤를 뷰티 산업이 바짝 뒤따르고 있다.[2] 지난 10년 동안 수백만 명의 여성이 욕실 수납장에서 프탈레이트나 파라벤 같은 유독 성분이 포함된 약국 및 백화점 브랜드를 치워 버렸고, 수백 가지 발암물질과 호르몬 교란 물질로부터 안전하다는 천연 제품에 돈을 쓰게 되었다.

여성들은 미국 정부가 선천성 결함, 고통스러운 생식 계통 문제, 자가면역질환과 암을 불러올 수 있는 물질로부터 자신들을 보호해 주지 못한다고 생각한다(여기에는 타당한 근거가 있다). 인플루언서와 뷰티 스타트업은 화학과 독성학 전문 지식을 기반으로 세심하게 조사해야 확인할 수 있는 잘못된 정보와 값비싼 해결책을 퍼트리며 이러한 두려움을 이용하고 있다. 수백만 명의 여성들은 인플루언서와 유행을 추종하며 이상한 건강 요법에 막대한 돈과 시간을 투자하고 있다. 제거 식이요법elimination diet(특정 음식물에 대한 알레르기나 민감성, 저항성 등을 알아보기 위해 음식물을 한 가지씩 식단에서 제거하며 확인하는 것—옮긴이)과 클린 이팅clean eating(가공식품이나 정제된 음식을 멀리하고 가능한 한 자연 상태에 가까운 음식을 먹는 것—옮긴이)을 시도하고, 미용 제품을 직접 만들고, 각종 크림과 보충제에 수천 달러를 쓰면서 **이런 것들**이 만성피로와 생리통을 없애 줄 것이라고 기대한다.

변화의 물결은 부유한 사람들의 집을 둘러싼 높은 담을 넘어 더 광범위하게 퍼지고 있다. 가장 규모가 크고 저렴한 약국 브랜드들조차 더 안전한 미용 제품과 각종 세제를 선보인다. 평범한 일반 식료품점에서도 유기농 우유를 찾을 수 있다.

하지만 전 세계적으로 2조 5천억 달러 규모를 자랑하는 패션 업계는 이런 문제를 철저히 피해 왔다.[3]

옷을 생산하는 데 사용되는 불쾌한 화학물질에 관해 전혀 모르고 있었던 것은 아니다. 목화 재배에 대량으로 쓰이는 살충제로 인해 점점 더 많은 인도와 미국 농부들이 암에 걸린다는 사실은 환경계에서 늘 논란이 되어 왔다. 섬유 공장이나 가죽 무두질 공장의 근로자들이 심각한 피부와 호흡기 질환을 겪는 것도 업계 사람이라면 다 아는 사실이다. 2011년(중국의 산업 오염이 측정되고 그 내용이 대중에게 공개되었던 마지막 해) 자료로 볼 때, 섬유 제조업은 제지업과 화학 산업에 이어 중국의 수질오염을 일으키는 세 번째 주범이었다.[4] 중국 섬유 공장에서 흘러나온 폐수 때문에 아시아 전역의 강들이 그 해의 유행색에 따라 빨강, 보라, 파랑으로 물들곤 했다. 같은 해에 그린피스는 이들 공장에서 배출되는 독성 화학물질에 대한 경각심을 일깨우는 캠페인을 시작했다. 2012년에는 직접 구매해 테스트한 141개 의류 샘플 중 89개에서 노닐페놀 에톡실레이트(세제에서 단계적으로 사용 금지된 독성 내분비교란물질)가 발견되었으며, 다른 샘플에서는 프탈레이트와 사용이 제한된 아조염료가 발견되었다는 충격적인 보고서를 발표했다.[5] 조르지오 아르마니에서 캘빈 클라인, H&M에 이르기까지 모든 브랜드는 독성 의류를 판매한 죄에서 자유로울 수 없었다.

미디어를 뒤덮은 또 다른 패션 스캔들이 아니었더라면, 옷에 사용된 화학물질에 대한 우려는 계속 커졌을 것이다. 2013년 방글라데시의 라나플라자 의류 공장이 무너져 1100명 이상이 사망했다. 노동자의 시신을 붙들고 괴로워하는 가족들의 사진이 전 세계에 퍼지면서 서구 소비자는 로봇이 아닌 살아 있는 사람이 재봉틀 앞에 웅크리고 있다는 사실을 새삼 깨달았다. 이듬해 비영리 단체인 패션 레볼루션Fashion Revolution이 수많은 사상자를 기리기 위한 국제적 추모의 날을 시작했다. 이 단체가 제안한 #whomademyclothes(누가 내 옷을 만들었는가) 캠페인은 2018년에만 2억 7500만 명이 참여했다.[6] 이후 몇 년 동안 공장 노동자들의 힘든 삶이 계속해서 언론의 헤드라인에 등장했다.

유명한 지속 가능성 인플루언서와 여성 배우들에게 패스트패션에 대한 각성의 순간이 언제였는지 묻는다면, 대다수가 2015년 다큐멘터리 〈더 트루 코스트The True Cost〉를 언급할 것이다. 이 영화는 의류 공장 노동자들이 형편없는 임금으로 초과 근무를 한 덕분에 우리가 믿을 수 없이 싼 가격으로 옷을 사서 몇 번 입지도 않고 던져 버릴 수 있다는 사실을 보여 주었다. 사람들의 감정과 이성을 변화시키고 소비자의 행동을 바꿔 놓은 충격적인 폭로였다.

탐사 전문 패션 저널리스트로서 내 경력은 이런 소비자 운동과 함께 성장했다. 나는 이전보다 훨씬 다양한 미디어에 글을 쓰게 되었다. 일반인과 업계 전문가 모두 환경 문제에 관한 지침을 궁금해하면서, 내가 운영하는 웹사이트 에코컬트의 방문자 수와 뉴스레터 구독자 수도 급속히 늘었다. 하지만 나는 이런 방식으로 정말 기후 변화와 노동자 착취 문제를 해결할 수 있을지 의문을 갖기 시작했다. 인스타그램에서 #sustainablefashion(지속 가능한 패션)이 화제의 트렌드로 떠올랐음에도, 모든 것이 잘못된 방향을 향하는 것만 같았다.

제대로 아는 사람이 아무도 없다

/

2019년, 항공사 승무원들에게 건강 문제를 일으킨 유니폼에 대한 이메일을 받았을 때 적잖이 당황했다. 화학물질과 관련한 일반적 이해에 따르자면, 문제를 겪는 사람은 최종 사용자가 아니라

목화를 재배하는 농부와 의류 공장 노동자여야 했다. 바로 **거기에** 문제가 있었다. 그 옷을 입는, 상대적으로 특권층이라 할 수 있는 사람들의 건강에 심각한 문제가 일어날 수 있다는 사실은 지금까지 모르고 있었다. 이에 관해 나보다 더 많이 알 것 같은 패션업계의 몇몇 똑똑한 사람들에게 전화를 걸었지만 아무도 의미 있는 정보를 주지 못했다.

인터넷도 도움이 되지 않았다. 비유기농 면 의류의 농약 잔류물이 건강에 해를 끼칠 수 있다는 웰빙 인플루언서와 '통합 건강 코치'의 주장이 담긴 기사가 몇 개 발표되기는 했다. 하지만 그런 주장에 대한 어떤 증거도 찾을 수 없었다(슬프게도 유기농 인증을 받았다는 몇몇 면제품이 실은 거짓말을 했다는 증거는 찾았다). 면화를 수확하고 직조한 후, 또 폴리에스테르나 나일론, 양모와 비스코스 등을 가공할 때, 여러 단계에 걸쳐 어떤 성분을 더하는지 믿을 만한 자료를 찾을 수 없었다.

모르는 것에 대해 이야기할 수는 없어서 라디오 방송 출연을 거절했지만, 점점 관심이 생겼다. 도대체 우리가 입는 옷에는 어떤 물질이 들어가는 걸까? 셔츠 소매처럼 눈에 잘 띄는 곳에 거대한 스캔들이라도 숨어 있는 것은 아닐까?

이러한 질문에 관심을 두는 사람은 적어도 공식적으로는 없는 것 같았다. 하지만 나는 패션 산업과 그 산업에 영향 받는 사람들에게 늘 진지한 관심을 갖고 있었다. 그래서 더 깊이 살펴보던 중, 델타항공 승무원들과 랜즈 엔드 사이의 소송이 2012년 알래스카항공과 트윈 힐Twin Hill 사건 이후 항공사와 유니폼 제조사가 연루된 가장 최근의 법적 분쟁이라는 것을 알게 되었다.

그래서 2019년 초 《하퍼스 바자》의 편집자에게 패션의 유독성에 대해 취재하게 해 달라고 부탁했고, 이 주제에 특히 큰 목소리를 내 온 아메리칸항공 승무원을 인터뷰하게 되었다. 헤더 풀Heather Poole은 2012년 회고록 《순항의 자세: 전용 숙소, 승무원들의 드라마, 3만 5000피트 상공의 정신 나간 승객들 이야기Cruising Attitude: Tales of Crashpads, Crew Drama, and Crazy Passengers at 35,000 Feet》를 쓴 베스트셀러 작가다. 그는 일하면서 경험한 건강 악화에 대해 블로그를 쓰고 미디어와 인터뷰하기 시작했는데, 그 과정에서 여러 항공사 승무원들이 겪는 일을 알리는 운동의 리더가 되었다. 4개 주요 항공사와 3곳의 유니폼 제작 업체가 엮인 논란의 중심에 서게 된 것이다.

2016년 가을, 아메리칸항공 승무원들은 모두 새 유니폼을 지급받았다. 그들은 며칠 연속으로 새 유니폼을 입고 일했고, 야간 비행 때에는 유니폼을 입은 채 잠을 잤으며, 유니폼을 차에 싣고 운전했고, 숙소에 돌아와서는 침대 옆에 걸어 두었다. 그러고 나서 몇 주, 몇 달이 지나는 동안 많은 사람이 아프기 시작했다. 기내와 경유지에서 긴 시간을 함께 보내는 그들은 서로의 증상 기록을 비교하던 중에 어떤 패턴을 확인하게 되었다. 풀은 여러 항공사 직원들이 함께 이야기를 나눌 수 있도록 페이스북 그룹을 만들었다. 그럼에도 승무원들 상당수가 자신의 증상과 유니폼을 연결하는 데는 상당한 시간이 걸렸다.

이런 '독성 패션' 문제가 항공 산업에만 국한된 것일까? 아니면 항공 승무원들이 만연한 문제를 미리 감지하고 예고해 주는 탄광 속 카나리아 역할을 한 것일까?

일반 소비자도 비슷한 문제를 겪는지 궁금했다. 눈에 덜 띄겠지만 얼마든지 일어날 수 있는 일이었다. 독성 패션 제품을 한두 개 정도 구매하면서, 예를 들어 예쁜 새 여름 드레스나 운동용 레깅스를 사면서 이를 두통이나 피로와 연관 지어 생각하기는 쉽지 않을 것이다. 스웨터 하나를 갑상선 질환이나 암 같은 만성질환과 연결시킨다고? 불가능한 일이다.

"아주 심각한 증상이 있지 않으면 아무것도 증명할 수 없어요." 2019년에 무급 휴가로 집에서 쉬고 있던 풀은 비행에 대한 갈망을 털어놓았다. "나에게 일어난 일은 당신에게도 일어날 수 있습니다. 하지만 당신은 왜 이런 일이 일어났는지, 도대체 무슨 일이 일어난 것인지조차 모르겠죠."

화장품이나 세제, 포장 식품에는 성분 목록이 붙어 있지만 패션 제품은 그렇지 않다는 데에 생각이 이르렀다. 다른 사람들과 마찬가지로, 옷을 만들 때 섬유 그 자체 말고 다른 성분이 많이 들어가지 않기 때문에 그런 것이라고 생각했다. 혹시 문제 되는 일이 있으면 정부가 알아서 하지 않을까? 한마디로, 레깅스나 티셔츠가 복잡해 봤자 얼마나 복잡하겠는가?

하지만 밝혀진 바에 따르면 상황은 생각보다 훨씬 복잡했다. 패션 제품은 나나 여러분이 취급 허가증 없이 구입할 수 있는 소비재 중 가장 복잡하고 다층적인 화학적 프로필을 갖고 있다. 옷이나 액세서리를 만들고, 가공하고, 직조하고, 염색하고, 마무리하고 또 조립하는 데에는 여러 가지 화학물질이 사용된다. 이 연쇄적 공정의 각 단계는 의도했든 의도하지 않았든 간에 우리가 잠을 잘 때나 땀을 흘릴 때, 살아 있는 매일 매 순간 사용하는 물건에 화학 잔류물을 남길 수 있다.

일반인들에게서도 무언가 잘못되고 있다는 단서가 발견되었다. 소비자들은 타이츠와 신발 때문에 생긴 화학적 화상을 소비자제품안전위원회에 신고했고(결과적으로 그 어떤 리콜도 실행하지 않았지만), 같은 이유로 아동복 브랜드와 속옷 브랜드를 고소했다. 다중화학물질과민증, 비만세포활성화증후군 또는 염료 알레르기 진단을 받은 사람들은 반품 정책을 잘 갖춘 브랜드 매장으로 향해 두드러기나 발진이 생기지 않는 옷을 찾기 위해 고군분투한다. 유행병처럼 번지고 있는 자가면역질환은 단순한 발진이나 경미한 천식으로 시작해 크론병이나 건선성관절염처럼 면역 체계가 자기 몸을 공격하는 치명적인 질병으로 발전한다. 호르몬 교란 물질이 든 옷으로 온몸을 두른 채, 우리는 왜 요즘 커플들이 임신을 위한 의료적 처치에 수만 달러를 쓰는지 궁금해한다.

전 세계적으로 최소 4만 가지 화학물질이 상업적으로 사용되지만, 그중 인간과 동물에 안전하다고 확인된 것은 극히 일부에 불과하다.[7] 어떤 연구자들은 우리가 너무나 다양한 화학물질을 너무나 많이 생산해 왔기 때문에, 인공 화학물과 관련해서는 '지구 위험

한계선(인류가 지구에서 생존하기 위해 보존해야 하는 아홉 가지 영역—옮긴이)'을 넘어섰다고 경고한다.[8]

화석연료를 주원료로 삼는 화학물질도 최소한 부분적으로는 패션이 남기는 '기후 발자국(인간 활동으로 발생하는 온실가스의 양을 말하는 '탄소 발자국'보다 포괄적인 개념으로, 이산화탄소와 메탄, 이산화질소, 수소불화탄소, 과불화탄소, 육불화황 등의 발생량을 모두 포함한다—옮긴이)'에 책임이 있다. 화학 산업은 현재 석유와 가스를 가장 많이 사용하는 산업군이다.[9] 전기 자동차가 등장하고 풍력과 태양 에너지 사용이 늘어남에 따라, 석유화학은 2050년까지 전체 석유 수요의 절반을 차지할 것으로 예상된다.[10]

이런 화학물질은 즉각적인 피부 화상이나 천식을 유발할 정도로 강한 독성을 갖기도 하지만, 대개는 수년 동안 극소량의 만성적인 노출을 통해 문제를 일으킨다. 발암성, 돌연변이성(DNA 손상 및 선천성 결함을 유발하는), 생식 독성 물질이 될 수도 있다. 우리가 대사 과정을 통해 배설한 화학물질은 물이나 토양에 들어가 분해되어 사라지기도 하지만, 어떤 것들은 우리 몸과 환경에 축적되어 수십 년 동안 남아 있고, 얼룩 방지 마감재에 사용되는 과불화화합물의 경우에는 영원히 남아 있게 된다. 그중 일부는 호르몬을 흉내 내 원치 않는 체중 변화와 피로, 불임, 만성질환 등과 관련해 잘 알려지지 않은 영향을 미친다.

더 나쁜 것은 이런 물질들이 대기, 물, 집, 그리고 인간의 몸속으로 보이지 않게 침투한다는 사실이다. 인체 내 보이지 않는 합성 화학물의 세계를 지칭하는 '휴먼 톡솜human toxome'이라는 단어가 등장했을 정도다.

일상생활에서 가장 밀접하게 사용하는 소비재의 성분에 대해 어떻게 이렇게 무지할 수 있을까? 몸이라는 가장 개인적인 영역을 감싸는 각종 섬유와 소재는 극도로 이중적이라 할 수 있다. 아름답고 매혹적인 동시에 위험하다. 여기저기서 발견되는 지독한 냄새, 당황스러울 정도로 밝은 색상, 매끈한 촉감 같은 아주 희미한 단서만이 그들의 진정한 본질을 암시해 준다.

이 책에서 독자들은 화학 산업과 일부 패션 산업이 숨기려 했던 사실들을 연구 혹은 실제 경험을 통해 밝혀낸 사람들을 만나게 된다. 승무원, 연구자, 패션 전문가, 의류 공장 노동자, 의사, 연인, 엄마인 이들은 옷이 인체에 유독할 수 있음을, 또 실제로 유독성이 확인되었음을 알고 있다. 아직은 소수에 지나지 않지만 이런 사람들은 전 세계적으로 점점 늘고 있다. 책을 다 읽을 무렵에는 여러분도 이들 중 한 명이 될 것이다.

무엇보다 나는 이 책이 서구 소비자들에게 '세상 저편'이란 없다는 증거로 받아들여지기를 바란다. 방글라데시, 모로코, 과테말라에서 일어나는 일은 우리에게도 실질적인 영향을 미친다. 언뜻 보기에는 너무 사소하고, 제대로 이해하기에는 너무 거대한 문제를 통해 우리는 모두 서로 연결되어 있다.

우리가 관심을 갖는다면, 유독 물질 없는 안전하고 바람직한 패션과 지구를 위해 폭넓은 운동을 함께 시작할 수 있을 것이다.

1부

탄광 속의 카나리아

1장

위급
상황

하늘에서 울리는 독성 경보

메리(가명)는 통로에서 음료 서비스 카트를 멈추며 브레이크를 살짝 밟았다. 창가 좌석에 앉은 승객에게 미소를 지으며 마실 것을 묻기 전에 잠시 숨을 들이마셨다. 그 순간 갑자기 숨이 막혀 왔고, 계속해서 헛기침이 나와 감청색 웃옷의 팔꿈치에 얼굴을 파묻었다. 겨우 마음을 진정시키고 승객에게 진심으로 사과한 뒤, 물을 따라 마시고 다시 음료 서비스를 이어 갔다. 서비스를 마친 그는 기내 뒤편에 서서 도대체 무슨 일인지 곰곰이 생각해 보았다. 다른 감기나 독감 증상이 없는데도 최근에 항상 기침을 하는 것이 신경 쓰였다. 2011년 봄, 코로나 팬데믹이 비행기 객실에서 전 세계로 확산되기 10년쯤 전의 일이다.

메리는 건강하고 활동적인 사람이었다. 헬스클럽에서 규칙적으로 운동을 하고, 자신의 집과 직장인 알래스카항공 본사가 있는 시애틀 근교의 산으로 하이킹을 가곤 했다. 시간이 날 때면 하이킹을 갔다는 말이 정확할 것이다. 일주일에 6일씩 미국 전역을 비행하는 바쁜 일정이었으니까. 가끔 2주 연속으로 근무할 때도 있었는데, 6시간에서 12시간 동안 비행한 후 기착지 호텔에 들러 수영장에 잠깐 몸을 담그거나 눈을 붙이고 나서 다시 일하곤 했다. 그럼에도 메리는 대체로 자신의 일을 사랑했다. "뭘 몰랐던 거죠. 내가 이 조직에서 중요하다고, 가족의 일원이라고 생각했어요."

2010년 12월 말, 메리와 동료 2800명은 유니폼 제조업체인 트윈 힐로부터 알래스카항공의 새 유니폼이 든 상자를 받았다. 또 다른 유니폼 제조사인 M&H가 만든 이전의 투박하고 펑퍼짐한 모직 옷보다 크게 개선되었다고 생각했다. 새로운 유니폼은 매끈한 폴리에스테르와 울 혼방 천을 사용해 유행하는 스타일로 만들어졌다. 순모는 자연적으로 불에 잘 타지 않는 난연성이 있는 반면, 새 유니폼은 화학물질로 난연 처리를 했다는 사실을 메리는 몰랐다. 오염 방지 기능을 제공하는 테플론을 포함해 여러 화학 성분이 새로운 기능성 유니폼에 적용되었던 것이다.

새 유니폼 때문에 발진이 생겼다는 선배들의 불평이 들려 왔다. "그때는 **선배들이 변화를 좋아하지 않아서 화가 났나 보다** 하고 생각했죠." 그로부터 10년이 지난 후 메리가 내게 들려준 이야기다. 당시에 메리 자신도 호흡 곤란을 겪고 있었다. "그때는 그 둘을 연관 지어 생각해 보지 않았어요. 옷 때문에 유독 물질에 중독되었다는 이야기는 들어 본 적이 없었으니까요."

가장 불만이 많았던 선임 승무원 중 한 명은 로스앤젤레스공항 근처인 캘리포니아주 롱비치에 살았던 25년 경력의 존이다. 검은띠를 보유한 태권도 5단 사범이었던 존은 1986년에 친구 소개로 소규모 항공사의 승무원 면접에 응했다. 재미 삼아 나간 자리에서 취직 제안을 받아 일하게 된 후로 예전 생활은 결코 돌아보지 않았다. 이듬해에 이 항공사는 알래스카항공에 인수되었다. 나이가 들어 약간은 부드럽게 변한 네모진 턱, 보조개가 들어간 뺨, 짧은 갈색 머리의 존은 여전히 잘생기고 소년 같은 매력을 자랑하는 50대 중반 남성이었다.

그의 파트너인 마르코에 따르면, 존은 비행 중이 아닌 때에는 차분하다 못해 과묵한 편이었다고 한다. 하지만 일단 알래스카항공 유니폼을 입으면 사교적이고 엉뚱하고 매력적인, 완전히 다른 사람이 되었다. 기분이 좋지 않은 동료를 보면 웃게 만들려고 노력하고, 까다로운 어린이 승객 만날 때를 대비해 패스트푸드 식당에서 키즈 밀 세트를 주문해 장난감 선물을 모았다. 앞장서서 동료들의 생일을 축하하고, 명절이나 휴일이면 자진해서 우스꽝스러운 모자를 쓰곤 했다.

존은 열심히 일했고 자신의 일을 사랑했다. 알래스카항공의 낡은 비행기가 유지 관리 소홀로 2000년 캘리포니아 해안에 추락해 탑승자 전원이 사망했을 때도 존은 곧바로 업무에 복귀했다. "말에서 떨어질 때와 비슷하지. 바로 다시 올라타야 해. 그러지 않으면 다시는 말에 오르지 못할 테니까"라고 마르코에게 말했다고 한다.

"존은 가능한 한 오래 일하길 원했습니다. 자기 직업을 사랑했지요." 2021년 통화에서 마르코는 이렇게 말했다. "하지만 새로운 유니폼이 도착한 2010년, 모든 것이 달라졌습니다."

12월의 어느 선선한 날, 존은 상자에서 새 유니폼을 꺼내 입고 거울 앞에 섰다. 나중에 승무원 노조에 제출한 불만 사항에 따르면, 그 후 이틀 만에 상체가 온통 발진으로 붉어지며 호흡 곤란을 겪었다고 한다. 알래스카항공이 새 유니폼을 공식적으로 소개하기 전인 1월부터 존은 이 옷을 입고 일했는데, 호흡이 심하게 가빠지고 팔에 물집이 생겨 응급실에 가게 되었다. 그리고 4900달러가 적힌 청구서, 빈대에 물렸다는 진단서와 함께 집으로 돌아갔다. 옷에 유독 물질이 들어 있다는 말을 들어 본 사람은 거의 없었다. 발진? 섬유의 pH(피에이치) 균형이 맞지 않을 때 발진이 발생할 수는 있다. 하지만 유니폼 상의 때문에 응급실에 왔다고? 의사들은 존의 증상에 대해 뭐라 말할 수가 없었다.

사실 이런 일이 처음은 아니었다. 2009년 미국 전역의 공항 보안 검문소에서 근무하는 교통안전국 직원들은 유니폼 때문에 발진, 현기증, 충혈된 눈, 트고 갈라진 입술, 콧물 또는 코피 등의 증상이 발생했다고 미국 공무원 노조에 보고했다.

교통안전국 담당자는 이 문제를 심각하게 여기지 않았다. 5만 명의 직원 중 불만을 나타낸 사람은 1퍼센트 미만이었으니 말이다. 내슈빌에 기반을 둔 유니폼 제조업체인 VF 솔루션은 유니폼을 테스트한 결과, 포름알데히드를 포함한 모든 물질이 '허용 한도' 미만이라고 밝혔다.

VF 솔루션의 안전 담당 부사장은 "유니폼에 사용된 것은 새로운 소재가 아니다"라고 《워싱턴 포스트》에 말했다.[1] 그냥 전형적인 면-폴리에스테르 혼방 직물이니 갑자기 이런 반응이 나올 이유가 없다는 것이었다. 그러나 교통안전국 직원들은 100퍼센트 면직물로 된 대체 유니폼을 제공받았다. 존과 그를 진찰한 의사 또는 알래스카항공의 누군가가 교통안전국 유니폼에 대해 들어 본 적이 있는지는 확인할 수 없다. 내가 이 이야기를 전해 들은 것은 긴 시간을 들여 이 문제를 조사해 온 다른 승무원으로부터였다.

우연이 아닌 필연

/

모든 알래스카항공 승무원은 2011년 2월 23일까지 새 유니폼을 입고 출근해야 했다. 며칠 후 항공승무원협회의 안전, 보건 및 보안 부서 소속 산업위생사인 주디스 앤더슨Judith Anderson은 새 유니폼과 관련해 회원들의 불만 전화와 이메일을 받기 시작했다.

짧은 연갈색 머리에 녹색 눈을 지닌 앤더슨은 가냘픈 외모였지만, 유치원 교사처럼 배려와 부드러운 권위를 동시에 갖추고 이야기했다. 자신이 대리하는 승무원들처럼 앤더슨 역시 보수적인 스커트 정장과 스타킹 차림에 화려한 스카프를 즐겨 했다. 그와 마주치면 소다수와 프레즐을 부탁해야 할 것 같은 분위기였다.

1993년 화학과 생물심리학 학위를 받고 대학을 졸업한 앤더슨은 사람들의 일상에 직접적으로 영향을 미칠 수 있는 공중 보건 관련 석사 과정을 공부하고 싶어 했다. 그러다 알게 된 것이 산업위생 분야였다.

브리티시컬럼비아대학에서 잠시 암 연구에 참여했던 앤더슨이 학교를 졸업하고 구한 두 번째 직장은 조지워싱턴대학이었다. 이 학교는 제지 펄프 공장에서 유지 보수 일을 하는 노동자들의 화학물 노출 정도를 측정하는 노동자권리보호센터를 돕고 있었다. 조사를 위해 안전화를 신고 거대한 화학 소화조 안으로 걸어 들어간 앤더슨은 호흡 안전 장비를 착용하지 않고 용접하는 사람들을 목격하게 되었다. "그런 환경에서 일하는 사람들을 보고 깜짝 놀랐어요." 2022년 초 시애틀에 있는 홈 오피스에서 통화를 하던 그가 예전 기억을 되살리며 말했다.

1999년 US항공, 알래스카항공, 하와이안항공, 유나이티드항공 등 다양한 항공사의 직원 수만 명을 대표하는 세계 최대 승무원 조합의 채용 공고를 본 앤더슨은 흥미를 느꼈다. 하지만 이 일이 자신이 추구하던 도전이나 노동자 권리 보호와 관련해 얼마나 의미가 있을지 확신하지 못했다. **승무원이란 직업은 얼마나 위험한가**를 생각했지요." 물론 승무원들이 스트레스 높은 환경에서 승객들을 상대하며 일하는 데 따른 고충은 특히 최근 몇 년 동안 기록과 문서로 잘 정리되어 있었다. 그렇지만 그들의 직업과 근무 환경이 문자 그대로 유독하다고 말할 수 있을까? 앤더슨은 확신할 수 없었다고 고백했다. "저 역시 항공기 승무원에 관해 화려한 이미지만 갖고 있었던 거죠."

하지만 얼마 지나지 않아 승무원과 승객이(승무원보다는 덜하겠지만) 기내에서 온갖 종류의 독성 화학물에 둘러싸여 있다는 사실을 알게 되었다. 산업안전보건국의 감독을 받지 않는 작업장인 하늘에서 근무한다는 점에서, 실제로 승무원들은 앤더슨 같은 전문가의 도움이 **더 많이** 필요한 상황이었다. 앤더슨은 이 일을 받아들였고 열정적으로 몰두했다. 지금도 그는 여전히 같은 일을 하고 있다.

항공업계에서 일하는 산업위생 전문가로서 앤더슨은 항공사 직원뿐만 아니라 여행자들의 건강에도 주의를 기울인다. 예를 들어, 추운 날에는 제빙액 냄새가 기내로 스며들곤 한다. 사스SARS와 코로나바이러스를 비롯한 각종 공기 매개 감염병은 물론, 심각할 정도의 더위나 추위 같은 단순 위험 요소도 다루어야 했다.

호주와 인도 등의 국가는 자국에 기착하는 비행기의 동체 위아래에 살충제를 뿌려야 한다는 규정을 만들어 놓았다. 이와 관련해 항공승무원협회는 1970년대부터 살포되는 살충제의 양과 독성을 줄이기 위해 싸워 왔다. 1979년 일부 승객이 아나필락시스 쇼크를 일으킨 후 질병통제예방센터는 하와이행 항공편의 일상적인 소독을 중단했다. 2001년 항공승무원협회는 작지만 의미 있는 성과를 이루어 냈다. 호주행 야간 비행을 하는 대형 항공기 내 승무원 벙커 침대에 직접 살충제를 뿌리지 않도록 항공사를 설득한 것이다(지금도 여전히 탑승을 시작하면 승무원용 침대와 승객 좌석이 살충제로 축축할 때가 있지만).

그러나 앤더슨이 가장 충격을 받았던 것은 '유독 연기 사건'이었다. 엔진에서 새어 나온 뜨거운 오일이 환기 장치 속으로 스며드는 바람에 발생한 유독 연기가 비행기 객실을 가득 채운 것이다. 앤더슨은 매주 승무원들로부터 '더러운 발 냄새'와 연기가 너무 심해 기침이 나온다는 이야기, 두통, 브레인포그, 현기증, 기절과 관련한 제보를 받는다.[2]

　미국 중소도시를 오가는 통근용 소형 비행기의 신참 승무원부터 이국적인 도시로 향하는 점보 제트기 안에서 샴페인을 따라 주는 노련한 승무원에 이르기까지, 앤더슨은 여러 해 동안 수많은 항공사의 승무원들과 긴밀하게 협력해 왔다. 일하는 과정에서 승무원이 유독 물질에 노출되거나 중독되었다고 의심되는 경우, 앤더슨은 그들의 이야기를 공감하며 들어 주는 유일한 창구였다.

　2011년 그의 메일함에 알래스카항공 승무원들이 보낸 사진이 도착했다. 피부에 붉은 반점이 생기고, 눈꺼풀이 부어오르고, 눈에 고름 딱지가 앉은 사진이었다. 앤더슨이나 승무원들도 모르는 사이에 알래스카항공 고객 서비스 담당자도 유니폼으로 문제를 겪고 있었다. 결국 승무원들은 항공사 본사가 있는 워싱턴주 노동산업부에 불만을 제기했다. 노동산업부의 담당 부서는 3월 3일 알래스카항공에 이상 반응에 대한 질의 서한을 보냈다.

　3월 초 존이 유니폼을 입었다가 몇 분 만에 다시 두드러기가 발생했는데 숨을 쉴 수 없을 정도였다. 문제가 있는 것이 분명했다. 상사는 산재보험 의사를 만나도록 권했고, 존은 진찰 후 한 달간의 유급 휴가를 받았다.

알래스카항공은 유니폼을 만든 트윈 힐에 답변을 요구했고, 트윈 힐은 유니폼을 테스트한 후 '문제가 될 만한 화학물질이 들어 있지 않다'는 답장을 보냈다. 원래 의도한 대로 유니폼 소재를 사용했다는 것이다. 옥스포드 셔츠에 포함된 포름알데히드는 가장 엄격한 기준인 일본의 허용치 75피피엠보다 낮은 24피피엠이었다. 여기에 오염 방지를 위해 테플론 코팅을 적용했다고 밝혔다(테플론은 프라이팬이 눌어붙지 않도록 사용하는 소재다).

2011년 가을이 되자 알래스카항공의 고위 간부 몇 명이 다른 이야기를 하기 시작했다. 유니폼 원단 일부가 터키에서 중국으로 운송되는 동안 인산트리부틸TBP이라는 화학물질에 오염되었다고 설명했다. 앤더슨은 이름을 듣자마자 이 물질이 뭔지 떠올랐다. TBP는 항공우주 산업에서 사용되는 거의 모든 유압유의 구성 성분이다. 또한 그가 너무 잘 알고 있는 바로 그 유독 연기 사건에 등장했던 성분이기도 하다.

업무 환경에서 TBP에 노출되면 피부 질환을 일으킬 수 있고, 직접 흡입하게 되면 호흡기 문제를 일으킨다. 잠재적인 내분비교란 물질로 호르몬과 갑상선 기능을 방해할 수도 있다. **도대체 무슨 이유로 이 물질이 의류에 사용된 것일까?** 궁금하지 않을 수 없었다.

앤더슨은 연구를 시작했고, 옷감을 만들 때 TBP가 종종 습윤제나 용제로 사용된다는 사실을 알게 되었다. 우연히 오염된 것이 아니란 얘기다. 2010년 의류 공장의 독성 물질 유출에 대한 집중적이고 광범위한 조사를 벌이던 그린피스는 섬유 제조업체가 양쯔강

삼각주로 배출한 오염수 샘플에서 이 성분을 발견하기도 했다.[3]

알래스카항공은 승무원 유니폼에 든 TBP의 양이 완벽하게 정상적인 수준이라며 승무원들을 달래려 했다. 다른 브랜드의 유니폼을 구입해, 훨씬 낮은 수준이지만 같은 성분이 들어 있음을 보여 주는 테스트를 진행했다. 모든 승무원에게 드라이클리닝 비용으로 135달러를 제공하기도 했다. 그러나 전문가들은 드라이클리닝으로 TBP를 제거할 수는 없다고 앤더슨에게 이야기했다. 7월이 되자 트윈 힐은 다시 말을 바꾸었다. 원단이 터키에서 유독 물질에 오염되었으며, 이에 대해 책임이 있는 터키 직물 공장과의 거래를 중단했다고 알래스카항공에 알려 온 것이다. 옷과 관련한 이런 일들이 별개의 우연한 사건들로 보이지 않았다. 트윈 힐에서 제작한 유니폼을 입고 비슷한 증상을 경험한 은행과 호텔 직원들이 앤더슨에게 메일을 보내 오고 있었다.

문제는 앤더슨이 옷감에 사용해도 괜찮은 TBP의 공식 허용량을 찾지 못했다는 것이다. 리바이스만이 50피피엠으로 사용 한도를 지정해 놓았다.[4] 유니폼에는 TBP가 10~57피피엠 수준으로 들어 있었는데, 트윈 힐은 다른 브랜드의 자발적이고 자의적인 기준을 따를 의무가 없었다. 트윈 힐은 컨설팅 회사인 엔바이론을 고용했고, 엔바이론은 유니폼에 함유된 수준의 TBP로는 승무원들이 보고한 이상 증상이 일어나지 않는다고 강조했다.

그렇다면 왜 그렇게 많은 사람이 아프게 된 것일까?

옷에 감춰진 비밀

/

주디스 앤더슨은 패션 산업의 추악한 비밀을 캐내기 시작했다. 캘리포니아주를 제외하면 미국에는 섬유 원단에 어떤 종류의 화학물질을 사용할 수 있으며 이를 성인 소비자에게 판매하거나 직원에게 강제로 입게 할 수 있는지에 관한 강력한 기준이 거의 없다. 대신 민간 기업, 업계 단체나 나이키, 리바이스, H&M 같은 몇몇 다국적 브랜드가 함께 만든 자발적 지침이 있을 뿐이다. 그들은 어떤 화학물질에 신경을 써야 하고, 사용자 건강에 안전한 수준은 어느 정도인지 어떻게 결정할까? 말하기 어렵다. 탄탄한 연구에 기반해 제한선을 정하는 일은 거의 없는 편이다. 화학물질에 매일 노출되는 불행한 공장 직원이나 실험용 쥐를 대상으로 진행한 연구가 몇 가지 있을 뿐이다. 경우에 따라 이런 제한선은 임의적인 추측이나 업계의 '모범 사례'를 기준으로 결정되곤 한다. 화학물질의 특성이 옷을 입는 사람에게 부작용을 일으킬 수 있는지를 패션 브랜드의 누군가가 대략 추측한다는 뜻이다.

5월의 어느 날 메리는 아침에 일어나 가슴에 퍼진 발진을 발견했다. 화장으로 발진을 가리고, 선배와 함께 호텔 식당으로 아침을 먹으러 내려갔다.

"이게 다 무슨 일이에요?" 선임 승무원이 메리의 가슴을 가리키며 물었다. 메리는 난처함에 어깨를 으쓱했다.

"이 유니폼은 그만 입어야 할 것 같아요. 지금 바로 벗는 게 좋겠어요." 선임 승무원이 말했다.

메리가 반박하려고 했지만 선임 승무원은 무례하게 구는 승객을 볼 때와 비슷한 시선으로 메리를 똑바로 보며 말했다. "이 일을 오래 해 와서 해결책을 알고 있는 사람의 말을 따르도록 해요." 메리는 그가 한 말을 지금도 기억하고 있다. "당신은 대단한 사람이 아니에요. 그저 한 명의 승무원에 불과하죠. 회사에서 하는 말은 그만 듣고, 얼른 유니폼 벗어요. 옷을 새로 사러 갑시다." 기침을 계속 했고 편두통도 앓았다고 메리가 밝히자 나이 든 승무원은 지금 겪고 있는 문제들을 기록하고 증세를 추적하라고 일러 주었다.

메리는 선배가 시키는 대로 했다. 유니폼을 입고 직장에서 일할 때만 기침이 난다는 사실을 깨닫는 데는 몇 주밖에 걸리지 않았다. 메리는 나가서 남색 정장과 흰색 버튼다운 셔츠를 샀다. 당시 그의 상사는 이해심이 많은 편이라 도움이 되었다. 얼마 안 가 마음이 변할 것이긴 했지만 말이다.

그해 여름, 존은 다시 응급실에 가게 되었다. 등 위쪽에서 쇄골까지 이어진 상처에서 피가 흘러나왔고 귀 주위에도 상처가 생겼다. 셔츠 때문에 이런 문제가 일어났다고 알레르기 전문의와 피부과 전문의에게 말했지만 누구도 믿지 않았다. "유니폼을 의사에게 가져가 '에피펜(알레르기 증상이 급격하게 나타날 때 사용하는 응급용 에피네프린 주사의 이름—옮긴이)이 있으면 유니폼을 담은 이 상자를 열어서 무슨 일이 일어나는지 확인해 보세요' 하고 말했습니다. 다들 그냥 뒤로 물러서서 '그렇게까지 하고 싶지는 않아요. 이 옷 치우세요'라고 하더군요. 아무도 이 끔찍한 옷을 테스트하고 싶어 하지 않았습니다." 마르코의 이야기였다. 존은 아토피피부염으로 인한 발진 진단을 받고 스테로이드 크림을 처방받았다. 앤더슨과 마르코에 따르면, 2011년 11월 존이 도저히 숨을 쉴 수 없는 상태가 되어 비행기에서 내려 응급실로 향했을 때 알래스카항공은 존의 상태와 업무의 관련성을 부인했다고 한다.

"말 그대로 하룻밤 사이에 항공사 법무팀이 개입했다는 걸 알 수 있었어요." 메리가 말했다. "유니폼 때문에 겪는 문제를 '개인의 민감성'이라고 표현한 이메일 답장을 받았습니다. 그 말이 새로운 캐치프레이즈였어요. 그 이후에 감독관과 이야기를 나누게 되면 그들은 이렇게 말하곤 했죠. '아, 개인적 민감성 문제라니 유감이야.' 아니요, 이건 개인의 민감성 문제가 아닙니다. 나는 유독 물질에 중독된 것이었으니까요."

이즈음 메리의 눈은 충혈되었고 눈 주위에 각질이 일어났다. 그럼에도 공식 유니폼을 다시 입으라는 상사의 압력이 들어오기 시작했다.

한편 항공승무원협회의 앤더슨은 정부의 도움을 받으려고 노력했지만 별다른 성공을 거두지 못했다. 소비자제품안전위원회는 승무원의 경우 연방항공청이 관련 규제를 담당한다며 그쪽으로 보고서를 전달했고, 연방항공청은 다시 산업안전보건국으로 넘겼다. 산업안전보건국은 국립산업안전보건연구원과 상의해 보라고 미루었다. 산업안전보건연구원은 업무와 관련한 부상 및 질병을 연구하고 이를 예방하는 기관이지만 규제 권한은 없는 곳이다. 2012년 1월 앤더슨은 산업안전보건연구원에 이 문제를 조사해 달라고 요청했다.

더 이상 유니폼을 입지 않았음에도 메리의 문제는 계속되었다. 일하는 내내 거의 모든 동료가 여전히 유니폼을 착용하고 있었기 때문에 메리는 편두통, 발진, 안과 질환으로 고생했다. 온몸에 멍이 연달아서 나타났다. 헬리콥터나 문 손잡이 같은 기본적인 단어가 떠오르지 않아 어려움을 겪기도 했다. 부모님 집에 방문해서 리모컨을 달라고 하려는데 말을 너무 더듬는 바람에 인지 검사를 받기 위해 의사와 약속을 잡았다. 검사 결과, 인지력이 정상 범위의 최하한선에 놓여 있었다.

"의사들도 나를 실망시켰어요." 해결책을 찾기 위해 만났던 의사들에 대해 메리는 이렇게 말했다. "내가 미친 사람인 것처럼 대하더라고요."

존 역시 대기 중에 있는 무언가에 이상 반응을 보이고 있었다. 유럽 여행을 떠나기 위해 호텔 로비에서 공항 버스를 기다리던 존과 마르코는 유니폼을 입은 동료 두 명을 만나 이야기를 나눴다. 몇 미터 떨어져서 대화했지만, 동료들이 공항 버스를 탈 때쯤 존의 기도가 막혔고 마르코는 갖고 있던 에피펜 주사를 존에게 놓아야 했다.

"다시 그 유니폼 셔츠를 입으면 어떤 일이 일어날지 알고 있으라고, 이 문제에 대해 더 이상은 처방을 해 주지 않겠다고 담당 의사가 말했습니다." 존은 2012년 2월 초에 앤더슨에게 이런 이메일을 보냈다. "물론 의사가 정말로 그렇게 할 거라고는 생각하지 않습니다. 내가 문제의 심각성을 이해하길 바랐던 것이지요." 그는 앤더슨에게 문제의 셔츠를 보내 주겠다고 제안했다. 앤더슨은 셔츠를 전달받았고, 어쩌면 이 셔츠가 그동안 찾던 해답을 줄 수도 있을 거라고 생각했다.

"오늘 아침에 셔츠를 반으로 잘라 포장하고 주소를 쓰던 중 호흡에 문제가 생겼고, 오른쪽 눈이 부어올랐으며, 왼팔에 혈반을 동반한 발진이 다시 생겼습니다"라고 존이 메일에 썼다.

앤더슨은 작업장 내 화학물질 노출을 검사하는 워싱턴주의 프로그램에 대해 알게 되었다. 폴리에스테르로 만든 안감과 주머니, 울 혼방의 방한 재킷, 면 셔츠와 스카프 등 알래스카항공의 새 유니폼 몇 벌을 화학물질 오염이 없는 세라믹 가위로 잘라 60개의 옷감 샘플을 만들어 워싱턴대학 연구실로 보냈다. 검사 결과, 유니폼에서 총 97개 화학 화합물의 존재가 확인되었다. 어떤 옷감 하나에서는 42가지 서로 다른 화학물질이 발견되었고, 테스트한 35개 샘플 중 13개에 과도한 수준의 납과 비소가 들어 있었다. 코발트와 안티몬, 알레르기 반응을 일으키는 것으로 알려져 사용이 제한된 분산염료, 화석연료에서 만들어 낸 화학물질인 톨루엔 '저용량', 최근 유럽연합에서 금지한 항진균제인 디메틸 푸마레이트도 발견되었다. 게다가 파란색 스웨터에는 발암성 중금속인 육가 크로뮴이 함유되어 있었다.

'안전한 용량'이라는 꼼수

/

워싱턴대학에서 보내 온 보고서에 따르면 대부분의 화학물질은 자극을 유발할 수 있는 수준보다 적게 들어 있었다. 하지만 각 염료의 농도가 더해지면 단독으로 들어 있을 때보다 더 큰 영향을 미치는 '상가 효과additive effect'가 나타날 수 있고, TBP 같은 물질은 피부 장벽에 문제를 일으키거나 알레르기 반응을 유발할 수 있다.

앤더슨은 상가 효과에 특별히 주목했다. 그는 미국정부산업위생전문가협의회가 작업장의 유해물 노출 한도를 설정할 때 화학물질 혼합 문제를 고려한다고 지적했다. 특정 혼합물에 함유된 모든 화학물질이 동일한 인체 기관에 작용한다면, 또 이 물질들이 유사한 건강상의 문제를 일으킨다면, 산업위생사는 그 혼합의 효과도 함께 살펴야 하는 것이다.

그러나 섬유업계에서는 각각의 화학물질 단독으로 사용 한도를 정해 놓았다. 개별 물질이 권장 한도 미만으로 들어 있다면, 여러 물질을 혼합한 결과 유해성이 해당 한도를 초과하더라도 그들 기준으로는 문제 될 것이 없다. '사용량에 따라 독성 여부가 결정된다'는 것이 업계의 통념이다. 그러다 보니 각 화학물질의 안전 한도를 확인하고 사용량을 한도 아래로 유지하는 숨수가 등장하게 된다. 이러한 지침에 따르면 적어도 테스트한 화학물질과 관련해서 유니폼은 완벽하게 괜찮아 보인다.

앤더슨은 유니폼을 제대로 조사하려면 섬유 독성 분야에서 가장 명성 높은 연구소인 독일 호헨슈타인의 도움이 필요하다고 생각했다. 호헨슈타인은 오코텍스라는 비영리 인증을 위한 테스트를 진행한다. 오코텍스의 '스탠더드 100' 라벨은 소비자를 위한 안전 표준이다. 각 화학물질의 사용량에 대해 여기서 정해 놓은 한도는 업계의 자발적인 공식 지침이 되었다. 테스트를 받으려면 승무원 노조가 수천 달러를 지불해야겠지만, 유니폼 리콜을 가능하게 한다면 그만한 가치가 있을 터였다. 앤더슨은 존의 셔츠를 포함한 유니폼 샘플을 포장해 독일로 보냈다.

2012년 10월 호헨슈타인 연구소로부터 결과가 도착했다. 앤더슨은 전문용어가 빽빽이 들어찬 두툼한 자료를 간절한 마음으로 훑어보았다. 염료인 분산 오렌지 37/76이 유럽연합의 한도인 1킬로그램당 50밀리그램을 10배 이상 초과했다고 적혀 있었는데, 사실 이 함량은 너무 높아서 실험 측정치를 벗어난 정도였다. 피부, 호흡기, 눈에 자극을 주는 것으로 알려지면서 패션업계에서는(추정컨대) 단계적으로 사용을 중단한 성분이었다.

앤더슨은 답을 알아냈다고 생각했다. 하지만 한 가지 문제가 있었다. 이 염료가 주머니 안감으로 사용한 원단에만 존재했다는 것이다. 옷의 주머니 부분에만 유독 물질이 들어 있다면 메리나 존 같은 승무원들의 몸 전체에 발진이 생기거나, 존이 유독 흰색 셔츠에 강력하게 반응하는 이유를 설명할 수 없었다. 잠재적으로 독성이 있는 나머지 모든 물질은 한도치에 못 미치는 것으로 나타났다.

같은 달, 조사를 시작한 지 거의 1년이 지나서 산업안전보건연구원은 마침내 앤더슨에게 답을 내놓았다. 승무원 78명의 기록과 화학 분석 결과를 검토했으나 피부염을 일으키는 원인 물질을 정확히 찾아내지 못했다고 했다. 피부 질환을 보고한 승무원의 비율이 다른 항공사 직원이나 일반 대중에 비해 "이상할 정도로 높은 것은 아니다"라는 결론이었다. 이런 문제에 대한 "높아진 인식" 때문에 증상을 알아차렸을 수 있다고 산업안전보건연구원이 말했다.

"이상 증세를 겪는 승무원들은 일부러 아픈 척하거나 일하지 않을 핑계를 찾는 것이 아닙니다. 산업안전보건연구원은 사과와 오렌지를 비교하듯, 이치에 맞지 않는 이야기를 하고 있습니다." 화가 난 앤더슨은 이렇게 답장을 보냈다.

그의 말은 이런 뜻이다. 승무원들의 반응이 정상적이라는 결론을 내리기 위해 산업안전보건연구원은 알래스카항공 승무원(사과)의 자발적 이상 반응 신고를 스웨덴 승무원과 미국 일반 근로자(오렌지)의 건강 설문 조사와 비교했다. 일반적인 설문 조사에서는 무작위로 근로자 표본을 잡아 건강 관련한 모든 문제를 질문하며, 지난 몇 달간 겪었던 사소한 발진과 호흡 곤란 등까지 전부 살피게 된다. 하지만 지난 몇 년 동안 비행 중 발진이나 호흡 곤란을 경험한 모든 알래스카항공 승무원이 이런 사실을 노조에 알린 것은 아니다. 일상생활에 영향을 줄 정도로 심각한 문제를 겪었거나, 항공사로부터 보복을 당하지 않을 거라고 확신하는 승무원들만이 서류를 채워 신고했을 것이다. 더욱이 카트를 밀며 기내를 왔다 갔다 하고, 공항 직원용 계단에서 여행 가방을 끌고 오르내리는 등 지극히 활동적으로 움직이는 승무원과 장애인, 노인을 포함한 일반 대중을 비교하는 것도 적절하지 않다. 알래스카항공 승무원들은 평균적으로 꽤 건강한 집단이었는데, 어느 날 갑자기 한꺼번에 원인 모를 건강 문제를 겪게 되었다는 것이 무리 없는 추측 아닌가.

사실, 하버드대학 연구원들은 정확히 앤더슨이 필요로 했던, 알래스카항공 승무원 684명을 포함해 몇몇 항공사 승무원들의 건강에 관한 자료를 2007년부터 수집해 오고 있었다.[5] 앤더슨은 연구원들을 접촉해 이 다음 단계를 진행할 것인지 물었다. 만약 새 유니폼을 받은 후 알래스카항공 승무원들의 문제 증상이 급증했다는 사실을 하버드 연구팀이 확인해 줄 수 있다면 유니폼의 독성에 대한 반박할 수 없는 증거가 될 터였다. 연구원들은 동의했고 설문 조사를 시작했다.

"유니폼에 확실히 문제가 있다는 걸 직감적으로 알았어요. 이후 비슷한 문제를 겪게 된 다른 모든 항공사도 마찬가지였겠지만 알래스카항공은 명백한 증거를 필요로 했습니다. 그들에게는 문제시할 어느 한 가지 화학물질이 필요했겠죠. '바로 이거야. 문제는 포름알데히드였어. 이게 모든 문제를 설명해 주고 있어.' 이렇게 말하고 싶었을 겁니다." 그러나 앤더슨의 생각은 달랐다. 그는 건강에 각기 다르게 혹은 비슷하게 영향을 미치거나 그럴 거라고 의심되는 수십 가지 화학물질이 서로 뒤섞여 문제를 일으킨다고 생각했다.

문제는 지상에서도 일어난다

트윈 힐의 알래스카항공 유니폼만 문제가 된 것은 아니었다. 아메리칸항공이 2016년 트윈 힐의 유니폼을 도입했을 때도 같은 일이 벌어졌다. 같은 해 하반기에 델타항공이 랜즈 엔드 유니폼을 선정했을 때에도 마찬가지였다. 사우스웨스트항공과 신타스Cintas는 이듬해인 2017년 비슷한 문제를 경험하게 된다. (알래스카항공, 아메리칸항공, 사우스웨스트항공은 이와 관련한 나의 논평 요청에 응답하지 않았다.)

건강 문제를 겪은 모든 항공사 승무원들이 들려준 이야기는 화가 날 정도로 익숙했다. 일단 발진이나 천식, 불쾌한 피로가 첫 증상이었다. 이들은 회사의 규칙에 따라 행동했다. 의사의 진단서를 받고, 상사에게 가서 사비로 산 수수한 정장을 유니폼 대신 입게 해 달라고 요청했다. 그러나 항공사가 이런 예외를 허용하는 것은 드문 경우였다. 이상 반응을 보고한 이들 승무원의 8~22퍼센트는 여전히 같은 유니폼을 입고 있는 동료들과 함께 아파도 참고 일하는 것 말고 더 나은 방법이 없었다.

항공사에서 나눠 준 유니폼이 문제를 일으켰는지 여부와 상관없이, 결근한 날짜에 따라 계산하는 가혹한 포인트 시스템 때문에 승무원들은 직업과 건깅 중 하나를 선택하도록 강요받았다. 힝공사는 계속해서 승무원 개인의 민감성이 문제이지, 유니폼이 보통 사람의 건강에 문제가 된다는 증거는 없다고 말했다. 메시지는 분명했다. 비행기를 타거나, 아니면 다른 직업을 알아볼 것.

하지만 단순히 '개인의 민감성' 문제가 아니라면 어떻게 될까? 다른 사람들보다 훨씬 더 자주 만성적인 건강 문제에 시달리는 원인이 바로 그들이 입고 있는 옷이라면?

항공사 승무원은 일반인과 달리 변수가 별로 없는 통제된 환경에서 생활하기 때문에 거의 완벽한 사례 연구 대상이 된다. 각 항공사는 거의 동시에 모든 승무원에게 새 유니폼을 지급했고, 얼마 지나지 않아 상당한 비율의 승무원들로부터 불만이 접수되었다. 승무원들은 며칠간 연속으로 매일 최대 12시간 동안 유니폼을 입은 채, 외부 개입 요소가 거의 없는 동일한 작업 공간에서 정해진 일정에 따라 일을 하게 된다. 다시 말해, 같은 장소에서 같은 시간 동안 같은 옷을 입는 것이다. 이 기간 동안 승무원들은 역시 같은 유니폼을 입은 동료들과 함께 좁은 공간에서 생활한다. 통제 집단이라 할 만큼 서로 가까이 지내는 데다 노출 수준도 높아서, 일부 승무원은 심각한 급성 발병을 호소할 정도였다.

이 모든 유니폼에는 몇 가지 공통점이 있었다. 우선 방수와 오염 방지 기능을 자랑했다. 구김 방지, 곰팡이 방지, 냄새 방지 기능도 들어 있고, 항공사를 상징하는 밝고 채도 높은 색상을 사용했다. 다른 말로 하자면, 시중에 나와 있는 거의 모든 최신 화학 공정이 유니폼에 층층이 쌓여 있었다. 모든 마감재와 염료가 강력한 조합을 이룬 것이다.

새 유니폼을 저렴한 방식으로 만들었기 때문일까? 아니면 전부 화학물질 규제 기준이 느슨한 나라에서 만들어졌기 때문일까?

델타항공 승무원을 대리하는 변호사 브루스 맥스웰Bruce Maxwell은 델타의 랜즈 엔드 유니폼이 중국, 말레이시아, 스리랑카, 인도네시아, 베트남에서 생산되었다고 했다. 선적 기록에 따르면 트윈 힐은 주로 스리랑카, 인도네시아, 방글라데시에서 각종 원자재를 수입했고, 신타스는 중국과 베트남에서 폴리에스테르 드레스 셔츠와 스웨터를 수입했다.

델타항공, 사우스웨스트항공 승무원들과 자주 통화하고 필요한 정보를 구하기 위해 웨비나를 진행했던 주디스 앤더슨에게 답은 명백했다. 항공사들이 유니폼의 성능을 강조하는 동시에 저렴한 가격을 요구하니 브랜드는 싸고 품질이 낮은 재료를 선호하게 되었고, 브랜드의 주문에 따라 옷을 만드는 제조업체는 자기 이익을 보전할 방법을 찾아야 했던 것이다. "옷 때문에 이렇게 아플 수 있다는 생각은 단 한 번도 해 본 적이 없어요"라고 앤더슨이 말했다. 유독 물질이 든 옷감으로부터 승무원을 보호하기 위한 그의 파란만장한 여정은 다음과 같은 무서운 결론으로 끝이 났다. 아무도 이 유독한 옷에 대해 책임지지 않는다.

유니폼은 여전히 그냥 옷일 뿐이다. 일반적으로 시중에서 팔리는 옷과 같은 옷감에 같은 염료를 사용해서 같은 공장에서 만들어진다. 주름이 덜 생기는 블라우스는 쇼핑몰에서 판매되고 방수 재킷은 아웃도어 상점에서 팔린다. 패스트패션 브랜드의 청바지는 습도 높은 남아시아에서 만들어져 미국 해안으로 운송되는 동안 화학 물질로 훈증 처리되었을 가능성이 높다.

앤더슨은 "미국에서는 의류의 화학 성분에 대한 규제가 전무합니다"라고 했다. "유럽에는 과불화화합물, 난연제, 분산염료에 대한 규정이 몇 가지 있습니다. 하지만 미국은 여전히 황량한 서부 개척 시대에 가깝다고 볼 수 있지요. 거의 모든 의류의 원단 수급과 제조, 부속재 조립이 해외에서 이루어지고 있다는 점을 고려하면, 어떤 감독도 존재하지 않는다는 사실이 놀라울 뿐입니다."

매일 입는 옷의 다양성이라는 점에서 일반인과 승무원은 차이가 난다. 보통 사람은 일상에서 수십 가지 종류의 옷을 바꿔 가며 입지만, 승무원들은 동일한 종류의 유니폼 몇 벌을 계속해서 입는다. 그렇기 때문에 일반인은 티셔츠, 속옷 또는 슈트 때문에 피로, 불안, 불임 같은 문제가 일어났는지 확인하기가 더 어렵다. 독성이 있는 옷을 입고 있다 해도 이 옷이 요즘 겪고 있는 알 수 없는 문제의 원인이라는 것을 어떻게 증명할 수 있겠는가? 일단 그 옷을 입기 전과 후의 상태를 명확하게 구분할 수 없다. 상의할 사람도, 그간 기록한 증상을 비교할 사람도 주위에 없다. 불평할 고용주도 없을 것이다. 우리를 위해 옷을 검사해 줄 노조도 없다. 한마디로 완전히 어둠 속에 있는 것이다.

수많은 승무원이 겪고 있는 심각한 건강 문제가 일반 대중에게는 얼마나 널리 퍼져 있는지 확인하고 싶어졌다. 얼마나 많은 사람이 매일 입는 옷 때문에 잠재적으로 병에 걸렸을까? 불행하게도 이런 상관관계를 조사한 사람은 없었다. 그러나 여성 건강(남성보다 위험이 더 높은)에 대한 통계를 살펴보면 좋지 않은 결과를 발견하게 된다. 미국에서는 여성 8명 중 1명이 일생 동안 유방암에 걸리고,[6] 비슷한 수의 여성이 피로, 심장 박동 이상, 불규칙한 생리 주기, 탈모, 건망증, 체중 증가나 감소를 특징으로 하는 갑상선 문제를 앓게 된다[7](최근 들어 결장암, 직장암에 밀려나기 전까지 갑상선암은 미국에서 가장 빠르게 증가하는 암이기도 했다[8]). 암의 약 70~90퍼센트는 유전이 아니라 흡연, 식습관, 독성 화학물질 노출 등과 같은 환경적 요인에 기인한다.[9]

여기에 불임 문제도 더해진다. 젊은 여성들은 그 어느 때보다 아이를 갖기 위해 고군분투하고 있다. 호르몬 문제로 고통받을 가능성은 여성이 더 높지만, 남성도 인류의 생존을 위협할 정도의 생식능력 위기로 고통받고 있다. 연구자들은 우리 환경에 침투한 인공 화학물질 때문에 남성의 정자 수가 감소한다고 생각한다. 그 화학물질 상당수가 우리가 입는 옷에 들어 있다.[10]

"이런 추세는 분명하지만, 어떤 물질이 문제라고 콕 집어 이야기하지는 못하고 있습니다." 2021년 초 내분비교란물질 전문가인 스웨덴 환경 독성학자 오케 베리만Åke Bergman 박사가 내게 말했다.

그는 패션에 사용되는 독성 화학물질에 세금을 부과하기 위해 스웨덴 정부가 2020년 소집한 태스크 포스의 일원이었다. "여러 가지 화학물질이 엄청난 양으로 사용되고 있습니다. 화학물질에 대한 노출과 곳곳에서 목격되는 문제들 사이에는 연관성이 있을 겁니다."

이전에 일반적인 옷에 이상 반응을 겪은 적이 있는지 주디스 앤더슨에게 물었다.

"지금 승무원들이 겪고 있는 일에 비하면 너무나 사소한 것들이죠. 내가 무언가를 온라인으로 혹은 가게에서 구입해서 집에 가져왔는데 이것 때문에 발진이 생겼다면 당연히 반품을 할 겁니다. 소비자에게는 그럴 권리가 있으니까요. 하지만 직장에 계속 다니려면 유니폼을 입어야 합니다. 어딘가 불편하거나 알레르기가 발생한다면 유니폼과 연관시키기가 훨씬 쉽겠지요. 그렇지만 옷이 호르몬에 문제를 일으킨다면 알아차리기 쉽지 않을 겁니다." 앤더슨이 이야기를 이어 갔다. "왜 이렇게 피곤하지? 생리가 불규칙한 이유는 뭘까? 왜 임신이 잘 안되는 걸까? 머리카락이 왜 이렇게 가늘지? 이런 문제를 옷과 결부시켜 바라보지는 못하겠죠. 그 상관관계를 입증하기란 매우 어려울 겁니다."

책을 읽는 여러분과 나 역시 옷 속의 유독 물질 때문에 문제를 경험할 수 있다는 설득력 있는 단서들이 존재한다. 이제 해야 할 일은 우리 몸이 하는 말에 귀를 기울이고 우리 몸에서 일어나는 일을 믿는 것이다.

옷장 속의
살인자

과학자는 범인을 잡을 수 있을까

재클린은 병원 침대에 누워 의사를 올려다보았다. 결장 제거 수술 동의서에 서명해야 한다는 이야기를 듣는 참이었다. 그의 생명력은 바닥나고 장기들은 기능을 멈추려는 상황이었다. 의사는 두 가지 선택을 제시했다. 동의서에 서명하거나, 이대로 생명을 잃거나.

불과 몇 년 사이 재클린은 두 번이나 죽음의 문턱에 서게 되었다. 불교의 수행법을 활용해 눈을 감고 자신의 몸이 말하는 것에 귀를 기울이려고 노력했다. 의사의 말을 따라야 할 것이다. 날카로운 칼이 몸속 장기를 갈기갈기 찢어대는 듯한 고통에 맞서 싸우는 대신, 지금 일어나는 일을 받아들여야 할 것이다. 서류에 서명해야 할 것이다.

병원에 입원하기 몇 년 전부터 계속 문제를 호소해 오던 재클린의 몸은 이제 급기야 기능을 멈추게 되었다. 어쩌다 그는 이 지경까지 오게 되었을까?

사실 그의 증상 뒤에는 패션이라는 유독한 문화와 패션 제품에 든 독성 화학물질에 날마다 조금씩 노출되어 온 기나긴 과정이 있었다. 이야기는 수십 년 전 재클린이 뉴저지에 살던 소녀였을 때부터 시작된다.

싸구려 옷, 값비싼 대가

내가 재클린을 만난 것은 예기치 못한 우연이었다. 우리가 매일 입는 옷에 어떤 성분이 들어 있을까 고민하다가 항공업계 종사자가 아닌 사람들과 이야기를 나누고 싶었다. 아무런 규제도 받지 않는 화학물질이 옷에 들어 있다면 일반인들도 당연히 문제를 경험했을 터였다. 패션의 수도 뉴욕에 사는 여성들이 방금 도착한 화물에서 나오는 화학물질 연기에 과도하게 노출된 후 직장을 그만두게 되었다는 소문을 들었다. 하지만 어디서부터 알아봐야 할지 확신이 서지 않았다.

2021년 가을, 디자이너 아리엘 크로포드Arielle Crawford가 뉴욕 패션공과대학Fashion Institute of Technology, FIT에서 열리는 지속 가능한 패션에 관한 자신의 수업에서 어떤 주제라도 좋으니 비디오 강의를 해 달라고 요청했다. 당연히 내 강의는 독성 화학물질에 관한 내용이 될 것이었다.

모니터에 등장한 수많은 학생의 얼굴을 보며 패션 제품에 든 화학물질이 만성 피부염을 일으킬 수 있다는 의혹을 전했다. 수업

중에 재클린이라는 학생이 자신은 패션업계에서 일했으며 건강 문제를 겪고 있다고 했다. 자세한 내용을 말하지는 않았다. 수업이 끝난 후 아리엘에게서 재클린의 이메일 주소를 받아 연락했다. 재클린은 자신이 사는 브루클린에서 만나자고 제안했다. 나는 그가 성가신 발진 정도에 대해 말해 줄 거라고 생각했는데, 큰 오산이었다. 발진은 시작에 불과했다.

약속한 날 옷을 고르느라 여느 때보다 많은 시간과 에너지를 할애했다. 최근까지 수십 년 동안 패션계에서 일해 온 사람과 점심을 먹는다는 사실이 신경 쓰였기 때문이다. 약속 장소인 건강 카페에 나타난 재클린은 생각보다 훨씬 더 근사했다. 빈티지 은과 터키석으로 된 반지와 팔찌, 희미하게 바랜 레터링 면 티셔츠에 두툼한 페어 아일(스코틀랜드 페어 아일 지역에서 유래한 기하학 패턴—옮긴이) 가디건, 일부러 낡은 느낌을 낸 청바지. 윤기 흐르는 갈색 머리가 어깨까지 내려왔고, 주근깨 몇 개를 제외하면 잡티 하나 없이 매끈한 피부는 어떤 스킨케어 제품을 사용하는지 궁금할 정도였다. 41세라는 나이보다 젊어 보였고, 믿을 수 없을 정도로 멋졌다.

하지만 자리에 앉아 대화를 나누는 동안, 재클린은 마치 보이지 않는 위협으로부터 자신을 보호하려는 것처럼 어깨를 움츠리고 조심스럽게 움직였다. 알고 보니 그가 겪는 다양한 증상과 질환은 나 같은 낯선 사람의 눈에는 잘 들어오지 않았다. 여러 의사나 재클린 자신과 달리, 나는 이 여성의 이야기에 귀를 기울이고 그의 몸이 전하려는 이야기를 신뢰했다.

재클린은 패션업계에서 자랐지만, 패션의 화려함과는 거리가 멀었다. 그는 의류 도매상인 아버지를 따라 어릴 때부터 아버지 소유의 창고와 13개 기성복 매장(뉴욕과 뉴저지에 있었다)을 자주 방문했다. 패션 제품 생산 공장이 아시아로 맹렬히 아웃소싱 되던 1990년대 고등학교 시절에는 바느질을 배워 직접 자기 옷을 만들었다. 아버지의 발자취를 따르고 싶지 않았던 재클린은 콜로라도대학 볼더 캠퍼스에서 미술을 공부하며 바느질을 활용한 예술 프로젝트를 진행했다.

2003년 학교를 졸업한 후에는 미술관에서 일하기를 희망하며 뉴욕으로 향했다. 첼시 예술 지구 곳곳에 이력서를 제출했지만 그의 형편으로는 무리인 무급 인턴십 제안만 받았다. 그래서 자신이 잘 안다고 생각하는 패션 분야에 지원하기 시작했다. 잠시 동안만 일할 생각이었다.

그렇게 해서 재클린은 중저가 백화점 매장을 통해 꽃무늬 치마와 아크릴 스웨터를 판매하는 소규모 디자이너 브랜드의 조수로 일하게 되었다. 미드타운에 위치한 먼지투성이 사무실은 햇빛이 거의 들어오지 않아서 늘 어두웠고, 먼지 때문에 창문의 금속 블라인드가 회색으로 변할 정도였다. 업무 공간이 너무 정신없고 붐벼서 화장실이라도 가려면 동료들에게 의자를 좀 당겨 달라고 부탁해야 했다. 동료들은 전부 여성에 재클린보다 스무 살 이상 나이가 많았다. 책상 위에는 샘플 천 조각이 가득했다. 오후 5시가 되면 인도의 공장에서 보낸 샘플 상자를 개봉해 확인한 후, 머큐리 라운지나 바우

어리 볼룸(두 곳 모두 뉴욕 이스트빌리지 근처의 라이브 음악 공연장 겸 클럽이다—옮긴이)으로 달려가 코트 보관소나 바에서 다시 일을 하며 인디 밴드와 어울리곤 했다. 잠을 충분히 잘 수 없는 상황이었지만 지구상에서 가장 물가가 비싼 도시 중 한 곳에서 생존하려면 어쩔 수 없었다.

2년 후 재클린은 코트를 디자인하는 고급 브랜드로 이직했다. 그 후 운동복을 만드는 대중적인 브랜드에서 일하기 위해 면접을 봤을 때, 채용 담당자가 생산 관리직을 고려해 본 적이 있는지 물었다. "당신이 했던 디자인을 보니 디테일에 신경을 많이 썼더군요." 생산 관리에는 까다로운 눈썰미가 필요했다. 보수도 더 나은 편이어서 재클린은 그 제안을 받아들였다. 예술계에서 일하겠다는 꿈은 사라지고 있었다.

급여가 높은 만큼 스트레스도 높아졌다. 매일 아침마다 일이 꼬리를 물고 이어졌다. 사무실에 도착하면 지구 반대편에서 최대 250통의 이메일이 도착해, 주문한 수백 가지 의류의 생산 현황을 알려 주었다. 그는 급한 불을 끄면서 가격 협상을 이어 가는 일에 능숙해졌다. 한번은 원단을 운반하는 트럭에 사고가 나서(이미 마감 일정이 빡빡한 상황이었다) 선적 예정이었던 생산 물량이 전부 중국의 호수에 가라앉았다는 공장의 이메일을 받았다. 이런 사건이 늘 일어나는 일상이었다.

공장에서 방금 도착한 샘플 상자를 열어 솔기, 시접, 실밥을 만져 보며 자세히 살피는 내내 강한 화학물질 냄새가 온 감각을 강타

했다. 인도와 중국에서 온 상자에서는 각기 다른 이상한 냄새가 났다. "몇 가지 옷들은 냄새가 너무 심해서 지퍼백에 넣어 아직까지 보관하고 있어요." 그가 말했다.

테스트 회사에서 원단 샘플 검사 결과, 변색되지 않고 쉽게 늘어나지 않으며 특정 아조염료와 기타 사용 금지 화학물질이 포함되지 않았다는 내용의 24쪽이 넘는 자료를 이메일로 보내 왔다. 거기에 대해 별로 깊이 생각하지는 않았다. 의류의 선적을 허가하기 전에 이런 테스트 결과들을 확인하는 것이 그의 일이었다. 그러나 재클린이 일했던 모든 패션 브랜드가 이러한 검수에 크게 신경 쓰지는 않았다.

공장도 자주 방문했다. "공장을 방문하면서 이상한 경험을 많이 했어요. 염색 공정을 찍은 사진을 보여 드릴 수 있는데, 일하는 사람들이 마스크 같은 것을 쓰지 않았어요." 특히 중국의 경우, 노동자들이 공장 단지에서 생활하며 밤낮 없이 일한다는 사실이 재클린을 괴롭혔다. 한번은 공장을 둘러보고 있었는데, 비명 소리가 나더니 전기가 끊어졌다. 누군가 감전 사고를 당한 것이다. 피해 입은 직원을 살펴보게 해 달라고 담당자에게 부탁했지만 공장 투어는 계속되었다. 근로자 부상도 하루 일과의 일부라는 것을 알게 되었다.

어느덧 6년이 흘러, 그다음 일하게 된 두 브랜드에서도 비슷한 일이 이어졌다. 그러다 2012년 재클린의 팔과 등에 발진이 생기기 시작했다. "꺼림칙한 피부 문제는 늘 일어났지만 증상이 더 악화된 것이지요."

2장 옷장 속의 살인자

피부접촉검사를 받으러 갔고, 일주일 동안 잠재적 알레르겐이 든 패치를 등에 붙여 두었다. 여름 더위 속에서 샤워도 하지 않고 24시간마다 의사를 방문해 반응을 확인했다. 결과가 나오자 당황할 수밖에 없었다.

카페에서 재클린이 이때의 의료 기록 사본을 보여 주었다. 아조염료 성분인 p-페닐렌디아민, 섬유 코팅용 플라스틱 및 페인트 제조에 사용되는 에틸 아크릴레이트, 아조 분산 파랑 106/124 염료에 플러스 기호가 표시되어 있었다. 분산염료는 폴리에스테르 같은 합성섬유에 사용되며 다른 화학물질도 패션 산업에서 흔히 볼 수 있는 것들이었다(의류 및 직물에 사용되는 수천 가지 화학물질을 모두 확인할 수는 없어서 재클린에게 문제가 될 만한 알레르겐을 50개 정도 골라 검사했다고 한다). 재클린은 50가지 일반적인 화학물질 중 7가지에 알레르기가 있는 것으로 판명되었다.

그는 자신이 알지 못하는 수백 또는 수천 개의 위험 요소가 더 존재할 수 있다는 사실을 깨달았다. 식품, 화장품, 청소용품과 달리 의류에는 성분 목록이 표시되지 않는다. 이 업계에 대한 지식을 갖추고, 옷이 생산되는 방식을 잘 알고 있는 내부인임에도 재클린은 문제 되는 화학 성분을 어떻게 피할지 알 수가 없었다. 일을 그만둔다고 해도 옷은 입고 살아야 하니 말이다.

그만둘 생각을 안 한 것은 아니었다. "말하자면, 저는 이 업계에서 태어나 자랐습니다." 왜 탈출 버튼을 누르지 않았느냐고 물었을 때 그가 말했다. "그게 내가 알고 있는 전부이고, 지금까지 쌓아

온 유일한 커리어니까요."

재클린은 무력감을 느꼈다. 그래서 결과를 무시하고 일을 계속했다. "그때는 그냥 피부 문제였지요. 이후에 발생한 건강 문제에 비하면 아무것도 아니었습니다."

2015년 말, 매년 자원하는 불교 신년 안거를 위해 시골로 향했을 때, 장에서 날카로운 통증이 시작되었다. 처음에는 그저 가스가 찼거나 변비가 있는 것처럼 느껴졌다. 하지만 점점 심해져서 걸을 수 없을 정도가 되었다. 매사에 책임을 다하기 위해 감정과 통증을 분리하는 일에 익숙했던 재클린은 몸이 이야기하는 것을 무시한 채 버스를 타고 목적지로 향했다.

첫날 밤 부엌에 앉아 있다가 아파서 소리를 지르자, 요리사가 단호하게 말했다. "병원에 가세요."

의사가 검사를 하더니 맹장이 4일 전에 터졌다고 알려 주었다. 재클린에게서 이 이야기를 들으며 나는 입이 딱 벌어지고 말았다. 나 역시 맹장이 터졌던 경험이 있고, 그때가 내 인생에서 가장 고통스러웠던 순간이었기 때문이다. 그런데 그 상태로 버스를 탔다니 믿을 수 없었다. 아니, 재클린이 살아남았다는 것을 믿을 수 없었다.

재클린은 올버니에 있는 더 큰 병원으로 이송되어 맹장을 제거했지만, 중독 효과가 발생할까 봐 진통제인 옥시코돈 복용을 거부했다. 퇴원하고 일주일 후 농양이 생겨 다시 병원에 가게 되었다.

조금 나아진 후 재클린은 다시 회사에 출근했다.

화려한 색상의 어두운 이면

/

1년쯤 후 노스캐롤라이나의 헤더 스테이플턴$^{Heather\ Stapleton}$ 교수는 일곱 살 난 아들을 위해 인기 있는 스포츠 브랜드에서 폴리에스테르 운동 셔츠를 하나 샀다. 듀크대학 니콜라스환경대학원 환경정책학과의 환경화학자이자 유독 물질 노출 전문가이며, 천식을 앓는 아들의 어머니로서, 스테이플턴은 알레르겐과 화학적 오염 물질이 얼마나 쉽게 집 안으로 들어오는지 잘 알고 있었다. 보통 새 옷을 사면 한번 세탁한 후 아이들에게 입혔지만, 이날은 아들이 서두르는 바람에 새 셔츠를 그대로 입혔다. 이번만 그냥 넘어가지 뭐, 하고 생각했다.

그날 오후부터 아들이 몸이 가렵다고 불평하기 시작했다. 아이의 셔츠를 걷어 올리자 정확하게 셔츠의 검은색 부분을 따라 등에 발진이 생긴 게 보였다. 2022년 초 스테이플턴은 "이 일이 크게 경종을 울렸다"라고 말했다. 비행기 승무원들이 유니폼 때문에 아프다는 기사가 떠서 찾아 읽고 나니, 유니폼의 염료가 문제가 아닐까 의심이 들었다. 그러다 서스캐처원대학 연구팀의 논문을 읽게 되었다. 집 먼지를 분석한 결과, 건강에 문제를 일으킨다고 추정되는 브롬화 화합물을 발견했다는 내용이었다. 독성이 강한 난연제 일부는 브롬화의 위험이 있다. 하지만 집 먼지에서 발견된 것은 난연제가 아니었다. 연구팀은 이것이 브롬화 아조벤젠 분산염료, 줄여서 '아조 분산염료'라고 생각했다.

아조염료는 일반적으로 모든 유형의 직물에 사용된다. 산업화 시대에 등장한 놀라운 기술로, 매년 전 세계적으로 사용되는 990만 톤의 산업용 염료 착색제 중 70퍼센트를 차지하며,[1] 최신 패션업계 어디에서나 쓰이는 값싼 성분이다. 그중에 특히 합성섬유 염색에 사용되는 아조 **분산**염료가 있다. 폴리에스테르의 염색을 위해 수성 용액에 분산된 상태라서 이런 이름이 붙었다.

스테이플턴은 연구팀이 집 먼지에서 발견한 물질이 아들의 폴리에스테르 셔츠에 사용된 염료와 같은 성분인지 궁금했다. 운 좋게도 듀크대학에 갖춰진 세계적 수준의 질량분석 장비 덕분에 소위 '비표적nontargeted 분석'을 할 수 있었다.

2010년경까지 환경보호국이나 소비자제품안전위원회에서 근무하는 환경화학자들은 물이나 의류 샘플을 분석해 **여기에 든 것은 이런 성분들이다** 하고 선언할 수가 없었다. 자신이 찾고 있는 성분이 무엇인지를 먼저 알아야 했다. 애써 실험을 해 보려고 해도 해당 물질의 샘플이 필요했고, 화학 구조를 알아야 했으며, 독성이 있을지도 모른다는 단서가 있어야 했다.

그러나 환경보호국은 화학 회사들이 생산하고 판매하는 물질을 비밀로 유지하도록 허용했다. 니나 베이커는 2008년 《차라리 아이 입에서 젖병을 빼라》에서 "1998년 한 해에 제조업체들이 제출한 실질적 위험 고지 자료의 40퍼센트는 화학물질의 **정체**를 기밀로 삼고 있다"라고 썼다.[2] 환경보호국은 새로운 화학물질을 제조하거나 수입하려는 회사로부터 매년 1500~3000건의 고지를 받는

데, 회사는 여기에 독성 또는 독성 노출 관련 정보를 포함할 의무가 없다. 1998년 환경보호국은 대량생산된 화학물질의 단 7퍼센트만이 독성 측정에 필요한 모든 자료를 제출한다는 사실을 확인했다. 21년 후인 2019년, 환경보호국의 웹사이트를 관리하는 직원이 은퇴했는데, 그 자리를 대체할 인력 예산이 없고 법적 의무도 없다면서 대중을 위한 실질적 위험 고지 게시를 중단했다[3](강력한 항의를 받자 2022년 초부터 게시를 재개했다).

이런 방식으로 수많은 화학물질이 사람들의 시야로부터 완전히 가려진다. 물이나 옷에 독성 화학물질이 섞여 있을 수 있는데도, 과학자들이 그런 사실 자체를 모르니 화학물질의 존재를 확인해 줄 수가 없다. 우리가 뼈에(혹은 장기나 피부에, 꽉 잠긴 목과 눈물 고인 눈에) 뭔가 문제를 느낀다 해도, 과학자들은 물이나 옷 때문에 사람이 아프다는 증거는 없다고 말할 것이다.

그러나 고분해능 질량분석법을 사용하면 화학 회사가 자신들이 만든 화학물질의 구조를 실수로 공개할 때까지 기다릴 필요가 없다. 비표적 분석을 통해 과학자와 연구자는 샘플에 어떤 화학물질들이 들어 있는지 추적할 수 있게 되었다. 이것이 바로 스테이플턴이 한 일이다.

스테이플턴은 문제의 티셔츠를 연구실로 가져와 잘라 낸 다음, 분석을 위해 동료인 리 퍼거슨Lee Ferguson 박사에게 건넸다. 집 먼지에 함유된 아조염료의 존재를 정확히 지적한 서스캐처원 연구팀의 자료에서 영감을 받은 퍼거슨 박사는 다른 맥락에서 아조염료를 면밀히 살펴보기 시작했다. "말할 것도 없이 할로겐화 분산염료가 셔츠에 들어 있었습니다." 스테이플턴이 말했다.

걱정되는 일이었다. 몇몇 아조염료는 피부 민감제이지만[4](독성학자들은 피부에 문제를 일으킬 수 있다는 말을 이런 식으로 표현한다), 심각한 해를 끼치는 것은 염료 자체가 아니다. 많은 염료가 피부 박테리아와 접촉하게 되면 **아민**이라는 화합물을 방출한다(아민의 다채로운 역사에 대해서는 나중에 다시 자세하게 이야기할 것이다). 그런데 상당수의 아민은 발암성, 돌연변이성 및 유전 독성이 있는 것으로 의심된다. 즉, 암을 유발하고 인간 세포에 유전적 변화를 일으킬 수 있다.

아조 분산염료는 아동복에 들어 있어서는 안 될 성분이다. 이러한 결과가 놀랍게 들리겠지만, 패션 및 화학 산업은 염료에 대해 애매한 입장을 취하고 있다. 우선, 일부 회사는 아조염료 중 독성 아민을 방출하는 것은 5퍼센트에 불과하다고 주장한다.[5] 둘째, 업계에서는 독성이 있는 아조염료를 (대부분) 단계적으로 제거했다지만, 유럽연합은 모든 의류에 최대 30피피엠의 아조염료를 허용한다. 셋째, 업계는 우리 몸으로 유입되는 아민은 극소량이라 해를 끼치지 않는다고 주장한다. **당신이 옷을 먹는 것은 아니지 않느냐**고 한 업계 전문가가 말했다.

하지만 아조 분산염료가 집 먼지에 존재한다면(최신 실험에서 보듯이) 우리는 옷을 **먹고 있는 것**이나 마찬가지다. 독성 아조 먼지가 옷에만 계속 붙어 있지는 않기 때문이다. 옷에서 떨어져 나와 집 안 곳곳에 존재하는 이 유독 성분을 사람들은 매일 들이마시고 삼킨다.

스테이플턴과 퍼거슨은 집 먼지에서 발견된 염료가 옷에서 나온 것이고 알레르기 반응을 일으킬 수 있다는 가정을 검증하고 싶었다. 여기서 화학물질이 어떻게 알레르기 반응을 유발하는지에 관한 개인적 관심을 갖고 박사 논문 프로젝트를 찾던 환경화학 전공 학생이 때마침 등장하게 된다.

명백한 증거

/

커스틴 오버달Kirsten Overdahl은 아버지가 의사인 집안에서 태어나 생후 18개월에 자가면역질환인 소아류마티스관절염 진단을 받았다. 또한 편두통과 레이노병을 앓았는데, 내 어머니처럼 손가락과 다른 신체 말단으로 가는 혈류에 문제가 생기는 증세로 고생하고 있었다.

논문 발표를 성공적으로 끝낸 지 몇 달 후인 2022년 3월, 그는 화상 채팅을 통해 이렇게 말했다. "저는 늘 전체론적 측면에서의 건강이 얼마나 중요한지 알고 있었습니다. 의학적인 치료도 중요하겠지만, 우리를 둘러싼 세상과 우리 몸속으로 들어오는 것들도 모두 중요하지요." 이런 이해는 시간이 지날수록 더욱 깊어졌다.

오버달은 환경 정의에 관한 각종 논문과 자료를 읽었고, 형편이 어려운 사람들, 특히 유색인종의 경우 독성 폐기물 처리장과 오염된 장소 근처에 살거나 오염된 물을 마시거나 집 안의 납 먼지를 흡입할 가능성이 높다는 사실을 알게 되었다. 해리엇 A. 워싱턴Harriet A. Washington이 《폐기하기에는 위험한 물질A Terrible Thing to Waste》에 쓴 것처럼, 미국 내 소외된 지역에서 환경 독소로 인한 지적 능력 저하의 문제가 등장했다. 흑인을 비롯한 유색인종은 유해 화학물질에 흠뻑 젖어 있는 '희생 지대sacrifice zone'(핵실험, 기후 변화, 독성 물질 오염으로 사람이 거주할 수 없는 지역—옮긴이)에 살 가능성이 더 높다.

누군가 환경독성학에 관해 오버달에게 이야기해 주었다. 특정 환경이나 물질에 노출되었을 때 건강에 어떤 문제가 생기는지 살펴보는 학문이었다. 오버달은 "새로운 화학물질을 규제하는 것보다 새로운 화학물질을 합성하는 것이 훨씬 쉽습니다"라고 말했다. 우리 몸에 어떤 영향을 미치는지 테스트를 받지 않은 산업용 화학물질이 미국에서만 4만에서 6만 개 정도 존재하는 것으로 추정된다.[6] "아무런 정보를 알 수 없는 수많은 화학물질이 거래되고 있다는 의미죠." 오버달은 질량분석법을 사용하면 머릿속에서 소용돌이치는 질문에 대한 답을 얻을 수 있고, 더 중요하게는 세상에 긍정적 영향을 미칠 수 있다는 것을 깨달았다.

그런데 오버달의 프로젝트에 한 가지 큰 제약 요인이 있었다. 이제까지 아무도 아조 분산염료를 몇 가지 이상 테스트해 본 적이 없었던 것이다. 공개적으로 이용 가능한 자료를 살펴보았을 때, 시중에 판매되는 아조 분산염료와 유사한 화학 구조를 가진 물질은 약 5000개에 달하지만, 그중 아조 분산염료라고 표시된 것은 극소

2장 옷장 속의 살인자

수에 지나지 않았고 대부분은 아무런 표시가 없었다. 그저 국립보건원에서 관리하는 화학물질 및 독성에 관한 논문 데이터베이스인 펍켐PubChem에 등장하는 화학 구조물일 뿐, **신경 써서 살펴볼 것은 없다**고 말하는 듯했다. 이 숨겨진 사각지대는 독성이 있는 아조염료가 극소수에 지나지 않는다는 화학 산업의 주장이 터무니없음을 알려 준다. 몇 가지 아조염료가 테스트를 통해 독성이 있는 것으로 입증되었다면 나머지는 어떤가? 그들의 주장을 뒷받침할 증거가 전혀 없는 상황인데도 소비자인 우리는 아조염료가 안전하다고 믿게 되어 버렸다.

더욱이 연구자들은 이런 대부분의 상업용 화학제품에 큰 관심을 두지 않고, 피부에 닿아도 안전한지 확인하지 않았다. 전 세계 시중에서 구입할 수 있는 아조 분산염료 중에 **분석 표준품**이라고 불리는 실험 가능한 품질의 샘플은 단 8가지뿐이었다. 리 퍼거슨 박사는 이미 브라질의 한 연구원과 미국 화학 회사를 통해 몇 가지를 주문해 분석 연구를 진행하고 있었다. 오버달은 그 이상을 원했다. "눈이 번쩍 뜨이는 일이었어요. 내가 아조벤젠 염료의 독성에 대해 관심을 갖고 걱정하는 시민이라고 해도, 사실을 확인해 볼 방법이 없었으니까요."

그래서 그는 자신이 직접 화학물질을 분리, 정제하고 분류하기로 결심했다.

이때 또 다른 우연이 유독 물질 연구자들을 도왔다. 퍼거슨의 처남이 노스캐롤라이나주 하이포인트에 살고 있었는데, 그 바로 옆

집에 미국에서 가장 큰 염료 유통업체 한 곳의 소유주가 살았던 것이다. 퍼거슨의 처남은 이들이 서로 연락할 수 있도록 주선했고, 2주 후에 작은 염료 캔이 든 상자가 연구실에 도착했다. 오버달은 실험실에서 바로 사용할 수 있는 샘플을 만들기 위해 염료를 빨강, 파랑, 노랑, 보라 색조 등 각각의 성분으로 정제하는 작업에 착수했다. 이 일에 6개월 이상이 걸렸고, 고분해능 질량분석기를 사용해 화학 구조를 확인하는 데 또 1년이 걸렸다. 이렇게 해서 그중 12개의 분석 목록을 완성했다. 거의 **2년** 간의 고된 작업 끝에 드디어 몇 가지 실험을 할 준비를 마친 것이다.

오버달이 이끄는 연구팀은 동네 상점에서 폴리에스테르 아동복 13벌을 구입해 테스트했다. 유명 브랜드와 그렇지 않은 제품 모두 아조염료 먼지에서 발견한 것과 동일한 염료가 들어 있었는데, 가장 많이 검출된 것은 분산 빨강 354였다. 어떤 아동용 셔츠에서는 전체 중량의 1.1퍼센트인 1만 1000피피엠 이상의 염료가 검출되었다. 이는 아조염료에 대한 유럽연합의 허용 한도보다 300배나 높은 수치였다. 연구팀이 어린 자녀가 있는 124가구의 먼지를 분석했더니 모든 집에서 아조 분산염료가 발견되었다.

"어린아이들은 바닥을 자주 기어다니고 손을 입에 넣곤 해서, 성인이 흡입하는 양의 최대 20배에 달하는 먼지를 흡입합니다. 아이들의 신체 기관과 면역 체계가 아직 발달 중이라는 점에서 매우 심각하지요." 오버달이 말했다.

스테이플턴은 실험 결과에 분노했다. "아기 잠옷에서도 이런 성분이 나왔습니다. 유해 성분에 민감하게 반응하는 아이들의 비율이 상당할 텐데, 아이가 성장하고 발달하는 동안 평생 위험 요소가 되는 것은 아닐까요? 더 심각한 질병으로 이어지거나 각종 바이러스, 천식, 피부 질환에 취약하게 만드는 것은 아닐까요?"

이런 질문은 그저 이론상의 추측이 아니었다. 적어도 멀리 떨어진 곳에 사는 한 어머니에게는 말이다.

옷이 내 아이를 아프게 한다면

2021년 말, 나는 옷과 관련해 직접 문제를 경험했거나 자녀가 심각한 반응을 일으킨 경우가 있다면 연락을 달라고 뉴스레터에 공지했다. 곳곳에서 응답이 몰려들었는데, 개인과 가족마다 고유한 방식으로 문제를 겪고 있었다.

뉴욕주 북부에 사는 한 어머니는 아기가 옷에 보인 반응 덕분에 온 가족이 오래된 농가에서 생활하는 동안 납에 중독되었다는 사실을 알게 되었다. 어떤 여성은 엡스타인바 바이러스 감염으로 섬유근육통이 생겼고, 합성 의류에 알레르기 증상을 보였다. 작업장 카펫의 독성 연기에 중독된 후 파란색 옷을 입을 때마다 심각하게 아프다고 의심하는, 알래스카로 이주한 루마니아계 노인도 있었다. 밤마다 심하게 긁고 할퀴어서 온몸이 피투성이인 채로 잠에서 깨곤 한다는 캘리포니아의 마케팅 임원과도 이야기를 나눴다. 옷장

안을 꼼꼼히 살펴 파란색과 검은색 분산염료에 대한 알레르기가 심하다는 것을 확인한 후에야 문제를 해결할 수 있었다고 했다. 이 여성은 천연섬유로 된 옷을 살 때도 며칠 후에 이상 반응이 나타날 경우를 대비해 늘 반품 정책이 확실한 곳에서만 쇼핑을 한다.

믿고 사서 매일 입는 옷에 알레르기 반응을 보였다는 사례를 이렇게 쉽게 찾을 수 있다니 놀라울 뿐이었다. 《미국의학협회저널》에 따르면 5명 중 최대 1명이 진물이나 물집이 생기고 가렵거나 각질이 일어나는 접촉성 피부염을 경험했다(5명 중 1명이라는 숫자에 대해서는 다시 살펴볼 것이다). 문제가 되는 제품과 일주일에 한 번씩만 접촉해도 지속적인 발진이 일어날 수 있다. 민감성을 유발하는 화학물질이 사방에 존재하여 매일 각기 다른 방식으로 접하게 되는 상황에서 그 원인을 찾기란 상상 이상으로 어렵다.[7]

이 문제는 미국의 많은 유색인종과 경제적 취약 계층에게 특히 심각하다. 이들은 유독물 폐기장이나 제조 공장 근처처럼 위험성이 높은 지역에 많이 사는데, 이런 지역에서는 옷뿐만 아니라 공기와 마시는 물에서도 화학물질이 발견된다. 또한 문제의 원인을 확인하고 이를 해결하도록 도와주는 적절한 의료 서비스를 누리지 못하는 경우가 많다. 구조적이라 할 수 있는 환경적 인종차별은 부끄러운 일이다. 이 같은 상황은 또한 옷과 관련한 화학물질 민감성 연구와 관리를 복잡하게 만든다. 마을을 가로지르는 고속도로에서 나오는 미세 유해 물질과 독성 연기를 매일 들이마시는 사람에게 옷에 든 화학물질이 미치는 영향을 어떻게 정확히 밝혀낼 수 있겠는가?

2장 옷장 속의 살인자

이 프로젝트를 연구하며 패션과 건강 사이의 연관성을 밝히려면 자신의 생활 환경을 적절하게 관리할 수 있고, 유독 물질 추적에 도움이 되는 의료 시스템을 이용할 수 있으며, 모든 원인을 다 의심해 보았는데 마침내 문제는 옷이었다고 확인해 줄 수 있는 사람을 찾아야 했다.

미시간주 그랜드 래피즈에 사는 소아 전문 간호사 칼리 히저 Karly Hiser가 바로 그런 사람이었다. 화상 통화로 만나 본 이 여성은 긴 반묶음 금발과 화장기 없는 얼굴에 회색 운동복 차림이었는데, 축구를 했던 여자 고등학생이 자라면 이런 모습이 아닐까 싶었다. 그의 뒤로 보이는 메모판은 활짝 웃는 가족들의 사진이 담긴 크리스마스 카드로 가득 차 있었다. 약간 긴장한 듯 보였지만 미소 짓던 그는 이야기를 풀어내며 얼굴을 찌푸렸다.

칼리의 큰아들은 두세 살 무렵부터 심한 습진을 앓았다. "의료계에서 일하다 보니 여가 시간에 나름대로 조사를 시작했어요. 습진이 전반적으로 증가하고 있더군요. 요즘 같은 세상에 증가하는 것이 또 무엇일까 생각했죠." 칼리의 결론은 화학제품이었다.

가족을 위해 비누를 무향 제품으로 바꾸고, 베이킹 소다나 식초 같은 무독성 재료를 세제 대신 사용했으며, 젖소의 사료에 문제가 있을까 염려해 유제품을 식단에서 제외했다. 아들을 목욕시킨 후에는 크림과 바셀린을 머리부터 발끝까지 '흠뻑 바르고 문지르곤' 했다. "하지만 어떤 시도도 도움이 되지 않았어요." 처방받은 스테로이드 크림은 아이의 피부를 더 자극했다. 손과 무릎 뒤쪽에 커다란 상처가 생겨 감염되는 일도 일어났다. "부모로서 보기가 너무 힘들었어요."

그러다가 옷에 대해 생각하기 시작했다. "아들은 상냥하고 얌전한 편인데 매일 아침 옷을 입힐 때마다 화를 내고 울부짖는 바람에 악몽 같은 순간이 되풀이되었어요." 그 역시 여느 부모처럼 알뜰한 편이라 대중적인 브랜드에서 폴리에스테르 운동복을 비롯한 값싼 의류를 구입해 왔다. "나쁜 부모처럼 들릴지 모르지만, 가능한 한 가성비가 좋은 것을 선택했지요."

아들이 조금 더 자라자, 그동안 무엇 때문에 힘들었는지 스스로 말로 표현할 수 있게 되었다. 처음에는 옷에 달린 상표였고, 그다음은 옷의 솔기였다.

마침내 칼리는 깨달았다. 문제는 옷이었다. 옷의 모든 것이 문제였다.

숨은 용의자, 염료

/

패션 제품 생산 관리를 하던 재클린의 건강이 악화되었다. 화장실에 갈 때마다 출혈이 생겼다. 복부가 아프기 시작하더니 통증이 점점 심해졌다. 자연 요법을 시도하고 식단에 신경 써서 몇몇 음식을 끊었다. 하지만 둘 다 도움이 되지 않았다. 위장병 전문의는 그에게 아무 문제가 없다고 말했는데, 다른 의사에게 갔더니 크론병으로 진단했다.

재클린을 만나고 몇 주 지나 《뉴욕타임스》에 크론병 환자의 글이 실려 열심히 읽고 전해 주었다. 이 글에 따르면, 그동안 의사들은 염증성 장질환의 일종인 크론병이 스트레스와 식습관 때문에 생긴다고 여겨 왔다.[8] 이런 요인이 증상을 악화시키기는 하지만, 최근 많은 의사는 유전과 면역 체계의 오작동을 근본 원인으로 꼽는다고 미국의 저명한 의료기관인 메이요클리닉Mayo Clinic이 이야기했다고 한다.[9] 크론병은 어떤 이유에서인지 면역계가 과잉 반응을 일으켜 자기 몸을 공격하게 되는 불가사의한 질병이다. 새로운 이론에 따르면 충수염 같은 장 감염이 일어났을 때 알레르기 유발 물질이 장 내벽에 접촉하게 되고, 음식을 포함해 그 물질이 무엇이든 장을 심각하게 자극해 문제를 일으킨다는 것이다.[10]

음식에 든 알레르기 유발 물질이 소화기관 내벽에 침투할 수 있다면, 패션과 관련한 화학물질도 우리 몸속에 들어와 대혼란을 일으킬 수 있지 않을까?

재클린은 일하다 자주 화장실로 달려갔다. 한번은 지하철을 타고 가다 문제가 생긴 적도 있었다. 의사는 레미케이드(면역 체계 이상으로 생기는 지속성 염증 질환 치료제—옮긴이) 투여를 권했지만 재클린의 보험으로는 무리였다. 몸이 너무 약해져서 집에서 화장실에 가려면 가구를 붙잡고 움직여야 했다. "그런데도 여전히 출근했어요. 내 몸의 온갖 기능이 엉망이 되어 가는 와중에도 정상적으로 일하려고 노력했지요."

병원에 갔더니 의사가 즉시 입원을 권했다. 그래서 앞서 말한 결장 제거 수술에 동의해야 하는 상황에 놓인 것이다. 의류 도매상인 아버지도 대장염을 비롯해 소화기에 문제가 있었는데, 다행히 의사와 통화해서 재클린에게 레미케이드를 처방해 달라고 요청했다. 24시간 만에 상태가 크게 호전된 재클린은 열흘 후에 퇴원했다.

약은 잠시 동안 재클린이 일상생활을 할 수 있도록 도와주었다. 그러나 여전히 몸이 아팠고 이 업계의 역겨운 행태가 상황을 악화시켰다. 한 브랜드는 옷을 주문해 놓고 최대 90일간의 지불 연장에 동의하지 않으면 공장에 돈을 줄 수 없다고 했다. "일하는 사람들이 걱정되어서 공장을 보호하려고 노력했습니다. 비행기를 타고 바다를 건너가 공장 작업반장들과 마주 앉았지요. 설날이었는데 제작비가 들어오지 않으면 공장을 닫아야 한다고 일하는 여성들이 모두 울었어요. 이런 비도덕적인 문제들이 내 몸을 아프게 만들었습니다. 충격적이었지요. 그동안 나는 노동자를 괴롭히는 회사를 위해 일하고 있었던 겁니다."

재클린에게 어느 회사인지 물었다. "여러 회사가 그랬어요. 제때 돈을 지불하지 않는 회사가 많거든요. 특정 회사를 지목하고 싶지는 않아요. 업계에 만연한 일이니까."

공장에서 집으로 돌아오면 늘 아팠는데 그저 스트레스 때문이라고 생각했다. 그가 일했던 한 회사는 6개월 동안 소유주가 세 번 바뀌었고 보험도 함께 변경되었다. 그럴 때마다 재클린은 약 처방과 치료를 위해 고군분투해야 했다. 돈이 필요하니 일을 그만둘 수

2장 옷장 속의 살인자

도 없었다. "악몽이었어요. 새벽 네다섯 시까지 일하다 해가 뜨면 집에 와서 한 시간 정도 잠을 잤어요." **인생의 진정한 의미나 목적은 무엇일까, 나는 그저 이렇게 일만 하고 있는데** 하고 재클린은 자신의 삶에 의문을 가졌다.

두피에 가렵고 고통스러운 건선이 생겼다. "대장염이나 크론병과 마찬가지로 건선 역시 사람들 눈에 잘 띄지 않지요. 이렇게 계속 건강 문제가 생겼고, 불만을 드러내지 않은 채 힘들게 버텨야 했어요." 그리고 머리카락이 빠지기 시작했다.

재클린이 지갑에서 비닐봉지를 꺼냈다. 그 안에는 수십 개의 머리카락 뭉치가 들어 있었다. "나도 알아요. 너무 흉측하죠. 하지만 이런 일이 실제로 일어나고 있다는 걸 확인해야 하니까요." 고용량으로 쓰면 화학요법 약물이 되는 레미케이드에 몸이 거부 반응을 보이는 것이라고 크론병 환자 지지 모임의 누군가가 알려 주었다. 도무지 어떻게 해야 할지 알 수 없었다. "대머리가 되는 것과 바지에 계속 실례를 하는 것 중 무엇이 더 나을까 선택하라는 것 같았어요." 다른 약물인 스텔라라로 바꿔 보았다. 머리카락이 다시 자라기 시작했고 건선은 대부분 사라졌다.

한편 오버달은 듀크대학에서 박사 프로젝트 후반부를 진행하고 있었다. 아조 분산염료가 피부 민감제로서 문제를 일으킬 가능성을 알아내는 것이 과제였다.

합성섬유로 만든 옷을 억지로 사람들에게 입혀서 관찰하는 대신, 오버달은 자신이 분리한 12가지 아조벤젠 분산염료와 친핵성

단백질의 결합을 확인하는 시험관 작업을 했다. 염료와 단백질의 결합은 피부 알레르기를 일으키는 첫 번째 단계일 터였다. 간단히 말해, 피부접촉검사에 일반적으로 사용되는 염료나 패션 산업에서 (아마도) 단계적으로 사용 중단한 염료만이 아닌, 아조 분산염료 전체가 문제일 가능성이 높았다. 실험을 해 보니 섬유에 사용한 염료량이 많을수록 반응 또한 더 심각하게 나타났다.

모든 증거가 놀라운 사실을 지목하고 있었다. 합성섬유 옷에는 분명히 독성이 의심되는 아조 분산염료가 들어 있지만, 이것이 인간의 다양한 신체 시스템에 어떤 영향을 미칠지는 거의 다루어지지 않았던 것이다. 아이들은 물론 어른들도 이런 염료를 매일 들이마시며 섭취하고 있었다.

그랜드 래피즈에 사는 칼리는 이 연구에 대해 알지 못했다. 아들이 피부 질환을 겪은 지 한참 지나서야 연구 결과가 발표되었기 때문이다. 아이가 다섯 살이 되어서 유치원에 가야 했는데 옷을 입으려고 하지 않았다. "이러다가는 아이가 **알몸으로** 유치원에 가야 하는 것 아닌가 두려웠지요." 염료와 화학물질이 가득한 대형 할인점의 값싼 옷에 대한 아이의 거부감은 점점 더 커져 갔다.

그래서 칼리는 할머니가 사용하던 1950년대 재봉틀을 꺼내고 온라인 친환경 상점에서 오코텍스 인증을 받은 부드러운 텐셀-면 혼방 원단을 사서 속옷을 만들었다. 직접 바느질을 한 이 속옷이 기적적으로 효능을 발휘하기 시작했다.

"정말 충격적이었어요. 아이가 '머리부터 발끝까지 이런 옷을

2장 옷장 속의 살인자

입혀 주세요'라고 말하는 듯했으니까요. 지금은 운동복 바지, 운동복 셔츠, 티셔츠도 만듭니다. 아들은 이제 행복해졌지요." 칼리는 같은 천을 사용해 아들이 입을 모든 옷을 만들었다. 2021년, 그는 제조업체를 찾아내 크랜 오가닉Crann Organic이라는 어린이용 무독성 의류 브랜드를 출시했다. 사업 운영에 아들을 포함시키는 것은 즐거운 일이었다. 자신과 아들 두 사람이 스스로의 건강을 잘 관리하게 된 것 같았다. 아이의 습진은 완전히 치유되지는 않았지만 적절한 관리를 통해 나아졌다.

칼리는 아들이 곰팡이, 꽃가루, 고양이, 개, 몇몇 음식 등 다양한 대상에 알레르기 반응을 보이며 천식이 있다고 인정한다. "아마도 우리 아이는 알레르기를 일으킬 가능성이 높은 편이었을 겁니다. 그런 데다 환경적으로도 문제가 되는 물질에 노출되었으니 상황이 조금 더 나빴던 것이고요." 아이는 실내용 합성 방향제를 사용하는 친구들의 집을 방문할 때면 숨을 쌕쌕거리며 호흡 곤란을 겪는다. 칼리 자신은 두통 때문에 실내 방향제를 사용한 적이 없다. "하지만 왜 두통과 호흡 곤란이 발생하는지, 그 이유를 생각해 본 적은 없네요." 그가 슬프게 웃었다.

"내가 걱정하는 건 이렇게 섬유에 들어 있는 화합물을 흡입하는 문제입니다." 몇 달 후에 리 퍼거슨 박사가 말했다. "이런 성분이 천식에 영향을 미치는 것은 아닐까요? 아시다시피 피부 민감증은 천식과 비슷한 반응을 나타냅니다. 하나는 폐 안에서 반응하고 다른 하나는 피부에서 반응하는 것이지요."

재클린의 경우, 아시아 여러 나라에서 보내온 택배 상자를 매일 열어서 확인해야 했다. 합성섬유 소재로 방금 만든 옷이 가득 담긴 상자였다. 그 결과 알 수 없는 물질 때문에 혼란에 빠진 면역계가 자기 몸을 공격해서 장기에 문제가 생긴 것은 아니었을까?

본질적으로 플라스틱 성분인 폴리에스테르에 착색을 하려면 특별한 염료가 필요하다는 건 예상 가능한 일이다. 퍼거슨에게 아조 분산염료보다 안전한 대안이 무엇인지 물었더니, 그는 고개를 저었다. "분산염료는 화학적으로 두 가지 종류가 있습니다. 아조벤젠 염료[아조염료]와 안트라퀴논 염료인데, 모두 독성이 있을 수 있습니다. 합성섬유 착색에 사용할 수 있는 염료 중에 노출되어도 위험하지 않은 건 내가 아는 한 존재하지 않아요."

"굉장한 이야기네요. 기본적으로 합성섬유와 관련해 안전한 염료란 없다는 말이니까요." 내 말에 퍼거슨이 대답했다. "제 말이 바로 그 말이에요."

이 문제를 놓고 한참 고민했다. 그동안 승무원들과 엄마들, 화학물질 민감증으로 고통받는 수많은 여성이 합성섬유로 된 옷을 입으면 몸이 아프다고 말해 왔다. 하지만 폴리에스테르나 나일론에 독성이 있다는 증거는 찾을 수 없었다. 그들의 말이 옳았다면 어떻게 되는 걸까? 부작용을 일으키는 것이 폴리에스테르나 나일론 혹은 폴리우레탄 옷감 자체가 아니라면?

옷감에 붙어 있는 염료가 문제라면 이야기가 어떻게 되는 걸까?

옷에도 전 성분 표시가 필요하다

/

스테이플턴과 퍼거슨, 오버달의 연구는 다른 과학자들이 아조 분산염료라는 신흥 분야에 뛰어들 수 있는 문을 열어 주었다. 22개의 아조염료는 유럽연합에서 사용이 금지되어 있지만, 2020년 자료에 따르면 연구자들이 테스트한 150개 옷감 샘플 중 절반에서 아민이 발견되었으며, 다른 연구에서는 테스트한 샘플의 4분의 1에서 건강에 문제가 될 정도의 아조염료가 존재한다는 것을 확인할 수 있었다.[11]

2018년 프랑스 식품환경산업안전보건청은 환자 50명을 대상으로 옷에서 발견한 특정 화학물질에 대한 피부 반응을 조사하는 생체의학 연구를 실시했다. 2022년에는 그 결과를 바탕으로 분산염료 사용 금지를 촉구했다.[12]

그러나 미국에서는 소수의 연구자들만이 이 문제에 대해 알고 있다. 피부과 전문의 등 의사가 진료실에서 자신 있게 적용할 수 있는 충분한 연구 자료가 아직 없는 상황이다.

"대중의 요구에 따라 연구 방향이 정해지기도 하는데, 미국에서는 화학물질 관련한 이야기가 나오고 있지 않습니다. 하지만 이제 누군가 질문을 던졌어요. 그렇다면 그에 대해 대답을 시작할 때입니다." 오버달의 말이다.

칼리가 일하는 병원에 와서 자녀의 습진에 도움을 요청하는(무척 많이 보았다) 대부분의 부모는 그저 빠른 치료만을 원한다. 집에서 바느질해 속옷을 만든다는 이야기는 많은 사람에게 과하게 들릴지도 모른다. 몇 달만 입으면 금세 더러워지고 찢어지고, 아이가 자라서 못 입게 될 옷에 더 많은 돈을 쓰는 것조차 부담스럽다.

"부모들은 아직 이런 일에 준비가 되어 있지 않습니다. 생활 방식을 바꾸고 화학물질이 든 일상용품을 바꾸는 것은 크림을 하나 주문하는 것보다 훨씬 더 복잡하고 신경 쓸 것이 많으니까요."

안전한 옷 구매에만 비용이 많이 드는 것은 아니다. 연구에도 비용이 많이 든다. 실험실을 운영하고, 장비를 사용하고, 실험 가능한 수준의 샘플을 구입하고, 작업을 수행할 연구원을 고용해야 한다. 오버달이 단 12개의 염료를 정제, 분석 및 테스트하는 데 5년이 걸렸다. 문제가 되는 화학물질이 존재하고, 그것도 옷 속에 들어 있어서 사람들이 화학물질에 노출된다는 것을 증명하려면 엄청난 비용이 필요하다. 이 높은 비용은 모든 것을 비밀로 유지함으로써 이익을 얻는 화학 회사와 패션 브랜드에 유리하게 작용한다. 그러는 동안 대학과 정부는 증거를 찾아내는 데 수십만 달러를 쓰고, 사람들은 자신이 사 입은 옷과 관련이 있을 거라고 의심되지만 증명할 수 없는 질병을 치료하는 데 수천 달러를 쓰게 된다.

여기에 좋은 사례가 있다. 2008년 카터스Carter's가 유아복 안쪽에 붙인 열전사heat-transfer 처리 태그 때문에 아기에게 끔찍한 발진이 생겼다고 수백 명의 부모가 신고를 했다. 신생아를 의사에게 데려가고 심지어 응급실까지 가는 등 부모들은 몇 달 동안 경험한 불안에 대해 설명했다. 카터스의 CEO는 블로그에서 회사가 제품을

2장 옷장 속의 살인자

테스트한 결과 "해당 라벨에서 문제를 일으키는 성분이 (…) 아무것도 발견되지 않았다"라고 말했다. 2010년까지 3000건 이상의 신고가 접수되었음에도, 그는 "피부가 민감한 일부 아기에게서 나타나는 드문 알레르기 반응"이라고 결론지었다. 다시 한번 '지나치게 민감한 일부가 경험하는 사례'라며 옷이 지닌 문제를 대충 넘어간 것이다.

2011년 소송에서 카터스의 아기 옷 태그에 사용된 프탈레이트가 유아복 허용 한도를 넘었다는 주장이 제기되었지만[13] 카터스 담당자들은 "문제없다"라고 선언한 다음, 앞으로는 옷에서 아기가 입에 넣을 수 있는 부분만 테스트하겠다고 했다. 소송 과정에서 태그에 사용된 포름알데히드 수치가 카터스의 내부 허용 한도를 넘어섰다는 주장도 나왔다. 카터스는 아동복에서 규제되는 몇 가지 물질에 대해 법적으로 요구되는 테스트만 수행했을 가능성이 높다. PVC로 된 태그에 사용한 염료에 더 많은 문제 성분이 숨어 있을 수도 있다.

카터스가 책임을 지겠다며 취한 유일한 제스처는 환불을 요청한 부모에게 환불을 해 준 것이었다.[14] 소비자제품안전위원회는 제품의 전면 리콜을 명령하지 않았다.

2019년 소비자 보호 단체인 그린아메리카는 최근 몇 년 동안 카터스가 주간화학물질정보센터Interstate Chemicals Clearinghouse의 우선 관리화학물 데이터 시스템에 '제품을 만들며 포름알데히드, 비소 및 카드뮴 등을 사용했다'고 보고한 것을 지적하며, 제조업체를 위한 제한물질목록을 만들어야 한다고 주장하는 캠페인을 벌였다.[15] 카터스는 마침내 2020년 자사의 제한물질목록을 발표했다.

2008년 브래지어 때문에 심한 발진이 생겼고, 어떤 경우에는 영구적인 흉터를 남겼다며 수백 명의 여성이 빅토리아 시크릿을 상대로 집단 소송을 제기했다. 테스트 결과 일부 제품에서 포름알데히드가 발견되었다. 빅토리아 시크릿은 앞서 브래지어를 테스트했으며 포름알데히드가 없거나 거의 미미한 정도라 건강 문제를 일으키지 않는다고 대답했다.[16]

"견과류나 달걀처럼 알레르기 원인 물질로 알려진 미량의 화학물(예를 들어 포름알데히드)이 들어 있는 제품에 의류 제조업체가 라벨을 붙인다면 정말 좋겠지요. 그러나 누군가가 유방 발진으로 사망하기 전까지는 그런 일이 일어나지 않을 겁니다." 캘리포니아의 한 지역 신문 칼럼니스트가 2015년 자신이 경험한 고통에 대해 이렇게 썼다.[17] 빅토리아 시크릿의 담당자는 이 칼럼니스트에게 연락해 피부접촉검사를 받고 무엇에 알레르기가 있는지 밝히라고 요구했다. 이전의 카터스 사례처럼 피해자 개인의 신체 상태를 비난하는 방식으로 빅토리아 시크릿이 승리를 거둔 듯했다. 이 소송은 심지어 공식적으로 집단 소송으로 분류되지도 않았다. (이 일을 계기로 시스템을 정비했는지, 빅토리아 시크릿은 이후 유해화학물질무배출협회에 의해 화학물 관리의 선도자로 꼽히기도 했다.[18])

"문제가 계속 우연히 발견된다는 사실이 개인적으로는 답답했습니다. 이런 화학물질이 어떤 성분으로 구성되고 어떻게 제조되는

지 결코 알 수 없어요. 누군가의 건강, 특히 어린이나 아기의 건강에 관한 문제라면 더 신경 써야죠. 피부나 신체에 직접 닿는 제품에 사용되는 화학물질에 대해 더 투명한 관리가 이루어져야 합니다. 그렇지 않으면 암, 천식 및 기타 모든 질병의 원인을 이해하기가 더 어려워질 겁니다." 스테이플턴이 말했다.

임상 간호사인 칼리도 해결책을 찾기 위해 많은 고생을 해야 했다. "식품에 영양 성분을 표시하는 것처럼 의류에도 더 나은 방식으로 표시해야 합니다. 지금 상태로는 어떤 종류의 염료가 사용되었는지, 마감 처리에 화학물질을 사용했는지 여부를 알기 어려우니까요. 모든 화학물질이 나쁘거나 해로운 것은 아니지만 적어도 아동복에 어떤 성분이 사용되었는지는 알고 싶습니다."

오버달도 마찬가지로 좌절했다. "매일 샘플의 실험 데이터를 살피다가, 알려진 화학물질과 일치하지 않는 수천 가지 화학물질을 발견하곤 합니다. 정말 끔찍한 일이에요. 모든 화학물질이 나쁘다는 의미가 아닙니다. 어쩌면 무해할 수도 있지요. 그러나 이름과 화학 구조를 일치시킬 수 없다는 것은 그 물질에 관한 데이터가 존재하지 않는다는 뜻입니다. **안전하지 않다**고 말할 수는 없지만 **안전하다**고 말할 수도 없습니다."

그리고 이렇게 덧붙였다. "개별 화학물이 안전하다고 해서 이런 화학물들의 혼합체도 안전하다고는 말할 수 없습니다. 한 번에 여러 화학물질의 효과를 연구하기는 매우 어렵지요. 면역력 저하를 직접 경험하며 문제를 탐구한 사람으로서, 문제의 원인이 단 한가지만 존재할 수 없다는 것을 깨닫게 되었습니다. 시스템 전체라는 측면에서 생각해야 합니다."

오버달에게 이 연구를 진행하며 쇼핑 방식이 바뀌었는지 물었더니 이런 대답이 돌아왔다. "솔직히, 가장 큰 성과는 쇼핑을 덜 하게 된 것이랍니다."

2020년 초 팬데믹이 발생했을 때 재클린은 해고되었다. 패션업계에서 18년을 보내며 자신의 모든 것, 영혼과 건강과 삶을 일에 바쳤지만 소용없었다. 불가능한 납기일을 맞추지 못한 공장을 내쳐버린 것처럼 패션업계는 재클린을 내팽개쳤다. 더 이상 순종적인 침묵 속에서 오랜 시간 일할 수 없게 된 의류 노동자들이 내쳐지는 것처럼 말이다.

패션 산업은 이런 일에 아무런 신경도 쓰지 않는다.

카페에서 나가 작별 인사를 하며 재클린은 홀치기 염색으로 만든 면직 그물 쇼핑백을 내게 건넸다. 그런 다음 자신이 일했던 브랜드 이름을 말하지 말라고 요청했다. 다시 패션 분야에 지원할 수 있도록 문을 열어 두고 싶었던 것이다.

그러고 보니 자신을 함부로 대하는 남자 친구에 대해 한참 이야기한 후, 그와 다시 만날 수도 있다고 말하는 여성을 만나는 느낌이었다. 어떤 브랜드인지는 별로 중요하지 않기 때문에 브랜드명을 밝히지 않기로 동의했다. 이것은 구조적인 문제다. 업계에서 늘 일어나는 일이다. 우리는 모두 패션의 유독한 문화 속에서 헤엄치고 있다.

이 책에 등장하는 복잡한 화학 용어, 규제가 열악한 나라에 자리 잡은 공장들, 독성 물질로 염색한 합성섬유 문제 등을 살피다 보면 모든 것이 조금 더 단순했던 시절의 이야기를 들으며 잠시 숨을 돌리고 싶을 것이다. 패션 생산 기지가 해외로 이전되기 전, 화석연료로 만든 합성염료와 합성섬유가 발명되기 전, 심지어 산업혁명이 일어나기 전, 모든 것이 자연스럽고 단순했던 시절 말이다.

지금부터 소개하겠지만, 패션에는 **항상** 어두운 면이 존재했다(물론 시간이 지나며 분명히 더 복잡해지고 더 독성이 강해지긴 했지만). 우리가 어떻게 여기까지 왔는지 알아볼 필요가 있을 것이다. 자, 그럼 이제 과거로 여행을 떠나 보자.

2부

패션의
유독한 역사

멋지고
편리한 것들의
배신

유행은 짧고 부작용은 길다

인간은 과거를 통해 아무것도 배우지 못한다.

옷의 독성에 관해 책을 쓰고 있다고 말하면, 종종 사람들은 먼지 쌓인 기억 보관함을 뒤져 무언가 덧붙일 거리를 찾는다. 그러다 미친 모자 장수(《이상한 나라의 앨리스》의 등장 인물—옮긴이) 이야기를 소환한다. "수은이 엄청나게 들어 있었다던 옛날 모자 이야기 같은 걸 쓰나요?" 그러면서 어정쩡한 미소를 짓고 고개를 내저으며 빅토리아시대의 미친 사람들에 대해 말을 이어 간다.

글쎄, 이런 농담은 그보다는 우리 자신을 향해야 한다. 오래전의 유독한 습관들은 사라졌지만 우리는 다양한 직물과 액세서리를 이용해 스스로를 독살하는 새로운 방법을 찾느라 바빴다. 그리고 거의 항상, 의류 노동자들이 끔찍한 병에 시달리며 일하는 작업장과 공장에서 무언가 잘못되었다는 사실이 가장 먼저 드러나곤 했다. 이에 대해 어떤 조치를 취했는지 여부는 또 다른 문제지만.

독이 묻은 향수 장갑

/

약 500년 전 르네상스 시대로 돌아가 보자. 좀 더 구체적으로, 눈길을 끄는 두 명의 여성이 8월에 열릴 아들과 딸의 결혼식을 위해 당시 패션 수도인 파리에서 쇼핑을 하던 6월 오후로 가 보자. 워낙 오래전 일이라 이날에 대한 기록들은 조금씩 다를지도 모르겠다. 엘리너 허먼의 《독살로 읽는 세계사》[1]에 따르면 결혼 후 파리에 살았던 신부 어머니는 프랑스 남쪽 왕국에서 방문한 신랑 어머니를 자신이 좋아하는 인기 상점으로 데려갔다. 중요한 날 착용할 의류와 보석을 구입하기 위해서였다. 긴장감 넘치는 쇼핑이었다고 전해진다. 잘 알려진 것처럼, 두 여성은 서로를 극도로 혐오하고 불신했다. 정치적으로나 운명적으로나 필생의 적이었던 것이다.

때는 1572년이었고, 신부 어머니는 피렌체 태생의 가톨릭 신도인 카트린 드 메디치 프랑스 왕비였다. 신랑 어머니는 프랑스와 스페인 사이에 끼인 작은 왕국 나바라의 통치자인 잔 달브레였다.

다른 시대였다면 이 두 여성은 부정을 일삼는 남편, 과부 신세, 권력에 굶주린 남성 경쟁자들의 배신 등 여러 문제에 공감하는 친구이자 신뢰하는 최측근이 되었을 것이다. 그러나 두 사람은 가까워지지 못했다. 칼뱅파 개신교로 개종한 43세의 잔은 기트린의 가톨릭적 원칙에 정면으로 맞섰으며, 유행이나 사치품을 반대하는 잔소리꾼이었다. 신앙심 깊은 청교도가 갖출 법한 엄격하고 꼿꼿한 자세를 유지했고, 생기를 불어넣는 화장은 거의 하지 않은 채 얇은

3장 멋지고 편리한 것들의 배신

입술과 움푹 팬 뺨을 늘 그대로 드러냈다. 그리고 항상 흰색 테두리를 두른 단순한 검은색 상복을 입었다.

반면 카트린은 외향적이고 예술적 성향이 강했다. 화려한 음식과 패션을 비롯해 궁정 생활의 즐거움을 만끽했다. 각종 초상화를 보면 진주 같은 온갖 보석이 줄지어 박힌 드레스를 입고 등장하는데, 딸인 마그리트 공주 역시 멋진 옷으로 옷장을 잔뜩 채우는 미인이자 바람둥이였다.

신랑 어머니인 잔은 신부를 위한 옷을 사야 했다. 그것도 파리 상류층 사람들에게 시골뜨기 취급을 받는 아들을 생각해서 유행하는 신제품으로 구해야 했다. 카트린은 두 왕국 사이의 행복한 연합을 기대했지만 잔의 생각은 전혀 달랐다.

"마그리트는 늘 지나치게 화장을 하는 편이라 불쾌한 생각이 들 정도였단다." 잔은 18세 된 아들 앙리에게 보낸 편지에서 며느리가 될 사람에 대해 이렇게 썼다. 결혼식을 준비하느라 파리에 머물러야 했던 잔의 청교도적인 영혼은 화려함을 내세우는 메디치 가문의 가톨릭식 호사에 기분이 상했다. "나쁘다는 것을 알고는 있었지만, 내가 걱정했던 것보다 훨씬 더 나쁘다는 사실을 발견했다. 이곳 남자들은 보석으로 몸을 치장한단다. 왕은 방금 보석에 10만 에퀴를 썼는데, 매일 더 많은 것들을 사들이고 있구나."

잔은 내내 결혼식 협상과 관련한 스트레스에 시달렸다. 심지어 프랑스 궁정 내 자신의 거처 벽에 뚫린 구멍을 통해 감시당하고 있다고 확신했다. "기분이 좋지 않은데 아마도 병에 걸린 것이 아닌가 싶다"라고 아들인 앙리에게 전했다.

잔은 거만하고 재미를 추구하는 카트린에 이끌려 파리의 이 가게 저 가게를 돌아다니며 일주일을 보냈다. 그들이 들른 상점 중에 르네 비앙코가 운영하는 향수 가게가 있었다. 비앙코는 10대의 카트린이 1533년 결혼을 위해 이탈리아에서 프랑스로 건너올 때 따라온 피렌체 출신의 충성스러운 조향사였다.

이탈리아인들은 방탕한 독살범으로 명성이 자자했다. 메디치 가문은 독극물 제조 공장을 세우기도 했는데, 피렌체에 있는 이 가문의 기록 보관소에는 정치적 라이벌을 와인과 음식으로 독살하는 지침이 담긴 편지가 남아 있을 정도다. 15세기와 16세기 이탈리아에서 강력한 영향력을 행사한 보르지아 가문은 음식과 음료뿐만 아니라 책장 사이사이, 꽃, 장갑, 의복에 독을 넣어 라이벌을 살해한다는 소문이 돌았다.[2] 이때 주로 사용된 것이 중금속인 수은, 납, 안티몬, 비소였다.[3]

당시 교육받은 사람들은 향을 혼합하는 섬세한 기술이 아무런 냄새가 나지 않으면서 강력한 효과를 지닌 독극물을 만드는 데에도 적합하다는 사실을 알고 있었다. 잔은 적어도 처음에는 그런 시시한 소문을 믿지 않았음이 분명하다. 그러니 파리의 향수 가게에 들러 장갑 등 여러 가지 향기 나는 물건을 살펴보았을 것이다. 카드린이 대중적으로 유행시킨 향수 장갑은 후기 르네상스 시대에 부유한 사람들이 즐기던 꽤 유용한 사치품이었다. 재스민, 오렌지 꽃, 제비꽃, 사향, 용연향 및 각종 허브[4]를 넣고 끓인 동물성 지방에 장갑을

3장 멋지고 편리한 것들의 배신

담갔다 꺼내서 만들었다.[5] 파리의 거리는 말할 것도 없고 심지어 왕궁 안뜰에서도 안 씻은 사람들의 체취와 동물의 분뇨 냄새가 뒤섞여 악취가 났으므로, 이 장갑은 여기저기서 나는 냄새로부터 귀족들의 코를 보호하는 물건이었다(나중에 살펴보겠지만 이런 방법으로 가죽 장갑 자체의 악취를 가리기도 했다).

잔은 결국 자신을 위해 장갑 한 켤레를 골랐다. 프랑스 왕실 궁전의 거처로 돌아와서는 몸이 좋지 않다고 느꼈고, 약간 열이 난 상태로 잠자리에 들었다. 그 후 며칠 동안 극심한 가슴 통증과 호흡 곤란을 겪다가 6월 9일, 마지막 고통으로 온몸을 떨며 사망했다.

허먼의 책에 따르면, 카트린이 잔을 향수 장갑으로 독살했다는 소문이 온 유럽 궁중에 퍼졌다고 한다. 외국인이자 상인의 딸인 카트린은 엄청난 부자였음에도 프랑스 궁정에서 항상 의심의 눈길을 받았다. 필멸의 죄가 스며든 이국적 고안품인 독 장갑은 이런 소문에 완벽하게 들어맞았다.

권력이 위태로운 상황에서 인간은 위험을 무릅쓰고 패션이라는 선물을 받아들이게 된다. 처음 기록된 인간의 역사라 할 수 있는 신화에서도 독이 묻은 옷 이야기를 찾아볼 수 있다. 그리스 신화에서는 독 묻은 옷이 활활 타올라 헤라클레스를 삼켜 버린다. 17세기 인도 신화에서 무굴제국의 황제 아우랑제브는 경쟁자의 아들에게 호화로운 의례복인 '킬라트khilat'를 선물했고, 이 선물은 그를 하루 만에 사망에 이르게 했다.

그러나 중세와 르네상스 시대 유럽 왕족의 머릿속에서 독이 든 옷과 장신구는 신화 속에만 존재하는 것이 아니라 실제적인 위험이었다. 허먼이 쓴 책에 따르면, 루이 14세는 독이 들었는지 확인하기 위해 저녁 식사 전 검시관에게 냅킨, 식탁보, 접시를 피부에 문지르고 입에 대 보게 했다. 영국 헨리 8세의 시종들은 왕의 침대에 독극물을 사용하지 않았음을 증명하려고 매일 아침 침구 곳곳에 돌아가며 입을 맞추었다고 한다. 헨리 왕의 아들 에드워드를 위해 재단사가 보낸 옷이 도착하면, 세탁한 뒤 벽난로 앞에서 바람을 쐬어 독성물질을 제거하고, 젊은 하인에게 미리 옷을 입혀서 부작용을 확인했다. 세균론이 아직 등장하지 않은 상황에서, 왕족들은 독이 묻은 옷을 입는 위험을 감수하기보다 이미 누가 입어서 더러워진 옷을 선호했던 것이다.

엘리자베스 1세는 가장 신뢰하는 시종 외에는 아무도 옷장 근처에 접근하지 못하게 했다. 1560년 충성스러운 국무장관 윌리엄 세실이 작성한 왕실 칙령을 허먼이 발견했는데, 여기에 적힌 바로는 여왕의 속옷과 "폐하의 맨몸에 닿는 모든 종류의 물건"은 착용 전에 주의 깊게 보관되고 면밀히 검사되었다. 여왕은 향수를 뿌린 장갑이나 소매를 선물로 받아서는 안 되었다. 과도한 것처럼 보일지 모르지만, 27년 후 영국 주재 프랑스 대사가 엘리자베스 여왕의 드레스에 독을 묻힌 음모를 꾸몄다고 허먼의 책에 나와 있다(1998년 영화 〈엘리자베스〉를 보면 여왕이 프랑스에서 선물받은 실크 드레스를 입은 시녀 한 명이 얼마 지나지 않아 사망하는 장면이 나온다).

중금속 독극물을 옷에 발라 피부로 흡수되게 하는 살인 시도

3장 멋지고 편리한 것들의 배신

는, 적어도 성인이 대상인 경우 10년 정도의 시간이 필요했을 것이다. 그러나 알고 보면 유럽 궁정의 여성들은 자기 손으로 스스로를 독살하고 있었다.

엘리자베스 1세는 나이가 들며 정신적으로나 육체적으로 쇠약해졌고, 스페인 예수회가 자신을 암살하려 한다는 편집증에 점점 빠져들었다. 시녀들에게 화장품과 붓을 던지며 자주 짜증을 냈다. 일부 전문가들은 여왕의 말년이 불안정했던 이유를 납이 잔뜩 든 흰색 화장으로 생긴 중금속 중독 때문이라고 추정한다. 이 화장법은 수은이 든 파운데이션을 먼저 바르고 그 위에 비소가 든 파우더를 뿌려서 완성하는 방식이었다. 엘리자베스 여왕은 69세라는 상당한 나이에 세상을 떠났지만, 몸에 중금속이 쌓이지 않았다면 더 오래, 더 평온하게 살았을지도 모른다.

잔 달브레의 경우, 부검 결과 폐 농양이 발견되었다. 외과의는 다음과 같이 올바른 결론을 내렸다. "세간에서 제기되는 잘못된 의문처럼 여왕의 죽음에 독극물이 연루되었다면, 그 흔적이 뇌에서도 발견되어야 합니다. 하지만 여왕의 뇌는 그와 정반대로 더할 나위 없이 건강하고 아무런 손상이 없었습니다." 잔은 결혼식 때문에 카트린과 계속 논쟁을 벌이느라 스트레스를 받았고, 그로 인해 이전에 앓았던 결핵이 재발해 사망했을 가능성이 높다.

속옷이나 장갑에 묻은 독으로 성인이 며칠 만에 사망하는 일은 없다. 적어도 그 당시에는 그랬다. 그런 무시무시한 물질은 수백 년 후, 화석연료를 기반으로 한 화학이 새로운 시대를 알리고 패션이 그 길을 따라갈 무렵에 등장하게 된다.

그때까지 패션은 수은 같은 중금속을 통해 일상적으로 느릿느릿 살인을 이어 갔다. 가장 널리 알려진 희생자는 왕족이 아니라, 최신 패션을 위해 먼지와 증기로 가득 찬 작업장에서 일하는 소외 계층이었다.

미친 모자 장수의 시대

/

1857년, 프랑스 스트라스부르 출신의 61세 모자 제조업자가 수은이 든 모자 제조용 용액을 마시고 자살했다.[6] 그는 수십 년 동안 남성용 펠트 모자를 만들면서 수은 증기를 들이마셨고, 갈라진 맨손을 통해 수은 용액에 중독되었다. 주위 동료들의 검게 변한 이빨, 부어오른 혀, 떨리는 손 등을 보고 피할 수 없는 죽음의 기운을 느껴서인지, 심각한 우울증과 기분 변화가 그를 집어삼켰기 때문인지, 자살의 이유는 알 수 없다. 아마도 둘 다일 것이다.

앨리슨 매슈스 데이비드는 2015년 출간한 《패션의 흑역사》에서 모자공의 죽음은 업계를 잘 아는 사람들에게 별로 놀랍지 않았다고 썼다. 당시 유럽인들은 수은이 유독하다는 것을 이미 알고 있었다. 정부 관료, 의사, 모자 작업장 주인들은 100년 넘게 이 문제를 두고 논쟁을 벌였다. 루이스 캐럴이라는 필명으로 알려진 찰스 도지슨은 이 일이 있고 몇 년 후, 몸을 심하게 떨며 말도 안 되는 소리를 하는 모자 장수가 등장하는 《이상한 나라의 앨리스》를 출판했다.

그러나 입법자들은 아무 대응도 하지 않았다. 모자는 남성 옷차림의 핵심이었고, 이런 모자를 가장 빠르고 저렴하게 만들기 위해서는 수은이 꼭 필요했다. 인생이 꼭 공평한 것도 아니니, 노동계급 남성 몇 명이 몸을 심하게 떠는 것쯤 괜찮지 않을까?[7] 게다가 이들은 술을 많이 마셔서 이런 증상이 나타날 수도 있는 것 아닌가? 자신과 친한 기업가들을 세상의 반발과 규제로부터 보호하려던 당시 산업위생학자들은 이런 주장을 했다.

청교도 하면 떠오르는 삼각모부터 톱 햇top hat과 높이 솟은 카포틴capotain에 이르기까지 수세기 동안 유럽인들이 쓰는 남성용 모자는 비버의 털로 만들어졌다. 두껍고 광택이 나며 따뜻하고 방수 효과를 내기 위해, 비버 털을 압축하거나 얼기설기 엉킴 처리하는 과정이 필수적이었다. 그러다 보니 유럽과 북미에서 차례로 비버가 멸종 위기에 처했고, 전쟁으로 원재료 공급이 끊기는 문제가 발생했다. 그 대안으로 값싼 펠트를 만들 수 있는 유럽산 토끼털이 떠올랐다. 하지만 문제가 하나 있었다. 토끼털은 비버 털처럼 자연스럽게 느껴지지 않아서 털을 녹여 분해해야 했다. 이 과정에서 수은을 사용하게 되었는데, 그렇게 하면 모자 제작 속도를 4시간까지 단축할 수 있는 이점도 있었다.

처음에는 모자공들이 중금속 사용에 맞서서 잘 싸웠다. 1716년 일종의 노조라 할 수 있는 프랑스 모자 제작자 길드가 수은 사용을 불법으로 정의했고 마르세유, 리옹, 파리의 모자 작업장에서 수은을 금지했다. 그러나 1751년이 되자 입법자들은 이런 결정을 거부하고 수은 사용을 합법화했다. 패스트패션이 이미 그 당시 유럽에 널리 퍼지고 있던 셈이다.

수은을 사용하는 모자 제조 방식이 파리에서 널리 활용되자, 1757년 자크 르네 테농이라는 젊은 프랑스 의사가 파리에 있는 6개 모자 제작소를 방문했다. 일꾼들은 "깡말랐고 힘이 없었으며" 손을 떨었다. 또 "땀을 많이 흘렸고 끈적끈적한 물질을 토했으며" 근무 시간을 버티기 위해 술을 많이 마셨다. 그중 레텔리에라는 작업장에서는 얼마 전까지 수은 처리하지 않은 물에 비버 털을 넣고 끓여 사용했으며, 당시에도 다른 작업장보다 훨씬 묽게 희석한 수은 용액을 사용했다.[8] 이 작업장에서 일하는 노동자들은 중독 증상이 훨씬 덜했기에 테농은 모자 제조업자들에게 수은 사용을 줄이거나 건강에 문제없는 대체물을 찾으라고 권했다. 불행히도 그의 주장을 담은 글은 이후 50년 동안 출판되지 않았다.

이 문제에 주목하기 시작한 다른 의사들도 자신이 목격한 것을 발표했다. 5개월 된 아기가 모자 작업장 증기를 들이마시고 사망했다. 모자공들은 경련과 마비를 겪었다. 1776년에 《건강 관보Gazette de santé》는 수은 사용이 "불필요하고, 기이하고, 악의적"이라고 지탄했다.

상황이 이렇다 보니 모자를 쓴 남성(때로는 여성)도 수은에 중독될 수 있지 않느냐는 의문이 제기되었다. 의심의 여지 없이 모자 자체가 유독성 물질이었기 때문이다. 런던에 있는 빅토리아 앤 알버트 뮤지엄의 보존 전문가들이 1820년에서 1930년 사이에 만들어진 모자를 테스트했는데, 그중 하나에는 모피 펠트 총 중량의 1퍼센트에 이르는 수은이 들어 있었다.[9] 무려 1만 피피엠이라는 놀라운 수치였다(오늘날 패션 브랜드는 그 2만분의 1 정도인 0.5피피엠 이하를 유지하려고 노력한다). 그래서 박물관의 보존 담당자는 오래된 모자를 다룰 때 조심스럽게 장갑과 마스크를 착용한다.

이 당시 모자는 털로 덮인 바깥쪽에 종종 니스칠을 했으며, 비단으로 안감을 덧대고 가죽 밴드를 달아 직접적인 수은 노출로부터 착용자를 보호했을 것이라고 매슈스 데이비드는 지적했다. 그러나 광택과 깔끔함을 유지하기 위해 자주 모자를 손질하고 빗질하는 과정에서 수은 먼지가 발생했을 가능성이 높다. 그런 일을 맡은 사람은 바로 여성들, 착용자의 아내나 하녀들이었다.

19세기 소비자들이 만성 수은 노출로 고통받는지 확인하기란 쉽지 않다. 피로, 근력 약화, 발진, 복부 통증, 불면증 같은 수은 중독 증상은 자가면역질환, 염증성 장질환, 우울증 및 기타 신경 퇴행성 질환의 일반적인 증세와 비슷하다.[10] 수은 중독이라고 확신할 수 있는 표준 증상 목록이 오늘날까지도 없기 때문에[11] 감정 기복, 기억 상실, 정신 질환, 자살 충동 같은 증세를 보이는 만성 수은 중독 희생자는 마을의 괴짜나 술주정뱅이 취급을 받았다. 온몸을 덜덜 떨고 편집증이 있으며 심술궂은 여자는 중금속 중독으로 진단받기보다는 이상한 노파라고 불릴 가능성이 더 컸다.

놀랍게도 수은은 최근까지 사용되었고, 노동자들의 단체 행동으로 몇 차례 사용 금지를 이뤄 낸 사례가 있다.《미국 공공보건 보고서The American Public Health Report》가 코네티컷에 있는 5개 공장의 모자 제조공 중 11퍼센트가 만성 수은 중독에 걸렸다고 발표한 지 1년 후인 1941년, 마침내 주 전체에서 모자 제조에 수은 사용을 금지했다. 모자 제조업체는 수은 대신 과산화수소로 모피 처리 방식을 전환했다.[12]

그러나 영국에서는 모자 제조 과정에 수은을 금지한 적이 없다. 1966년까지만 해도 영국 모자 공장에서 수은을 사용한 기록이 남아 있다. 미친 모자 장수의 시대가 막을 내린 것은 적극적인 법적 대응 덕분이 아니라 남성 모자, 특히 구식 모피 펠트의 유행이 끝났기 때문이었다. 코네티컷주 댄버리에 있던 마지막 모자 공장은 변화하는 트렌드와 세계화의 희생양이 되어 1987년에 문을 닫았다.[13] 이제 모자뿐만 아니라 거의 모든 패션 제품이 해외에서 만들어진다. 물론 항상 그런 것은 아니지만 말이다.

강에는 기름 무지개가 뜨고

데비는 노트북 카메라 앞에 앉아 긴 손톱으로 책상 위의 사망진단서를 조심스럽게 넘겼다.

"먼저 가족의 병력에 대해 알려 주세요." 내 말에 그가 한숨을 내쉬었다. "잠시 시간이 필요하거나 이야기하고 싶지 않은 것이 있다면 그것도 괜찮습니다." 나는 재빨리 덧붙였다.

"아니요, 감출 게 뭐가 있겠어요. 사람들이 알아야 하는 걸요." 데비는 가족력을 나열하기 시작했다. 가죽 무두질 공장에서 일하던 친할아버지는 전립선암에 걸렸고, 아버지도 2년 전에 같은 진단을 받았다. 외할아버지는 대장암에 걸렸다. 친할머니는 만성 심부전증을, 고모할머니는 심장병을 앓았다. 손위 사촌과 사촌의 딸은 모두 유방암으로 세상을 떠났다. 데비의 남동생은 42세에 심장마비로 의심되는 응급 상황을 겪었다. 어머니 역시 초기 결장암에 걸렸고 유방 낭종을 제거해야 했다.

심장병과 당뇨병을 앓고 있는 고모할머니에 대한 서류를 들여다보던 데비가 한숨을 쉬며 말했다. "암이라고 하는데, 나머지는 이유를 알 수 없어요." 데비가 파일 더미에서 서류를 하나 꺼냈다. "고모의 경우만 사망진단서에 '사인: 자연사'라고 적혀 있습니다. 하지만 고모도 만성폐쇄성폐질환을 앓았어요. 우리는 그게 흡연 때문이라고 생각했지요."

데비에 관해 처음 알게 된 것은 2016년 뉴욕주 북부의 지역 신문 《타임스 유니언》에 브리아나 스나이더가 쓴 기사를 통해서였다.[14] (지역 신문에 신의 축복이 있기를!) 뉴욕주 글로버스빌의 독성 폐기물에 대한 그의 탐사 보도 기사를 읽은 나는 트위터를 통해 스나이더에게 연락했고, 기사에 등장한 데비(지역사회에서 널리 알려진 인물이고 공공 보건 분야에서 일하는 경력에 영향을 미칠 수도 있어서 가명 사용을 요청했다)를 소개해 줄 수 있는지 물었다. 그로부터 일주일쯤 지나 이 솔직한 여성과 영상통화를 하게 되었다.

데비는 뉴욕의 주도인 올버니에서 북서쪽으로 약 80킬로미터쯤 떨어진, 가죽 액세서리의 수도 글로버스빌에서 태어나고 자랐다. 할아버지와 어머니, 삼촌 모두 이곳에 자리한 가죽 공장에서 일한 덕에 데비의 혈관에는 가죽 제조업의 전통이 흐르고 있었다.

그런데 그의 혈관 속에 흐르는 것은 이뿐만이 아니었다. 가죽을 무두질하고 염색하는 데 사용되는 화학물질 또한 넘쳐흘렀다. 글로버스빌의 전성기였던 19세기 말과 20세기 초에는 동물성 지방과 살코기, 무두질에 쓰는 화학물질을 포함한 폐기물이 매일 200만 갤런씩 인근의 카야두타강으로 쏟아져 내렸다. 가죽 공장에서 사용한 염료에 따라 그날그날 강물의 색이 변했을 정도다. 글로버스빌 주민들의 뒷마당을 지나 흐르는 기름기 가득한 강물 위로 3미터 높이의 유해 폐기물이 쌓여 갔다.

데비는 옛 기억을 떠올렸다. "어릴 때 이 강에서 놀았어요. 무지개처럼 빛나서 멋지다고 생각했는데, 지금 돌이켜보면 그게 독성 화학물질이었던 거죠. 무지개빛 강물 속에서 놀면서 가재나 이런저런 것들을 잡곤 했어요."

가죽 무두질은 지저분하고 건강에 해로운 과정이다. 수백 년 동안 무두질 공장에서는 고기 썩는 냄새뿐 아니라 배설물 냄새가 났다. 유럽의 많은 무두질 공장에서는 가죽을 매끄럽고 유연하게 하려고 개, 닭 또는 비둘기 배설물을 사용했다.[15] 모로코의 일부 전통 가죽 공장에서는 여전히 이런 방식을 따른다.[16] 소변 대신 나무

껍질이나 밤껍질처럼 탄닌 함량이 높은 식물성 재료를 사용할 수도 있지만, 그렇게 만든 가죽은 장갑처럼 부드러운 장신구에는 적합하지 않다. 더 두껍고 덜 유연한 가죽밖에 만들 수 없어서 정장용 구두에나 쓰일 뿐이다(더구나 이런 식물성 재료를 사용하면 무두질하는 데 1년 이상의 시간이 걸린다).[17]

프랑스 화학자 니콜라 루이 보클랭Nicolas-Louis Vauquelin이 1797년에 발견한 크로뮴 원소는 수백 년간 이어져 온 상업용 가죽 제조 과정을 단번에 바꿔 버렸다. 1800년대 중반 제조업자들은 전통적인 탄닌 성분 대신 크로뮴염을 사용하면 무두질 과정이 단 하루로 단축될 뿐 아니라, 부드럽고 얇으며 다루기 편한 가죽이 만들어진다는 것을 알게 되었다. 이런 가죽은 염색 과정을 거치기 전까지는 푸르스름한 색을 띠는데, 여기에 밝은 색상을 입힐 수 있다는 것이 또 다른 장점이었다. 물론 이렇게 작업한 가죽에서는 참기 힘든 배설물 냄새도 나지 않았다.

1853년 뉴욕주에서는 인구 1318명의 작은 마을인 스텀프 시티가 인근 마을과 통합되며 이름을 글로버스빌로 변경했다.[18] 고급 가죽 장갑의 중심지가 되겠다는 원대한 계획이 등장했고, 1870년에 철도가 개통되자 가죽 관련 산업이 호황을 누리게 되었다. 1880년에서 1950년 사이에 미국에서 판매된 장갑의 약 90퍼센트는 전 세계 장갑의 수도인 글로버스빌에서 만들어졌다. 이 지역은 당시 미국에서 가장 높은 백만장자 비율을 자랑했으며, 1890년대에는 위풍당당한 빅토리아풍 저택이 곳곳에 들어섰다.

부자들이 사는 저택의 화려한 대문을 열고 밖으로 나오면, 글로버스빌은 그다지 살기에 쾌적한 곳은 아니었다. 개울에는 생명체가 살지 않았다.[19] 천식을 비롯해 여러 호흡기 문제가 나타났으며, 주민들은 수돗물에 불을 붙일 수도 있다고 말했다.

"화학물질 때문에 도시 곳곳에서 악취가 났지만 다들 가죽 산업 덕에 돈을 벌었기 때문에 아무도 불평하지 않았습니다." 데이턴 킹 시장이 2017년 과학 전문 잡지인 《언다크Undark》에서 말했다. 이런 화학물질에는 포름알데히드와 크로뮴이 포함되어 있었다.

데비는 1967년에 지역 병원에서 태어났는데, 어린 시절 3년 정도를 제외하면 평생을 글로버스빌에서 보냈다. 무언가 잘못되었다는 징후가 처음 나타난 것은 2학년 무렵 같은 반 친구 한 명이 백혈병으로 사망하고, 3~4학년 때 또 한 명이 사망했을 때였다. 데비는 열 살이라는 이른 나이에 생리를 시작했다. "이 일대에서는 소녀들이 생리를 일찍 시작하곤 했어요." 이것은 평생 겪게 될 불임과 생리 불순 문제에 대한 예고편이었다.

데비가 중학생이었을 무렵, 값싼 노동력을 보유한 나라들이 글로버스빌의 시장 지배력을 잠식하기 시작했고 장갑 제조 공장은 인도의 콜카타 등으로 옮겨 갔다.[20] PVC 같은 인조가죽이 패션 브랜드의 마음을 사로잡게 된 것도 이즈음이었다. 그래도 데비와 친구들은 가죽 바지, 가죽 재킷과 코트, 가죽 지갑, 가죽 장갑 등을 주로 착용했다. "바지를 벗으면 염료가 피부에 묻어 있었지요. 흔적을 없애려고 샤워를 해야 했어요."

3장 멋지고 편리한 것들의 배신

데비가 고등학생이 된 1980년대에 수질정화법Clean Water Act이 발효되었다.[21] 크로뮴을 함유한 폐수 문제를 해결하기 위해 무두질 공장은 의무적으로 오염물 처리 시스템을 설치해야 했다. 수백만 달러를 써서 이런 장치를 설치할 수 없었던 많은 공장이 문을 닫게 되었고 지역 경제는 무너져 내렸다. 오늘날까지 살아남은 제조업체 몇 곳은 주로 고급 맞춤형 가죽 제품과 군용 장갑을 만들고 있다.

그러나 오염은 여전히 남아 있다. 환경보호국은 글로버스빌 주변의 30여 곳을 유독물 잔류 지역 또는 의심 지역으로 지정했다. 주민들은 신경계 질환, 암, 호흡기 문제 등 온갖 질병이 지역사회를 괴롭히고 있다고 이야기한다.

1980년대 후반 이후 데비는 치과 진료를 제공하는 보건소에서 가끔씩 운영 관리를 맡아 왔다. 이 일을 시작했을 때, 동네 아이들에게 충치가 많이 발견되어 놀랐다고 한다. "아이들이 양치질을 게을리해서 그랬다고는 볼 수 없었어요." 수십 년 후, 그의 손녀는 썩은 이 6개를 제거하는 수술을 받았다. 보험 회사의 계약 관리 일도 했던 데비는 정신 질환을 앓는 젊은이들의 주소를 정리하다가 글로버스빌과 인근 지역에 우울증, 조현병, 양극성 장애를 진단받은 사람들이 많다는 것을 알게 되었다. 역학 전문가가 아니었기에 이런 추측이 틀릴 수도 있다. 그러나 여러 정황을 살펴본 끝에 데비는 수돗물 대신 생수를 사 마시기로 결심했다.

이것이 20년 전의 일이다. 나름대로 예방 조치를 취했음에도 데비 자신의 건강에도 문제가 생겼다. 자궁내막증으로 몇 차례나 수술을 받았고, 외아들을 낳기 전 세 번과 출산 후 한 번, 총 네 번의 유산을 겪었다. 자궁경부암 진단을 받고 나서는 아이를 더 갖기 위한 노력을 포기한 채 자궁을 완전히 적출했고 나팔관도 하나 제거했다. 데비의 여동생도 자궁경부암에 걸려 치료를 받고 완치되었다가 최근 재발했다고 한다. 데비는 암으로 의심되는 사마귀 몇 개도 제거했고 늘 피곤함과 통증을 느낀다. 의사는 섬유근육통일 수 있다고 말했다. 데비의 며느리 역시 섬유근육통을 앓고 있다.

질병통제예방센터의 독성물질및질병등록청에 따르면 만성적인 육가 크로뮴 중독은 부비동염, 비중격 천공(콧구멍 사이 연골 벽에 구멍이 생기는 병), 기관지염, 천식, 비염, 폐암을 불러온다.[22] 이 말을 들은 데비는 눈이 커졌다. 할아버지는 폐기종을 앓았고, 이모 한 분은 사망 진단서에 '호흡 정지로 사망'이라고 적혀 있었다. 어머니는 천식을 앓았는데, 데비에게도 천식이 생겼다.

"비중격 천공이라니… 혹시 비중격이 비뚤어진 것도 문제가 되나요?" 데비가 중얼거렸다. 데비의 코 고는 소리가 너무 커서 열린 창문 너머로 마당 건너편에까지 들릴 정도라던 이웃들의 말을 떠올렸다. 학교 친구들도 수면 치료를 받거나, 수면 중 호흡을 돕기 위해 '다스 베이더 마스크'라고 부르는 양압기(수면 무호흡을 치료하는 기구—옮긴이)를 샀다고 페이스북에 올리곤 했다. "저는 밤이면 플로네이즈(항알레르기 비강 스프레이—옮긴이)를 뿌리고 지르텍(알레르기 완화제—옮긴이)도 한 알 더 복용했어요. 아침까지 안 깨고 자길 바라면서요." 데비가 어깨를 으쓱하며 말했다.

혹시 특정 제품에 이상 반응을 보이는지 물었다. "향수요." 데비가 망설임 없이 답했다. "가끔은 향초에도 반응을 해요. 벽에 페인트칠을 하면 반드시 문제가 생기고요. 천으로 된 새 가구를 들여놓았을 때도 천식 발작이 일어났어요. 어머니와 함께 가구 쇼핑을 갔는데, 매장에 들어가자마자 알레르기가 생기기도 했어요." 특정 브랜드의 메이크업 제품, 목욕용품, 식기 세제 및 세탁 세제에 노출되면 두드러기가 심해진다는 설명이었다.

"옷은 어떤가요?" 내가 다시 물었다.

데비는 고개를 끄덕였다. "사람들은 내가 미쳤다고 생각할 거예요. 하지만 의류 매장에 들어가 옷걸이에서 옷을 꺼낼 때면 화학물질 냄새를 맡을 수 있어요. 그런 옷을 살 수는 없지요. 입어 볼 수도 없어요. 심한 역겨움을 느끼거든요. 이 지역에서 자라나서 그런지도 모르겠네요. 가죽 공장은… 말로 표현할 수가 없어요. 그 냄새에 비할 만한 것은 세상에 없거든요. 새 옷을 사면 언제나 입기 전에 먼저 세탁하곤 합니다. 그대로 입으면 하루 종일 가려워서 온몸을 긁게 되니까요."

데비는 화학물질에 예민하게 반응하는 자신에 관해 새로운 사실을 알게 되었다. "그냥 내가 잘못된 건 줄 알았어요. 이렇게 **환경**이 만들어 낸 결과인 줄은 몰랐지요." 데비가 손을 들어 자기 주위를 가리키며 말했다.

데비의 경우는 문제의 원인이 명확했지만, 불행하게도 수많은 사업체가 글로버스빌의 강과 대기 중에 여러 화학물질을 방출했기 때문에 주민들이 겪는 만성적이고 복합적인 질병의 원인을 입증하기는 어렵다. 데비나 다른 주민들이 누구를 상대로 소송을 제기할 수 있을까? 대기업 한 곳이 들어와서 이런 일이 일어난 것이 아니다. 대부분의 소규모 가죽 공장은 오래전에 파산해 사라졌고, 그런 공장의 소유자들은 아프거나 이미 세상을 떠난 상태다.

"화가 나지는 않아요. 부모님을 탓할 수는 없지요. 이런 문제를 몰랐으니 어쩔 수 없었을 겁니다. 그 당시에는 화학물질이 어떤 영향을 미칠지 아무도 생각하지 못했겠죠. 그저 생계를 유지하는 데 열심이었을 거예요. 그게 여기 사는 사람들의 사고방식인 걸요." 데비가 말했다.

하지만 사람들은 이제 안다. 가죽 공장은 60년 전의 글로버스빌처럼 돈 냄새가 크로뮴 냄새보다 강한 나라로 옮겨 갔을 뿐이다. 유럽에서는 육가 크로뮴이 과다 함유된 장갑을 회수하거나 심한 경우에는 폐기한다는 사실을 알고 있는지 물었더니 데비가 깜짝 놀랐다. 미국에서는 아무도 이런 대응을 하지 않는다고 말할 수가 없었다. 유럽은 소비자 제품에 함유된 크로뮴을 제한하지만, 미국 연방 정부는 그렇지 않다. 실제로 내가 대형 쇼핑몰 브랜드에서 장갑 한 켤레를 구입했는데, 나중에 확인해 보니 믿을 수 없을 정도로 높은 수준의 크로뮴이 들어 있었다.

가죽을 포기하고 식물성 소재만 사용하는 비건 패션으로 전환하겠다고 생각할 수도 있을 텐데, 그 전에 나쁜 소식을 전해야 할 듯하다.

플라스틱에 매료된 디자이너들

/

패션 제조업과 관련한 각종 기술이 발전함에 따라 여기에 사용되는 화학물질도 발전했다. 천연섬유를 길들이는 일에 만족할 수 없었던 화학자들은 20세기가 되자 화석연료로부터 직접 소재를 만들어 내는 쪽으로 방향을 틀었다.

가죽을 대신할 식물성 소재로 등장한 폴리우레탄은 1937년 나치 독일에서 발명되었다. 그 용도 중 하나는 겨자 가스(1차 세계대전에서 독일군이 처음 사용한 화학무기의 일종으로, 폐와 피부에 수포를 일으키고 암을 유발하는 유독 가스—옮긴이) 방호복의 소재였다.[23] 1939년 듀폰은 '석탄, 공기, 물'을 원료로 만든 섬유라며 스타킹에 쓰이는 나일론을 홍보하기 시작했다(1940년 뉴욕세계박람회에서는 듀폰의 각종 합성섬유 제품을 착용한 '미스 화학'이 시험관 모형으로부터 등장했다. 플라스틱 파티의 깜짝 이벤트처럼 말이다). 1941년에는 폴리에스테르가 등장했고, 1950년에는 아크릴이 양모를 대체했으며, 1959년에는 스판덱스가 처음 선을 보였다.

폴리염화비닐PVC은 그보다 훨씬 먼저 나왔다. 1926년 BF굿리치의 미국인 연구원 왈도 론스베리 세먼Waldo Lonsbury Semon이 쓸모없어 보이던 염화비닐이라는 물질에 용매를 첨가해 우연히 PVC라는 유연한 플라스틱을 만들었다.[24] 처음에는 골프공과 구두 굽을 만드는 데 이 중합체를 사용하다가, 제조법을 약간 바꿔 샤워 커튼, 비옷 및 온갖 종류의 인조가죽 패션에 쓰게 되었다.

1959년까지 과학자들은 PVC의 독성에, 특히 PVC를 제조하는 공장 노동자들에 대해 우려를 표했다.[25] 염화비닐에 반복적으로 노출된 토끼를 연구했더니 암을 유발하는 걱정스러운 세포 변화가 나타났기 때문이다. "500피피엠을 하루 7시간, 일주일에 5일씩 장기간 흡입할 경우 상당한 피해를 입을 수 있다고 확신합니다. (…) 알다시피 이 의견은 아직 배포할 준비가 되지 않았으므로 기밀로 유지하되, 업무에 적합하다고 판단되는 대로 활용하기를 바랍니다." 다우케미칼의 독성학자가 비밀리에 BF굿리치 담당자에게 이런 편지를 보냈지만 BF굿리치에서는 크게 신경 쓰지 않았다.

영국의 메리 퀀트Mary Quant는 PVC를 사용한 최초의 패션 디자이너였다.[26] 1963년 웻 컬렉션Wet Collection을 발표한 이 디자이너는 자신이 "엄청나게 반짝이는 인공적인 재질과 비명을 지르는 듯 화려한 색상의 마법에 빠졌다"라고 말했다.[27] 그가 만든 반짝이는 비옷과 모자는 《보그》 표지를 장식했고, 신시아 레넌 같은 유명인이 입기도 했다.[28] 파코 라반, 앙드레 쿠레주, 피에르 카르뎅 등 다른 디자이너도 재빨리 메리 퀀트를 따라 치마, 무릎 위로 올라오는 부츠, 장갑, 투명한 비옷 등 우주 시대를 향한 흥분과 화학의 놀라움을 보여 주는 PVC 소재 패션을 발표했다.

그야말로 화학의 경이라고 부를 만했다. 1970년대 중반까지 PVC 공장 근로자와 염화비닐에 노출된 설치류에서 희귀한 간암이 발견되었으나, PVC 업계는 관련 데이터 공개를 미루었다.[29] 켄터키 주 루이빌에서 5명의 PVC 공장 근로자가 사망했을 때에야 비로소 언론이 관심을 보이기 시작했다. 실험실 밖에서 사람을 대상으로 화학물질의 위험성을 확인한 사건이었다. 미국 산업안전보건국은 PVC 공장에서 허용되는 염화비닐 노출량을 500피피엠에서 1피피엠으로 낮췄다. 업계 대변인들은 이 조치로 미국의 관련 공장들이 문을 닫게 될 거라고 경고했지만, 2년 안에 모든 공장이 새로운 기준을 만족시켰고 PVC 생산량은 계속 증가했다.

염화비닐에 노출되는 것은 공장 근로자만이 아니었다. PVC 플라스틱은 사용하는 동안 대기 속으로 가스를 배출하는데, 새것일 때에는 가스를 더 심하게 내뿜는다. 우리가 알고 있는 매혹적인 '새 차 냄새'의 일부는 염화비닐에서 발생하는 가스다.[30]

1979년 국제암연구소는 과학적 검토 후 "암 발생 위험을 증가시키지 않는 염화비닐 노출량이 존재한다는 증거는 없다"라고 밝혔다. 간단히 말해, 극소량의 염화비닐 노출도 위험하다는 뜻이다.

업계는 비밀리에 그와 반대되는 내용의 보고서에 자금을 후원했다. 위험 평가에 "도움이 되는" 자체 데이터를 환경보호국에 제공하고, 환경보호국의 위험 검토 패널에 업계 담당자를 참여시켰으며, 염화비닐이 암과 관련 있다는 연구를 철회하도록 과학자들에게 압력을 가했다.[31] 2001년, 15년간의 작업 끝에 환경보호국은 염화비닐 노출로 인한 암 발생 위험의 새로운 기준치를 발표했다. 이전 평가보다 10배나 낮은 수치였다. 제니퍼 베스 사스Jennifer Beth Sass, 배리 캐슬먼Barry Castleman, 데이비드 월링거David Wallinga는 2005년 〈염화비닐: 데이터 삭제와 사실 왜곡에 대한 연구Vinyl Chloride: A Case Study of Data Suppression and Misrepresentation〉라는 논문에서 "그 결과, 허용 가능한 오염 수준이 10배로 증가하게 되었다"라고 썼다.

환경보호국은 또한 염화비닐에 노출될 때의 유일한 위험은 간암이라고 했다. 그렇다면 염화비닐과 뇌암, 폐암, 심지어 유방암의 연관성을 보여 주는 다른 모든 데이터는 어떻게 해석해야 할까? 적절하지 않은 분석이었다.

여기서, 환경보호국은 소비재에 사용되는 성분을 관리할 책임이 없다는 점에 유의해야 한다. 이는 예산이 충분치 않은 또 다른 연방 기관인 소비자제품안전위원회의 몫이며, 관련한 이야기는 다른 장에서 다룰 예정이다.

2010년대에 또 다른 이슈가 언론 헤드라인을 장식했다.[32] 단단한 플라스틱인 PVC를 유연하게 만들려면 무언가를 첨가해야 하는데, 그중 가장 흔한 것이 내분비교란물질이자 생식 독성이 있는 프탈레이트다. 이 물질은 남자 아기에게 음낭 수종, 드물게는 잠복고환, 요관 구멍 이상 등의 문제를 일으킨다. 연구에 따르면 프탈레이트는 남성의 생식력 감소와 관련이 있으며 모든 성별의 아동에게 천식, 암, 행동 문제 등을 일으키는 것으로 추정된다.

이 무렵 "유감스러운 대체물"의 홍수가 시작되었다.[33] 제조업체들이 수천 가지 제품에서 프탈레이트의 일종인 DEHP를 나쁜 송류의 프탈레이트인 DINP로 대체했는데, 나중에 과학자들은 이 대체 물질이 남성 생식기의 선천성 결함, 성인 남성의 생식력 저하와 관련 있음을 밝혀냈다. 부모들의 우려에 부응하여 소비자제품안전위원회는 2017년에 일부 어린이 제품에 프탈레이트 사용을 금지했지만 PVC는 여전히 허용된다. 소비자 단체들은 오늘날에도 여전히 아동용 가방과 샌들에서 프탈레이트를 발견하고 있다.[34]

순면도 안심할 수 없다

/

일부 과학자들이 완전히 새로운 인공 소재를 만드는 데 전념하는 동안, 다른 과학자들은 현대 화학의 기적을 통해 이미 존재하는 소재를 개선하려고 노력했다.

루스 베네리토Ruth Benerito는 1916년 진보적인 뉴올리언스 가정에서 루스 로건Rogan이라는 이름으로 태어났다.[35] 예술가인 어머니는 아이들이 꿈을 갖도록 격려했고 아버지는 교육의 가치를 강조했다. 루스는 15세에 툴레인대학의 여자 학교인 뉴컴칼리지에 입학했다.

"당시에는 여성 운동 같은 것이 존재하지 않았습니다. 친한 친구와 나는 물리화학을 공부하기 위해 툴레인 캠퍼스에 진학한 유일한 [여성] 두 명이었어요." 2002년 인터뷰에서 그가 한 말이다. 졸업한 루스는 취업에 어려움을 겪었다. 온 나라가 여전히 대공황의 고통 속에 놓여 있었고, 여성이 선택할 수 있는 몇 안 되는 직업 중 하나는 학생을 가르치는 일이었다. 그는 뉴올리언스 외곽에서 과학과 수학, 안전하게 운전하는 법을 가르치는 일자리를 얻었다. "나는 루이지애나주 최초의 안전 운전 교사였지만 운전하는 법을 몰랐어요. 한번은 차를 몰고 도랑으로 돌진하기도 했지요."

그러나 루스는 굴하지 않았다. 툴레인에서 야간 수업을 들으며 석사 학위를 취득한 다음, 시카고대학에서 박사 학위를 받았다. 1950년 프랭크 베네리토와 결혼해 미국 농무부의 남부지역연구소에서 일하기 시작했는데, 여기서 맡은 일이 미국 면화 산업을 구하는 것이었다.

면은 1960년대에 여전히 전체 섬유 시장의 4분의 3을 차지했다. 이 천연섬유는 가공을 거쳐 침대 시트부터 캔버스화, 여성용 원피스에 이르기까지 온갖 제품에 다양하게 쓰일 수 있다는 점에서 수 세기 동안 주요 직물로 인정받았다. 하지만 생면 섬유는 내구성이 약하고, 주성분인 셀룰로오스의 사슬 모양 구조 때문에 주름이 쉽게 생긴다. 그러다 보니 가정용품의 구매 결정을 내리는 중산층 여성들로부터 점점 인기를 잃어 갔다. 예전처럼 집안일에 타인의 전적인 도움을 받을 수 없었던 전후 미국 주부들이 하루 종일 가족의 옷을 다리고 있을 수는 없었다. 다양한 직물이 등장하면서 점점 더 많은 여성이 구김이 잘 생기지 않는 최신 합성섬유 옷을 고르게 되었다.

구김 방지 의류는 전후 세대에게 완전히 새로운 것은 아니었다. 1960년대 이전에는 포름알데히드 같은 화학물질로 가공한 구김 방지 면 의류를 살 수 있었는데, 이런 물질은 섬유의 결합을 강화하고 영구적으로 평평하게 만들어 주었다. 그러나 마감 처리 때문에 직물이 쉽게 갈라졌고, 소비자들도 이 문제를 알아차렸다. 루스의 전 동료이자 친구인 노엘리 베르토니에Noelie Bertoniere는 2013년 《화학과 공학 뉴스Chemical & Engineering News》에서 초기 구김 방지 옷 감에 대해 "앉으면 셔츠의 등 부분이 찢어지곤 했다"라고 말했다. 더군다나 포름알데히드가 함유된 면은 염소 성분으로 표백한 다음 다림질하면 노랗게 변해 버렸다. 흰색 버튼다운 셔츠를 만드는 데 는 적합하지 않았던 것이다.

베네리토의 연구팀은 구김 방지 기능이 뛰어난 천을 찾아내는 임무를 맡았고, 결국 디메틸올 디하이드록시에틸렌 우레아DMDHEU 가 지닌 뛰어난 교차결합적 특성을 발견했다(동료들에 따르면 베네리 토는 연구 성과를 독차지하는 대신 늘 팀 전체에 공로를 돌렸다고 한다).[36] DMDHEU를 쓰면 면이 뻣뻣해지거나 갈라지지 않으면서도 "영구 적 다림질" 효과를 낼 수 있었다. 베네리토가 고안한 방법을 참고해 섬유업계는 면직물에 온갖 종류의 기능성 화학제품을 신나게 첨가 했다.[37] 가장 인기 있는 것은 난연제와 오염 방지제였고 항균제, 냄 새 방지와 수축 방지 마감재도 도입했다.

베네리토의 연구 덕분에 면화 산업은 위기에서 벗어날 수 있었 다. 농무부가 미국 면화업계에 넘긴 화학 공식은 남부의 면직물 공 장들에 빠르게 퍼졌다. 폴리에스테르는 결국 섬유 시장에서 가장 높은 점유율을 차지하여, 오늘날 패션 섬유의 절반 이상을 책임지 게 되었다.[38] 반면 리넨은 예전에는 사랑받는 직물이었지만 이제는 일부러 목가적 분위기를 내려는 시골 농가 스타일 침구에나 사용되 며, 전 세계 섬유 시장 점유율이 6퍼센트가 채 안 된다. 기능성 마감 처리가 아니었다면 면직물 역시 리넨과 비슷한 길을 걷게 되었을 것이다.

문제는 DMDHEU가 분해될 때 주성분인 포름알데히드를 방출한다는 점이다. 포름알데히드는 사람의 몸이나 사과 등 다양한 곳에서 자연적으로 소량 발생하지만, 그 양이 증가하면 급격히 위험해진다. 1피피엠 수준만 되어도 냄새를 맡을 수 있는데 이때부터 눈과 피부, 폐에 자극을 유발하기 시작한다.[39] 그보다 고용량일 경우는 발암 성분이 되고 만다.

이것은 패션과 관련한 화학에서 반드시 생각해 봐야 하는 주제다. 섬유에 사용되는 화학물질은 그 자체로는 위험하지 않을 수 있지만, 시간이 지남에 따라 독성 성분을 방출할 수 있다. 다림질이 필요 없는 바지에 함유된 포름알데히드나 염색된 셔츠에 든 아민 성분은 의류 노동자의 독성 물질 중독을 불러오고 지역사회를 오염시킨다. 그런 다음 무해한 기능성 물질로 우리 옷에 잠시 머물렀다가, 매일매일 호흡기와 피부를 통해 조금씩 인체에 흡수되어 본 모습을 드러낸다.

기능성 소재라는 함정

녹아내린 아이스크림콘을 든 여성들이 파스텔톤 블라우스를 입고 화면을 가로질러 춤을 추며 "난 신경 쓰지 않아아아아~" 하고

즐겁게 노래하고 있다. 미국에서 1981년에 방송된 1분짜리 TV 광고다.[40]

"케어프리 비자Care-free Visa를 쓰면 세탁 시 얼룩과 먼지가 물에 쉽게 녹아 버립니다. 비자는 주름도 잘 생기지 않아요!" 현대 화학의 도움을 받아 '관리하기 쉬운' 소재인 비자(신용카드 회사와 상관없으니 혼동하지 말 것)는 세탁실에서 해방되어 인생을 즐기고 싶은 수백만 명의 여성들에게 편리함을 선물했다.

2000년대 초 미국에는 10억 달러 이상의 매출을 올리는 섬유 회사가 최소 9개 이상 존재했는데 오늘날에는 밀리켄Milliken 단 한 곳만 남아 있다. 화학물질도 만드는 섬유 회사에서 섬유도 만드는 화학 회사로 변모하면서 살아남은 기업이다. 밀리켄은 재무 정보를 자발적으로 공표한 적이 없다. 《포브스》의 추정에 따르면, 이 가족 기업의 CEO이자 상속인인 로저 밀리켄을 1989년까지 네 번에 걸쳐 미국 최고 부자 중 한 명이자 억만장자로 만들어 준 일등공신이 바로 비자 직물이다.[41]

1865년 메인주에서 디어링 밀리켄Deering Milliken & Company이라는 이름의 모직물 공급업체로 시작한 이 회사는 미국 섬유산업이 곤두박질치고 파산하기 전, 몇 번이나 제대로 변화의 물결에 올라탔다. 뉴잉글랜드 지역의 섬유 제국이 쇠퇴하기 훨씬 전인 1884년, 설립자인 세스 밀리켄은 사우스캐롤라이나주에 첫 번째 남부 공장을 설립해 더 저렴하고 노조 가입율이 낮은 노동력을 활용할 수 있었다. 1957년에는 신축성 있는 여성 양말용 소재인 애질론Agilon을 만들어 합성섬유 시장에 뛰어들었다. 같은 해에 로저 밀리켄은 자회사인 밀리켄화학을 설립했다.

1960년대만 해도 미국 패션 제품의 약 95퍼센트가 여전히 국내에서 제조되었다.[42] 그러다 1970년대에 들어서자 그 수치가 줄어들기 시작했다. 1972년 발표된 수질정화법에 따라 국내 화학제품 제조사, 염색 공장, 섬유 가공업체가 해외로 공장을 이전할 경우 추가 보조금을 받게 되기 때문이었다. 1990년대 초 북미자유무역협정이 발효되자 미국 내에서 섬유 제조업을 이어갈 이유도 지원책도 사라져 버렸다. 안정적인 전력 공급, 운송을 위한 항구, 열악한 환경에서 한 달에 14달러를 받으며 일하는 절박한 노동력을 보유한 개발도상국에서 저렴하게 직물을 만들고 염색할 수 있었으니까. 로저 밀리켄은 확고한 공화당원이었으나, 국내 제조업을 보호하려는 캠페인에 자금을 지원하며 같은 보수 성향의 동지들에게 맞섰다. 그러나 대세를 거스를 수는 없었다. 1990년에서 2012년 사이에 미국 내 섬유 및 의류 관련 일자리의 76.5퍼센트가 사라졌다.

섬유는 저렴하다. 그러나 여기에 각종 기능을 더해 주는 화학적 처리를 하면 어떻게 될까? 그것은 전혀 다른 차원의 문제다. 이와 관련해 대중에게 널리 알려진 대표적 화학물이 있는데, 하나는 밀리켄의 비자 직물이고 또 하나는 3M의 스카치가드Scotchgard다. 제조업체들은 수십 년 동안 화학물의 정확한 구성 요소와 건강에 미치는 잠재적 영향을 영업 비밀이라는 이름으로 정부와 소비자로부터 감춰 왔다. 또한 화학물질은 특허가 가능하므로 마음대로 가격을 인상할 수 있다.

책을 읽는 여러분과 나의 눈에는 보이지 않지만, 마감 처리는 섬유의 핵심 부분이 되었다. 독일연방위험평가연구소의 2012년 보고서는 다음과 같이 추정했다. "의복 섬유에 들어 있는 가공제 잔류물이 섬유 제품 전체 중량의 최대 8퍼센트를 차지하기도 한다."[43]

연구자들은 면과 같은 천연섬유도 극세사로 가공된 경우는 수로에서 생각만큼 빨리 분해되지 않는다는 사실을 발견했다. 상당 부분이 화학물질과 중합체로 완전히 코팅되었기 때문이다.

"기업들은 마케팅에서 기능을 점점 더 우선시하기 시작했습니다." 기후 보호 단체인 스탠드어스Stand.earth의 패션 팀에 합류하기 전 캐나다에서 6년 동안 소비재의 독성 화학물질 사용 반대 운동을 벌였던 무하나드 말라스Muhannad Malas•가 말했다. "많은 기업이 다양한 기능성 제품을 개발하고, 그 기능을 강조하여 제품을 홍보하지요. 이런 일에는 공중 보건과 환경의 희생이 따릅니다. 제대로 연구되지 않은, 때로는 아무런 연구도 거치지 않은 화학물질을 사용하니까요."

비밀스럽게 만든 화학물질로 코팅해 온갖 기능을 더한 직물은 미국 내 임금, 작업장 안전 및 환경 관리 비용을 포함한 높은 가격을 감당할 수 있는 거의 유일한 소재다. 물론 그렇다고 해서 환경보호

• 그는 이후 스탠드어스를 떠나, 현재는 캐나다의 환경 단체인 에코저스티스(Ecojustice)에서 법률 개정 책임자로 일하고 있다.

국의 산만한 감시하에 미국땅에서 제조된 기능성 마감재가 안전하다고는 확신할 수 없다.

1950년대부터 1970년대까지 조지아주와 펜실베이니아주의 영구 주름 가공 공장 세 곳의 노동자를 대상으로 연구한 결과, 이들이 각종 암에 걸릴 위험이 높다는 내용이 1980년대에 발표되었다. 2004년 후속 연구에 따르면 0.15피피엠 정도의 적은 화학물에 노출될 때도 백혈병 발병 위험이 증가하는 것으로 나타났다.[44]

2010년, 포름알데히드 노출이 벤젠 노출과 유사하게 세포 돌연변이와 적혈구 수 감소를 유발한다고 지적하는 연구 결과가 이어지자, 규제 당국도 주목하기 시작했다. "누군가가 새로운 화학물질이 있다며, 당신네 잔디밭을 파랗게 유지해 주고 이런저런 도움이 된다고, 하지만 적혈구 감소를 유발할 수도 있다고 이야기한다고 칩시다. 그러면 나는 그런 물질 가까이에 가지도 말라고, 그런 물질은 아예 만들지 말라고 할 겁니다." 피츠버그대학 공중보건학과 학장을 역임하고 1983년부터 1985년까지 환경보호국에서 연구개발 부국장으로 일했던 버나드 골드스타인Bernard Goldstein이 PBS 〈뉴스아워NewsHour〉에서 이렇게 말했다.

미 의회 조사 기관인 회계감사원이 180개 의류와 침구류를 테스트한 결과, 소년용 야구 모자와 유아용 침대 시드를 포함해 테스트 품목의 약 5퍼센트에서 포름알데히드 수치가 75피피엠 이상으로 나타났다(미국은 성인용 의류의 포름알데히드 사용에 대한 연방 차원의 제한이 없기 때문에, 가장 엄격한 일본 기준으로 테스트를 했다).[45] 대부분의 제품은 문제가 없고, 구김이 잘 생기지 않는다는 셔츠만 피하면 괜찮다는 결과에 대중은 회유되었다. 그렇게 구김 방지 처리된 면직물의 독성에 대한 이야기는 언론의 헤드라인에서 사라졌다.

한편 밀리켄은 미국 기업의 공장 해외 이전 홍수 속에서 살아남았을 뿐만 아니라 카펫과 착색제 사업에도 진출했고, 파산했거나 휘청거리는 다른 섬유 공장과 화학 회사를 인수했으며, 아시아와 유럽에 전초 기지를 열면서 나날이 번성해 갔다. 직물 난연제, 테이블보 오염 방지제, 실험 가운을 위한 화학적 보호 성분 등 2300가지 이상의 특허를 확보한 덕이었다. 게다가 유행을 타고 2017년에는 포름알데히드가 들어 있지 않은 실내 장식용 소재인 '브리드 Breathe'를 출시했다.[46]

2018년, 저용량 포름알데히드에 노출되어도 백혈병에 걸릴 수 있다는 사실을 환경보호국이 발표하지 않고 있다는 소문이 돌면서 긴장이 다시 고조되었다.[47] 미국화학협회는 문제를 희석시키기 위해 이에 대항하는 연구를 후원했다. 포름알데히드에 노출된 **모든** 사람이 건강에 문제가 생기지는 않는다는 사실을 보여 주려 했고, 독립적인 연구자들이 밝혀낸 데이터가 "신뢰 기반이 약하고 일관성이 없다"라고 말하기도 했다.

2022년 4월, 환경보호국이 마침내 장기간의 포름알데히드 노출에 대한 위험성 평가 초안을 발표했다. 저용량으로 노출될 경우 비인두암, 골수성 백혈병, 부비강암과 입증 가능한 연관성이 있으며 알레르기, 천식, 남성과 여성의 생식 독성 문제와도 연관된다는 합리적 확신이 있다는 내용이었다. 의견 수렴 기간이 지났음에도 2022년 10월을 기준으로 이 초안은 여전히 확정되지 않고 있다.

어쨌든, 환경보호국의 규제 목록에는 더욱 긴급하게 이목을 끄는 화학물질들이 늘어나고 있다. 대표적인 것이 과불화화합물이다.

지구상에서 영원히 사라지지 않는 물질
/

2014년 밀리켄은 조지아주에 있는 킹 아메리카 피니싱이라는 오래된 섬유 공장을 매입했다.[48] 난연 및 발수 기능성 직물을 만드는 시카고 기업 웨스텍스Westex 소유의 공장이었던 이곳에는 끔찍한 과거가 있다. 2011년 11킬로미터에 걸쳐 3만 8000마리 물고기가 죽은 조지아주 역사상 최악의 어류 폐사 사건이 바로 이곳 폐수관 밑에서 시작되었다.[49]

밀리켄이 인수해서 폐수 처리 시스템을 개편한 후에도 이 공장은 2020년 가을까지 3년 동안 분기별 보고 때마다 규정을 여겼다.[50] 오기치강에 독성 물질을 투기하는 바람에 수질정화법 위반으로 주 정부에 8만 3000달러의 벌금을 지불하기도 했다. 밀리켄 같은 회사에게 이 정도 벌금은 큰돈이 아니었다. 밀리켄의 화려한 지속 가능성 웹사이트에서는 환경 관련 위반 사실 전무에 도전하는 것이 자사의 목표라고 밝혀 놓았다.[51] 위반을 줄이고 싶다면 오염물을 한도 이하로 배출하면 된다. 아니면 오염 허용 한계를 높이는 방법도 있다. 또 다른 방법은 테스트를 아예 없애서 한계를 넘었는지 아닌지 아무도 모르게 하는 것이다. 2020년 9월 밀리켄은 강으로 배출하는 오염 물질에 대한 제한선을 높이고, 수질 검사 횟수를 줄일 수 있도록 새로운 허가를 요청했다. 포름알데히드와 난연제 화학 성분인 THCP에 대한 테스트 철폐도 요구했다.[52]

이런 대응에 오기치 지역사회가 모두 놀랐다.[53] "저는 말 그대로 오기치에서 태어나 자랐습니다. 부모님이 배를 타고 병원에서 집으로 저를 데려오셨어요." 한 여성이 온라인 공청회에서 목소리를 가다듬으며 말했다. "내 아이들은 내가 자랄 때처럼 강에서 놀수 없다는 사실에 마음이 찢어지듯 아픕니다. 밀리켄이 환경 문제에 관해 최소한의 요구 사항도 지키지 않는데, 시민과 이 강을 좋아하는 사람들을 희생하면서 요구 사항 기준을 낮춰 주는 이유가 무엇입니까? 기준이 없으면 기준을 만드십시오!"

다섯 명의 지역사회 시민이 허가 기준 완화와 밀리켄에 반대하는 목소리를 냈다. 자사가 낸 청원을 옹호하기 위해 밀리켄을 대표해 공청회에 나온 사람은 아무도 없었다.

그런데 밀리켄이 배출하는 오염물 중에는 허가서 초안에 언급되지 않은 새로운 화학물질이 들어 있었다. 바로 과불화화합물이다. 청문회에서 비영리 기관인 '오기치강 수호자'의 대표 데이먼 멀리스Damon Mullis가 이렇게 말했다. "이 공장에서 상당량의 과불화화합물을 배출하고 있습니다. 배출 시점부터 강에 사는 물고기들이 심하게 오염되었고, 주민들의 건강에도 매우 심각한 영향을 미친다는 것을 알게 되었습니다."

미국 화학 회사 3M은 1940년대 후반에 과불화옥탄산PFOA을 발명했다.[54] 이후 3M은 테플론 논스틱 팬과 기타 제품을 만들려는 듀폰에 PFOA를 판매하기 시작했다(1990년대 후반까지 과불화옥탄산의 자매품 격인 과불화옥탄술폰산PFOS은 섬유의 오염 방지 처리를 위해 자주 사용되는 스프레이인 3M 스카치가드의 주성분이었다). 화학 분야의 다른 흥미로운 발명와 달리, 3M은 C8이라고도 부르는 이 새로운 화학물질을 공개하지 않았다. 이 물질의 존재는 물론 점점 늘어나는 독성 관련 증거도 반세기 동안 대중에게 비밀로 유지되었다.

1961년 3M과 듀폰은 비밀리에 의학 연구를 시작했고, PFOA에 노출되면 각종 암과 선천성 결함, DNA 손상이 발생한다는 증거를 꽤 많이 수집했다. 하지만 듀폰은 이를 숨기고 계속해서 이익 추구에 나섰다.

세상이 이런 사실을 알게 된 것은 2019년 영화 〈다크 워터스〉에서 마크 러팔로가 연기한 롭 빌럿Rob Bilott이라는 변호사 덕분이다. 환경 전문 변호사인 빌럿은 1999년까지 환경보호국과의 합의 및 계약 협상에서 화학 회사들의 입장을 대변해 왔다. 그는 자신이 하는 일에 문제가 없다고 생각했다. 그가 담당한 회사들은 쓰레기를 깅이나 도시의 매립시에 버릴 때, 당시로서는 어떤 불법적이거나 비정상적인 일도 저지르지 않았다. 빌럿은 자신이 현행법의 한도 내에서 기업들을 돕고 있다고 생각했다. 그러나 빌럿의 할머니와 친분 있는 웨스트 버지니아의 농부가 죽어 가는 소들 때문에 빌럿을 찾아왔고, 이를 계기로 그는 이익을 위해 사람들의 건강을 기꺼이 위험에 빠트리는 듀폰과 3M의 숨은 의도를 밝혀내게 된다.

빌럿은 1976년에 만들어진 독성물질관리법이 얼마나 부적절한지 폭로했다. 독성 화학물질 관리를 제조 기업의 자체 단속에 맡기는 법률이 50년 가까이 존속해 왔다. 그렇다면 기업의 자체 단속이 실패했을 때는 어떤 대비책이 있었을까? 용감한 변호사가 등장해 기업의 비밀을 폭로하고, 유독 물질 중독의 심각성을 기업들이 이미 알고 있었다고 증명해 줄 때까지 그저 기다려야 했을 것이다.

2000년 5월, 3M은 PFOA 생산을 단계적으로 중단하겠다고 발표했다. 그러나 패션 산업은 이미 PFOA에 푹 빠져 있었고, 듀폰은 이 마법 같은 물질을 섬유 공장에 판매했다. 과불화화합물로 처리한 옷감은 무게도 가볍고 공기도 잘 통하면서 얼룩과 물을 훌륭하게 튕겨 낼 수 있다. 그 결과 등산화, 비옷, 스키복과 스노보드복 등 방수 기능이 필요한 온갖 것에 쓰이게 되었다. 심지어 수영복에도 사용되어 풀에서 나와 호텔 바로 걸어가는 동안 수건으로 물기를 닦을 필요가 없을 정도였다. 그러니 왜 안 되겠는가? 패션 브랜드는 특별한 성능을 원하고 제조업자들은 기꺼이 그런 성능을 제공할 수 있는 상황인 것을.

사람들의 부주의와 완전히 분해되지 않는 화학적 특성이 결합된 덕분에 PFOA는 세상 어디에나 존재하고 있다. 남극 동물과 미국인 99.7퍼센트의 혈액에서도 발견되었고,[55] 지구 곳곳에 떨어지는 빗물에도 존재한다.[56]

"우리를 둘러싼 환경에서 최악의 과불화화합물을 제거하려고 아무리 노력해도, 알다시피 그것은 불가능한 일입니다. 이 화합물은 분해되지 않으니까요. 기업들은 계속해서 새로운 과불화화합물을 생산하고 또 사용하고 있습니다." 무하나드 말라스가 캐나다에서 독성 화학물 규제 캠페인을 벌이던 때에 관해 이야기해 주었다. "현재 적어도 5000종 이상의 과불화화합물이 존재하는데, 우리는 그중 대부분에 대해 알지 못합니다. 이런 물질들이 존재한다는 것은 알지만, 실제로 어떤 영향을 미치는지는 모릅니다. 아직 제대로 이름조차 붙이지 않았어요. 규제 기관에서는 위험을 평가하지 않습니다. 소비자들이 중요하게 여기는 건 그저 '와, 이 양말은 방수가 잘되나 봐' 하는 정도지요."

2011년까지 트윈 힐은 유니폼에 사용된 듀폰의 과불화화합물 코팅제인 테플론이 완벽하게 안전하다고 알래스카항공에 말해 왔다. 그러나 승무원들만 유니폼에 우려를 표현한 것은 아니었다.

매사추세츠주의 소방관 폴 코터Paul Cotter는 2014년에 암 진단을 받았다.[57] 소방관으로서 그의 경력은 끝이 났는데, 여기서 불길한 질문이 등장하게 된다. 소방차에 타는 소방관 12명 중 4명 비율로 암에 걸리는 이유는 무엇일까? 호흡기 보호 장비는 더 좋아졌는데, 왜 소방관의 암 발병률은 증가해서 사망 원인 1위가 되었을까? 고환암, 중피종, 비호지킨 림프종 등으로 소방관들이 사망할 위험은 일반인보다 14퍼센트 더 높다. 혹시 연기가 아니라 소방복 자체에 든 성분 때문은 아닐까? 코터와 그의 아내는 과불화화합물 코팅이 범인이 아닐지 의심했다.

21세기 전까지, 소방 호스로 쏘아 올리는 물대포를 맞으며 화재 현장에 진입해야 하는 소방관들은 몸이 젖지 않도록 폴리우레탄 안감이 들어간 방화복을 입었다. 2000년대 중반, 폴리우레탄을 몇 시간 동안 크세논램프 아래에 두면 경화, 균열 및 파손이 발생한다는 연구가 등장했는데, 이 연구를 후원한 곳이 듀폰과 유니폼 제조업체인 라이언Lion이었다. 폴리우레탄이 옷의 안감으로 사용될 때는 햇빛이나 자외선, 특히 크세논램프에 노출될 일이 거의 없다. 그러나 화재예방협회는 연구를 액면 그대로 받아들여 모든 방화 장비에 테플론 안감을 사용하라고 요구하기 시작했다. 듀폰과 고어텍스(방수, 방풍, 투습 기능성 소재로 등산복 등에 쓰인다—옮긴이) 제조사인 고어Gore는 이 정책 변화로 상당한 이익을 얻었다. 방수, 방염 직물을 만드는 밀리켄도 마찬가지였다.

2006년에 환경보호국은 PFOA와 PFOS의 사용을 2015년까지 단계적으로 중지하라고 과불화화합물 제조업체에 요구했다. 그러면 스카치가드도 사라지게 되었을까? 꼭 그렇지는 않았다. 두 화학물질은 단지 '단쇄' 과불화화합물이라는 유사물질로 대체되었다. 지금은 사실과 다르다고 판명났지만, 당시에는 이 물질이 인체에 머무는 시간이 더 짧기 때문에 더 안전하다고 소개되었다. 단쇄 과불화화합물은 더 많은 양을 사용해야 한다. 물에 훨씬 잘 녹다 보니, 직물에서 더 쉽게 씻겨 나가고 강이나 바다에서 더 멀리 더 빨리 퍼진다. 이후 조사를 거듭하면서 단쇄 과불화화합물도 PFOA와 비슷하게 건강에 나쁜 영향을 미친다는 결과가 등장했다. 환경보호국은 현재 존재하는 과불화화합물의 종류가 1만 2000개 이상이라고 추정한다.

2020년 여름, 밀리켄 대표는 코터 소방관에게 보낸 이메일에서 "모든 과불화화합물이 문제가 되는 것은 아닙니다"라고 두 번이나 반복해서 말했다.[58]

"아직 충분히 연구되지 않은 화학물질의 안전성을 홍보하는 대신, 귀하와 업계 다른 분들이 머리를 맞대고 우리에게 합당한 대안을 제시하기 바랍니다." 코터는 이렇게 반격했다. 정말 그의 말대로 되었다면 좋았을 것이다.

대신, 방화복 제작업체와 금전적 계약을 맺은 소방관 조합으로부터 아무런 지원도 받지 못해 혼란스러웠던 코터 가족은 노트르담 대학의 그레이엄 피슬리Graham Peaslee 교수가 도움을 줄 수 있을 것이라는 이야기를 듣게 된다.

뜻밖의 조력자

일상 생활용품에 든 유독한 '영구적 화학물질'과 관련해 피슬리라는 이름을 처음 보았을 때 좀 의아했다. 핵물리학 교수가 어쩌다 섬유 화학을 둘러싼 싸움에 휘말린 걸까? 그런데 그의 이름은 계속해서 등장했다. 처음에는 유독성 생리 팬티에 대한 시에라 클럽

Sierra Club(가장 긴 역사를 지닌 세계적 민간 환경 운동 단체 중 하나로 미국에서 시작되었다―옮긴이)의 조사에서,[59] 그다음에는 한 승무원이 보낸 이메일에서였다. 항공승무원협회의 주디스 앤더슨이 실험을 위해 42벌의 남색 유니폼을 보낸 사람도 피슬리 교수였다.

몇 달 동안 연구와 조사를 했지만 패션의 독성 화학물 문제에 대해 제대로 아는 독립적인 연구자를 찾을 수 없어 고민하던 2021년 말이었다. 대부분의 연구자는 패션과 관련해서는 아무것도 모른다고 말했고, 몇몇은 패션업계를 위한 컨설팅을 수행할 때 비밀유지계약에 서명했기 때문에 매우 신중하게 일반적인 내용만 말할 수 있었다. 그런 사람들은 대충 모든 것이 괜찮다고 말하는 경향이 있었다. 브랜드에서 잘 관리해 왔다면서 말이다.

내가 간절히 바란 것은 편견 없는 시각이었다. 그래서 피슬리 교수에게 이메일을 보냈고, 그는 신속하게 응답해 인터뷰에 동의해주었다. 보수적인 버튼다운 셔츠에 갈색 테 안경을 쓴 60대 초반의 피슬리 교수는 한눈에 과학자처럼 보였고, 3시간짜리 세미나를 1시간으로 축약하려는 것처럼 말을 빠르게 했다. 화학업계와 패션업계 사람들이 피슬리에 대해 말했다는 "불쾌한 내용들"을 설명할 때에도 흔들림 없이 명랑했으며, 종종 비꼬는 듯한 미소를 짓기도 했다.

그가 패션업계라는 토끼굴로 빠져들게 된 것은 2013년경 화학자이자 사회운동가인 아를린 블룸Arlene Blum이 노트르담대학에서 브롬화 난연제에 대해 설명했을 때였다. 소파에서 전자 제품에 이르기까지 온갖 것에 사용되는 이 극독성 난연제는 악명 높은 내분비교란물질이었으며, 블룸은 이 물질의 사용 금지를 촉구하고 있었다. 피슬리는 자신이 X선 기술을 이용해 소비재 속의 브롬화 난연제 함량을 빠르게 측정할 수 있다는 사실을 깨닫고 블룸과 함께 연구를 진행했다. 《시카고 트리뷴》에 연재된 그의 연구 결과는 소비재에서 독성 난연제 사용을 금지해 달라고 주 의회에 요구 중인 청정 화학 옹호자들에게 중요한 무기를 제공했다.

이후 피슬리는 한 과불화화합물 전문가로부터 자신을 위해 같은 연구를 해 달라는 문의를 받았다. 피슬리는 이런 연구에 입자유도감마선방출PIGE 분광법이라는, 불소를 측정하는 조금 오래된 핵기술을 활용할 수 있음을 알게 되었다.

불소 그 자체로는 괜찮다. 하지만 의류에서 100피피엠 이상 발견된다면 의도적으로 첨가했다고 보는 것이 합리적이다. 의류에 불소를 첨가하는 유일한 이유는 과불화화합물의 특징인 발수 및 오염 방지 기능을 얻기 위해서다.

피슬리는 과불화화합물 측정을 문의한 연구자에게 전화를 걸어 불소 처리된 옷을 보내 달라고 했다. 연구자는 피슬리에게 다커스Dockers의 오염 방지 처리된 작업용 바지 한 벌을 보냈다. 피슬리가 바지를 빔 아래에 놓자 1분도 채 지나지 않아 결과가 나왔다. "다른 누구도 갖지 못한 기술이 우리에게 있다는 사실을 발견했습니다. 30초에서 60초 안에 과불화화합물을 측정할 수 있었으니까요."

더 좋은 점은 이 새로운 기술로 **모든** 과불화화합물의 존재를 확인할 수 있다는 것이었다. 대부분의 실험에서는 가장 일반적으로 사용되는 수십 개의 과불화화합물만 찾을 수 있었는데, 그러다 보니 제조업체가 수천 개의 다른 과불화화합물 중 하나로 바꿔 버리면 쉽게 빠져나갈 수 있었다. 그러나 이제는 더 이상 어떤 과불화화합물도 숨길 수 없게 되었다.

PIGE 테스트는 치약이나 프로작(우울증 치료제—옮긴이)에 든 유익한 불소에도 양성을 나타내므로, 특정 과불화화합물 유형을 찾아내려면 한발 더 나아간 실험이 필요하다. 하지만 패션 아이템에서 높은 수치의 불소가 검출되었다면, 과불화화합물이 들었기 때문이라고 생각하는 것이 합당한 결론일 것이다.

새롭고 재미난 장난감이 생긴 피슬리와 학생들은, 문득 생각난 김에 동네 패스트푸드 체인점의 햄버거 포장지를 빔으로 분석했다가 끔찍한 사실을 목격했다. 이는 패스트푸드점의 종이 용기와 음식 포장지에서 과불화화합물 코팅을 발견하여 업계를 뒤흔든 2017년의 연구로 이어졌다.[60]

이제 피슬리와 학생들은 모든 것을 실험 대상으로 삼아 과불화화합물을 찾고 있다. 금세 마르는 수영복에서도 이 성분이 발견되었다. 한 경찰관은 발암 물질 함유를 뜻하는 캘리포니아 법령 65호 경고 라벨이 달린 유니폼의 검사를 의뢰하기도 했다. 중요한 것은 피슬리가 이 모든 테스트를 무료로 진행했다는 사실이다. 실험당 20달러 정도로 비용이 많이 들지 않으면서 학생들에게 좋은 훈련이 되기 때문이었는데, 검사 대상으로 삼은 거의 어디서나 과불화화합물을 발견했다고 한다.

할로윈 무렵에 소방복이 연구실에 도착하자, 학생 두 명이 이 옷을 입어 보았다. "샘플이니 얼른 벗어요." 피슬리가 학생들에게 충고했다. 학생들은 소방복을 벗은 후, 옷을 착용하느라 끼고 있던 실험실용 안전 장갑을 먼저 빔 아래에 두고 검사해 보았다. 그랬더니 그전까지 불소가 들어 있지 않던 장갑에서 과불화화합물이 검출되었다. 화학업계의 이야기와는 달리 과불화화합물이 원래 있던 자리에서 쉽게 벗겨져 떨어지거나 묻어난다는 의미였다. 이 사실이 중요한 것은 그렇게 떨어져 나온 화합물을 사람들이 흡입할 수 있기 때문이다.

피슬리는 방화복에 백만분율ᵖᵖᵐ 수준으로 과불화화합물이 뿌려진 것을 확인했다. 이 물질이 혈액에 축적되면 그 1000분의 1 수준인 **십억분율**ᵖᵖᵇ의 독성으로 간주된다. 각 소방복에는 680그램 가량의 화학물질이 들어 있었다. 소방관들은 비번일 때도 방화복을 항상 착용하고 있었으므로 과불화화합물을 온몸에 두르고 흡입했다고 볼 수 있다. "급성 노출이 아닌 만성 노출일 때 어떤 일이 벌어질까요?" 피슬리가 물었다. 그는 면역 체계에 문제를 일으킨다고 알려진 과불화화합물 때문에 소방관들이 이 물질과 직접적으로 연관된 암뿐만 아니라 모든 유형의 암에 취약해진 것은 아닌지 궁금해졌다.

정부도 마찬가지였다. 2022년 환경보호국은 모든 과불화화합물을 위험 물질로 분류할 것임을 암시했다. 이런 징조를 눈치챈 밀리켄은 모든 기능성 옷감에서 이 성분의 사용을 단계적으로 중단하

겠다고 발표했다.[61]

하지만 밀리켄은 대부분의 제조 공정을 미국 내에서 진행하며 합법적 경계 안에서 움직인다는 사실을 기억해야 한다. 환경보호국의 손이 닿지 않는 개발도상국에 위치한 해외 공장의 경우, 어린이용 비옷에 과불화화합물 기반의 강력한 발수제를 사용하지 못하도록 막을 방법이 없다.

이 문제에 대해 앞으로 살펴보겠지만, 짐작컨대 안전 인증을 받은 친환경 제품에도 과불화화합물이 사용되고 있을지 모른다.

치명적인
컬러

중금속 그린에서 타르 염료까지

역사적으로 우리 건강을 위협해 온 패션의 많은 요소는 눈에 보이지 않았다. 미세한 먼지를 날리고, 땀과 함께 섞여 스며들며, 인위적인 냄새를 슬쩍 풍기며 퍼진다. 값비싼 실험 장비의 도움 없이는 문제 되는 성분이 주위에 있다는 것조차 알 수 없다.

그런데 산업혁명이 만들어 낸 가장 유독한 산물은 사실 줄곧 우리 눈앞에 존재해 왔다. 현대인에게 가장 널리 알려진 발암 물질로부터 탄생한 화려한 색상이 바로 그 주인공이다. 형형색색으로 물들인 옷감이 우리 눈을 가려 온 탓에 알아보지 못했을 뿐이다.

녹색 중독

/

앨리슨 매슈스 데이비드의 《패션의 흑역사》에 등장하는 한 장면을 살펴보자. 1861년 11월 아침, 젊은 런던 여성이 지저분한 거리를 지나 자신이 일하는 조화 공방으로 향하고 있었다.[1] 열아홉 살 마틸다 쉬어Matilda Scheurer는 손에 난 상처에 피 묻은 붕대를 감고 있어서 더욱 애처로워 보였다.

마틸다의 손톱 주변은 온통 녹색으로 물들었고, 손톱 뿌리부터 피부가 벗겨져 매캐한 공기에 노출되어 있었다. 콧구멍 주위도 빨갛게 벗겨지고 갈라진 듯 보였다. 공방에 도착하면 설사 때문에 근처에 있는 화장실로 달려갔을지도 모른다. 머리는 마치 압착 기계에 들어간 것처럼 조여 왔을 것이다. 당시 의사의 말을 빌리자면 그의 상태는 "극도로 비참"했다.[2]

마틸다는 녹색 색소를 뿌려 만든 가짜 잎으로 정교한 화관을 만들었다. 섬세한 꽃, 살짝 꼬인 덩굴, 통통한 딸기와 포도알, 무성한 잎사귀로 꾸민 머리 장식은 요정이나 시골 대농장의 하인이 숲에서 따다 만들어 놓은 것처럼 보였다.

마틸다는 지난 18개월 동안 네 번이나 병에 걸렸고, 그의 어머니가 나중에 언론에 말하길 조화 만드는 일을 했던 다른 딸도 세상을 떠났다고 한다.[3] 아마도 마틸다는 자신이 오래 살지 못할 거라고 느꼈을 것이다. 1861년 《영국여성저널》에 따르면 그의 동료 중 한 명이 이렇게 말하며 흐느꼈다고 한다. "여자들 모두 얼굴에 손수건을 두르고 있었는데 손수건이 피에 흠뻑 젖었고 몇몇은 귀가 거의 떨어져 나갈 듯했어요. 저는 그렇게 되고 싶지 않아요. 만약 유독 물질에 중독된다면 차라리 단번에 중독되는 편이 나을 것 같아요. 조금씩 서서히 진행되는 건 너무 끔찍하니까요."[4]

그러나 그에게 어떤 다른 선택이 있었을까? 다른 젊고 가난한 여성들처럼 소비 계층을 위한 각종 장신구를 만드는 일이 마틸다가 돈을 벌 수 있는 유일한 방법이었다.

1778년 독일의 유명한 화학자 칼 빌헬름 셸레Carl Wilhelm Scheele 가 삼산화비소와 구리를 조합해 최초로 녹색 안료 만드는 법을 발표했다. 짜릿한 발전이 아닐 수 없었다. 이전에는 불안정한 푸른색 염료 위에 역시 불안정한 노란색 염료를 겹겹이 쌓아야 했기 때문에 녹색으로 염색하기가 매우 어려웠고 비용도 많이 들었다. 녹색은 시골에 자신의 영지를 소유할 정도로 부유한 사람들을 위한 색이었다.

자연과 녹색을 강조한 낭만주의가 유럽의 살롱을 휩쓸자 셸레가 만든 녹색은 말 그대로 사탕이나 어린이 장난감에서 양초, 벽지에 이르기까지 모든 분야에서 널리 사용되었다.[5] 1814년 더욱 선명하고 강렬한 안료인 아세트산아비산구리copper acetoarsenite가 합성되었을 때, 녹색은 온 패션계를 강타했다. 영국에서 빅토리아시대가 시작되면서 가장 세련된 여성들은 에메랄드그린색 드레스와 파리스 그린색 숄로 몸을 감쌌다. 어린 소녀들은 **보 베르**beau vert(프랑스어로 '아름다운 녹색'—옮긴이) 드레스를 입었다. 녹색 잎과 꽃 장식을 이용해 머리와 모자, 옷을 꾸미는 것이 당시 유럽 대륙의 최신 유행이었다.

1858년까지 파리와 영국에서 일하는 조화 제작공은 1만 8000명 이상이었는데, 대부분이 끔찍한 환경에서 고생하는 젊은 여성 노동자였다. 1859년에 앙주 가브리엘 맥심 베르누아Ange-Gabriel-Max-ime Vernois라는 고위급 프랑스 의사(아마도 최초의 산업위생학자 중 한 사람이자, 항공승무원협회 주디스 앤더슨의 초창기 모델이라 할 수 있을 것이다)가 책을 출간했다. 이 책에는 조화 제작공의 손과 다리에 난 상처와 붉게 헐어 있는 코가 석판 삽화로 자세히 묘사되어 있었다.

비소가 교활한 살인 무기로 사용된다는 사실은 당시에 널리 알려져 있었으나,[6] 정부와 대부분의 사람은 일상생활에서 비소에 대해 비교적 느슨한 태도를 보였다. 무색무취의 고운 흰색 가루인 비소는 값싸고 흔한 가정용 물질이었고, 식료품 저장고 주변의 쥐를 잡기 위해 아이를 약국에 보내서 바로 사 올 수 있었다. 1846년 프랑스는 비소 염료의 상업적 사용을 금지했지만, 영국에서는 1851년 비소판매규제법과 1868년 약사법을 통해 개인 소비자에게 판매할 수 있는 양에 대해서만 제한을 두었다. 염색 공장들은 계속해서 이 물질에 자유롭게 접근할 수 있었다.

런던 시민의 주의를 환기시킨 것은 이 '예기치 못한' 사망 사건이었다.[7] 11월의 어느 날, 조화를 만들던 마틸다 쉬어가 녹색 안료의 강력한 효과에 굴복해 길고 고통스러운 죽음을 맞이했다. 의사가 도착했을 때 마틸다는 녹색만 보아온 눈으로 주위를 살피며 녹색 담즙을 토하고 물을 요청했다. 심한 경련에 시달리며 미지막 순간을 보내는 동안 그의 입과 눈과 코에서는 계속 거품이 흘러나왔다.

사건을 조사하기 위해 심의가 열렸고, 배심원단은 '작업 과정에서 사용된 아비산구리 때문에 발생한 우발적' 사고라고 판결했다. 사람들은 이런 소극적인 해석에 속지 않았다. "명백히 잘못된 열차 배치로 발생한 기차 충돌 사고만큼이나 우발적인 죽음이다." 영국의 풍자 잡지 《펀치Punch》는 비꼬듯 이렇게 썼다.

서서히 진행된 마틸다의 중독으로 이득을 본 (남성) 작업장 주인이나 (남성 소유의) 염색 공장을 나무라는 대신, 그 시대 지식인들은 화관을 사는 여성들에게 비난의 화살을 돌렸다. 《펀치》의 한 작가는 남성 독자들에게 녹색 머리 장식을 한 여성 댄스 파트너를 부끄럽게 여겨야 한다고 말했다. "조화 제작공을 중독으로 몰아간 사건은 그저 가볍게 다뤄야 한다. 강력하거나 심각한 언어로 비난하지 말고, 그저 탐욕의 문제라거나 상당히 비인간적이었다고 말하라." 명백하게 비웃는 말이었다. "녹색 드레스를 입은 소녀들의 등에 '위험!' 또는 '유독물 조심!'이라고 빨간 글씨로 수를 놓아야 한다"라고 《펀치》의 또 다른 기사가 전했다.

(이런 일들은 지금도 계속된다. 마이크로 인플루언서들은 소셜 미디어에 패스트패션 브랜드 관련 태그를 달았다는 이유로 온갖 수모를 당하는 반면, 이런 브랜드의 남성 설립자들은 미디어의 관심을 피하고 있다. 세계에서 가장 부유한 억만장자 상위 20위권에 지속적으로 올라 있는데도 말이다.)

1800년대 후반, 일부 여성들은 이런 비판을 마음에 새기고 최초의 윤리적 패션 캠페인이라고 할 수 있는 운동을 시작했다.[8] 여성 위생협회가 런던화학대학 교수에게 머리 장식에 사용되는 녹색 잎의 성분 분석을 요청했더니, 최대 20명의 목숨을 위협하기에 충분한 비소가 발견되었다.

"에메랄드그린색은 착용자에게 매우 해롭다. 녹색 화관을 착용하면 두통이나 단독[피부 감염] 같은 예상치 못한 문제가 발생한다." 1862년 6월, 《영국여성저널》은 의사의 말을 인용하며 독자들에게 녹색에서 벗어나라고 호소했다.[9] 화관을 썼던 여성들의 머리카락이 빠지고 이마에 발진이 났다는 일화를 공유하며 말이다.

베를린의 한 의사는 일반적인 녹색 드레스 한 벌이 하루 저녁에 12명을 죽일 수 있을 만큼의 비소 가루를 배출한다고 추정했다. "염색소가 전분을 이용해 섬유에 느슨하게 고정되어 있기 때문에, 녹색 드레스를 입은 사람이 왈츠 음악에 맞춰 빙글빙글 돌면 독이 든 먼지구름이 주위에 피어난다. 그러면 다음 날 아침 목이 마르고 눈꺼풀이 부은 채 일어나게 된다."《메디컬 타임스 앤드 가제트》는 1862년 2월에 이렇게 썼다.[10]

10대 여성이 녹색 포도를 칠하는 데 사용한 비소 페인트에 중독되어 사망한 후, 빅토리아시대 사람들은 심각한 비소 공포에 휩싸였다.[11] 사이먼 가필드의 2000년 저서 《모브》에 따르면 비소를 기반으로 한 녹색 안료는 1862년 독일 바이에른 지역에서 사용이 금지되었다. 비소 문제를 상의하기 위해 왕립예술협회가 학자와 염색 전문가, 의사로 구성된 위원회를 소집했는데, 여기서 나온 의견은 대중에게 녹색 벽지 구매의 위험성을 알리자는 것이 전부였다. 문제의 원인이 비즈니스 엘리트의 금고를 채워 주는 인공 물질이 아니라 질병이나 신의 뜻이기라도 한 것처럼, 사람들은 비소 패션의 파괴력에 맞서 스스로를 알아서 지켜야 했다.

1870년대에 새로운 합성 녹색 염료가 시장에 등장하자, 패션 회사들은 자사의 녹색 제품은 비소로 만들어지지 않았다고 주장하기 시작했다. 물론 항상 그런 것은 아니었다. 1871년에 《의료언론회보Medical Press and Circular》는 손톱 주위에 궤양이 생긴 여성에 대해 보도했다. 그 여성은 '명성이 자자한' 패션 회사에서 구입한 새 녹색 장갑이 범인이라는 사실을 깨달았다(비소 장갑으로 착용자를 살해하는 데에는 며칠이 아니라 몇 년이 걸린다는 이 증거로 카트린 드 메디치는 자신의 무죄를 입증할 수 있을 것이다.)

새로운 합성염료와 비산(비소 화합물의 하나—옮긴이)을 함께 사용하면 색상이 더 밝아지기 때문에, 이제 사실상 모든 색상에서 비소를 발견할 수 있게 되었다.[12] 1863년 스위스 바젤에 있는 J. J. 멀러팩 합성염료 공장 근처에 사는 사람들이 우물물을 마신 후 아프기 시작했다. 한 화학자는 "물속 비소 수치가 너무 높아서 오염수로 지정해야 한다"라고 확신했다. 멀러팩은 중과실로 유죄 판결을 받아 벌금을 물고, 피해자와 인근 지주에게 보상을 해야 했다(앞으로 살펴보겠지만, 물에서 '정의할 수 없이 독특하고, 다소 역겨운 냄새'를 일으킨 원인은 단지 비소뿐만이 아니었을 것이다).

그럼에도 독일 염료 회사들은 겁먹지 않았다. 1870년 독일 정부는 염색 처리한 여성용 패션 액세서리가 피부 염증을 일으킨다는 보고를 받고 관련 연구를 지원했다.[13] 스프링뮬Springmuhl 박사는 14개 염료 샘플을 테스트하여 그중 9개에 비소가 최소 2퍼센트 포함되어 있음을 발견했다. 5개는 4.3퍼센트 이상의 비소를 함유하고 있었다. 또한 모직물을 한 번만 세탁해도 그 물속에 상당량의 비소가 남아 있는 것을 확인했다. 일부 저렴한 염료의 경우, 비소 녹색이나 다른 색으로 염색한 옷을 입고 땀을 흘리면 위험할 수 있으며, 비소가 지역 수원으로 유입될 수 있음을 시사한 것이다.

하지만 이것은 강력한 힘을 지닌 독일 염료업계가 원했던 결과가 아니었다. 독일 정부는 염색업자들의 요구를 받아들여 합성염료로 염색한 액세서리를 두려워할 필요가 없다고 발표했다. 그러나 19세기 말이 되자 패션계에서 계속 비소 사용을 옹호하기가 어려워지면서 비소는 더 이상 쓰이지 않게 되었다. 물론 많은 경우에 그렇듯이 완전히 추방된 것은 아니었다.

석탄통에서 탄생한 색채

/

1800년대 초반은 화학자들에게 흥미진진한 시기였다. 화학이 물리학에서 분리된 지 얼마 되지 않았기에 과학자들은 화학 반응을 지배하는 법칙을 발견하고 이론화하느라 바빴다.[14] 자기 손에 든 비커에서 무슨 일이 일어나고 있는지 완전히 이해하지 못한 상태로 원소와 화합물에 이름을 붙이고 분류하기 시작했으며, 이러한 화합물을 비커에 넣고 가열하면 놀라운 색상과 새로운 물질이 만들어진다는 사실을 발견했다. 그전에 먼저 폭발로 얼굴이 타 버리지 않는다면 말이다. 1825년에 영국 과학자가 벤젠을 발견했다.[15] 이듬해에 프로이센 화학자가 액체 아닐린을 발견했고, 1832년에 독일 화학자가 벤젠을 이용해 니트로벤젠을 합성했다.

과학자들은 이런 물질이 인간의 건강에 미치는 영향을 제대로 알지 못했다. 그런 이해는 훨씬 나중에, 이 화합물이 담긴 판도라의 상자가 대중에게 공개된 후에나 가능해졌다. 벤젠은 백혈병을 일으킬 수 있다.[16] 급성 아닐린 중독은 치명적일 수 있으며, 쥐가 장기간 이 물질에 노출되면 암을 유발하는 것으로 의심된다.[17] 패션계 최초의 접촉성 독극물인 니트로벤젠은 피부에 바르는 것만으로도 중독과 사망에 이를 수 있는 물질이다. 화학자들은 각종 실험을 할 때 주로 식물에서 얻은 성분을 사용했는데, 식물성 성분은 사용이 제한적이고 결과를 신뢰할 수 없으며 구하는 데 비용이 많이 들었다.[18] 기업들이 거저 공급해 주는 것이나 다름없는 물질을 사용한다면 실험이 훨씬 쉽고 비용도 저렴해질 터였다. 석탄 가스와 코크(불법 약물이나 음료가 아니라, 고온에서 석탄을 태워 얻은 연료)를 만들 때 나오는 폐기물인 콜타르가 바로 그런 물질이었다. 콜타르는 산업혁명과 함께 엄청나게 과잉 생산된 유독성 폐기물 덩어리다.

영국 왕립화학대학의 설립자 중 한 명인 독일 화학자 아우구스트 빌헬름 폰 호프만August Wilhelm von Hofmann은 콜타르의 다양한 성분을 분리하는 작업에 착수했다.[19] 1845년에 콜타르로 만든 그의 첫 번째 화학제품은 벤젠이었다. 2년이 채 지나기 전에 영국의 한 화학자가 콜타르에서 추출한 니트로벤젠으로 특허를 얻었고, 이 물질을 향수 공장에 판매했다.

호프만은 아민이라 불리는 일련의 화합물로 무엇을 할 수 있을지 궁금했다.[20] 이 물질은 먼 훗날 발암성 물질로 밝혀진다. 1856년 그는 조숙한 18세 영국인 학생 윌리엄 퍼킨William Perkin에게 콜타르를 이용해 말라리아 치료제로 쓰이는 퀴닌을 합성하는 임무를 맡겼다.

퍼킨이 벤젠에서 얻은 아닐린을 다이크로뮴산칼륨 및 황산과 섞었더니 검은 물질이 침전되어 시험관 바닥에 가라앉았다. 시험관을 닦기 위해 천을 알코올에 담근 그는 천이 화려한 보라색으로 물드는 것을 발견했다.

그때까지만 해도 패션에 사용되는 색채들은 따분했다.[21] 충분한 기술과 자원을 갖춘 염색업자라면 식물과 꽃을 사용해 노란색, 파란색, 보라색을 만들어 낼 수 있었다. 스페인은 지금의 멕시코를 식민지로 삼았을 때 검은색, 보라색, 회색을 만드는 데 쓰이는 로그우드와 밝은 빨간색, 주황색, 보라색 염색을 가능하게 해 주는 작은 선인장 곤충인 연지벌레를 본국으로 보내기 시작했다. 비소에서 유래한 밝은 녹색도 패션에 자리 잡았다. 그러나 대부분의 일반 유럽인들이 입는 드레스는 노란색, 회색, 갈색의 차분한 색조로 제한되었으며, 세탁을 하면 색이 쉽게 바래곤 했다.

퍼킨의 발명 일대기에 관한 저서 《모브》에서 사이먼 가필드가 설명했듯이, 화학자들은 대개 엄청난 상업적 가능성을 깨닫지 못하고 유색 화합물이 담긴 비커를 던져 버렸다.[22] 가필드는 "과학자들은 특정 색조로 여성의 드레스를 염색할 수 있다는 생각은 하지 못했을 것이다. 만약 그랬다 해도 여자들의 옷가지는 자신이 맡은 소명에 어울리지 않는다고 믿었을 것이다"라고 썼다.

하지만 그날은 달랐다. 퍼킨이 친구들에게 염색한 천을 보여주자 친구들은 대량 염색을 시도하도록 격려했다. 어쨌든 많은 남성이 급속도로 팽창하는 섬유 산업을 통해 부를 쌓고 있었다. 퍼킨은 아버지와 형에게 이 모험에 동참하라고 설득했다.

퍼킨 부자는 런던에서 공장을 세울 적당한 부지를 찾아 나섰는데, 신문 보도를 통해 최신식 화학 제조 공장이 일으키는 대기 및 수질 오염에 대해 이미 알고 있던 지역 당국이 이런 시도를 저지했다. 결국 퍼킨 일가는 런던 북서쪽에 자리를 잡고 6개월에 걸쳐 공장을 세웠다. 공장이 지어지는 동안 퍼킨은 실험을 계속하기 위해 근처에 작업장을 마련했다. 가필드는 퍼킨이 "환기가 잘되지 않아 증기에 휩싸일 때마다 자주 작업을 포기했다"라고 썼다.

아닐린 공급이 부족했기 때문에, 퍼킨은 가연성 높은 초기 니트로벤젠에서 아닐린을 만들어 낼 수 있는 장비를 설계해 공장에 설치하기도 했다. 100년 후에 한 편집자는 업계 전문지인 《국제 염색, 섬유인쇄, 표백, 마감처리 산업International Dyer, Textile Printer, Bleacher and Finisher》에 다음과 같이 썼다.

"사업의 앞날이 잘 보이지 않았던 초창기에 퍼킨이 자기 자신과 그린포드 그린(퍼킨의 공장이 자리했던 작은 마을)을 폭발로 산산조각 내지 않은 것은 그야말로 기적이다."

열광하거나 두려워하거나

/

존 필립John Phillip의 그림 〈빅토리아 공주의 결혼식The Marriage of Victoria, Princess Royal〉을 보면 오른쪽에 서 있는 빅토리아 여왕이 바로 눈에 띈다. 깊은 브이넥, 퍼프 반소매, 풍성한 스커트로 이루어진 그의 드레스는 다른 궁녀들의 옅은 파스텔 톤에 대비되는 매혹적인 라일락색 벨벳으로 만들어졌다. 이렇게 선명한 채도를 내려면 염색소에서 다양한 이끼를 사용해 공들여 작업해야 한다. 왕실 세탁소라고 해도 이런 드레스를 세탁했다가는 옷을 망쳤을 것이다. 귀족 외에는 거의 입을 엄두를 낼 수 없는 옷이었다.

운 좋게도 이 색은 퍼킨의 공장에서 나오는 바로 그 색상이었다.[23] 1859년 중반까지 퍼킨은 자신이 '모빈mauvine'이라고 부른 염료를 '대량'으로 영국의 염색 공장에 납품했다. "염색 공장은 이 염료에 열광적인 반응을 보였다." 퍼킨이 나중에 이렇게 말했다. 리옹에 있는 프랑스 염색 공장들은 이 색의 제조법에 대한 학술 발표 자료를 입수하여 스스로 염료 만드는 방법을 알아냈다. 프랑스어로 아욱꽃을 뜻하는 **모브**mauve 색상은 깃털이 달린 부채, 줄무늬 가운, 장갑, 리본 등 어디서건 찾아볼 수 있게 되었다. 1859년 《펀치》는 '자주색 홍역'이 퍼지고 있다고 경고하며 모자 가게에 '위험' 표시를 해야 한다고 제안했다. 농담이었겠지만 모브색에 대한 대중의 열광을 비꼬는 이 잡지의 풍자는 생각보다 훨씬 더 적절했다.

자주색의 인기는 잠깐 반짝하고 사라져 버렸다. 몇 년이 지나

4장 치명적인 컬러

지 않아 진달래색으로, 진한 자홍색으로, 그다음엔 보라색으로 유행이 바뀌었으니 말이다. 안트라센(지금은 피부 알레르기를 일으킬 수 있다고 알려졌다)에서 얻은 진홍색, 페놀(신장 손상, 피부 화상, 경련을 일으킨다)에서 가져온 분홍색, 톨루엔(선천성 결함 및 유산, 간 손상, 중추신경계 손상을 유발한다)에서 구한 자홍색 등 다양한 염료들이 폭발적으로 등장했다. 퍼킨의 공장과 연결된 그랜드정션운하의 수로는 매주 다른 색으로 물들었다.

조용했던 패션계가 거대한 돌풍에 휩쓸려 오즈의 나라로 온 것 같았다. 왕실, 중산층 여성, 심지어는 하인까지 모든 사람이 자유롭게 미래로 향하는 형형색색의 길에 들어섰다. 영국과 미국 중산층 여성을 대상으로 하는 잡지는 "석탄통 속에서 발견한 색채" 같은 제목의 기사를 소개했다.[24] 화학과 새로운 색채 이론에 대해 배워서, 어디에나 무난하게 어울리는 갈색이나 회색 대신 다양한 색상으로 집을 꾸며 보라고 부추기기도 했다.

1884년 한 독일 회사가 옷감에 색상을 고정시키는 화학물질인 매염제가 필요 없는 직접 염료를 처음 선보였다. 나중에 염료 공장 노동자에게 방광암을 일으키는 것으로 밝혀진 합성 화학물인 벤지딘으로 만든 이 염료는 '콩고 레드'라는 이름으로 불렸다(끔찍하고 폭력적인 식민지적 사고가 당시 사업가들 사이에서 유행이었다).[25]

1897년에는 합성 인디고가 시장에 첫선을 보이면서 영국이 지배하던 인도의 인디고 산업을 빠르게 무너뜨렸다.[26] 부유한 영국 농장주들은 이 상황을 싫어했지만, 인디고 밭과 인디고 발효통에서 고

생스럽게 일해야 했던 노동자들은 기존 산업이 무너지는 것을 기뻐했다. 이후 독립한 인도와 중국은 이 푸른색 염료의 생산과 오염에 대한 통제권을 영국으로부터 되찾아 왔다.[27] 그러나 이는 흥미롭고 수익성 있는 기술로서 인디고 산업의 가치가 이미 떨어진 후였다.

1873년 35세의 나이로 퍼킨은 사업을 접었다. 그 이전 해 공장에서 일어난 두 번의 사고가 퍼킨의 양심을 짓눌렀고, 갑자기 등장한 독일과 스위스 회사들과 경쟁할 수가 없었기 때문이다. 바이엘Bayer, 바스프BASF, 시바Ciba, 가이기Geigy(뒤의 두 회사는 합병되어 노바티스Novartis가 되었다) 같은 회사는 화학 및 제약 회사로 변모해 오늘날에도 여전히 사업을 이어 가고 있다.

1875년 바스프가 아조염료를 제조하기 시작했다.[28] 2장에서 소개한 것처럼 듀크대학의 대담한 연구자를 괴롭힌 바로 그 염료다. 19세기 말이 되자 화학자들은 그동안 사용해 온 석탄 폐기물 대신 석유를 원료로 귀중한 화학물질과 각종 소재를 만들게 되었다.

얼마 지나지 않아 밝은 빨간색, 주황색, 자홍색 양말이 사용자에게 통증, 부종, 피부 발진, 심지어 파행을 유발한다는 내용이 영국 《타임스》에 보도되었다.[29] 영국 의회의 한 의원은 다리가 나을 때까지 몇 달 동안 집 밖으로 나오지 못했다. 르아브르에 사는 한 프랑스인은 새로 산 줄무늬 양말을 12일 동안 신은 후 발에 습진과 농포가 생긴 것을 발견했다. 대중은 당황하기 시작했고, 유명한 영국의 한 패션 회사는 문제 있는 양말 6천 켤레의 주문을 중단하고 전통 염료로 돌아가기로 결정했다.

매슈스 데이비드에 따르면, 1869년 두 명의 프랑스 독성학자가 이와 관련한 실험을 진행했다. 그들은 문제가 된 양말을 알코올에 넣고 끓인 후 여기서 나온 산호색 증류물을 개, 토끼, 개구리에 주입했다. 세 동물 모두 숨이 끊어졌다. 요점을 명확히 하기 위해 그들은 붉게 물든 토끼의 폐를 꺼내 다시 염료를 추출하고 그 염료를 사용해 비단실 타래를 붉게 염색했다.

이 실험 결과가 반갑지 않았던 리옹의 염료업체들은 리옹 출신의 의사와 수의사 형제에게 도움을 요청했다. 형제는 알코올을 사용해서 알록달록한 양말에서 염료를 증류했고, 이 염료가 안전하다는 것을 증명하기 위해 자신들의 손과 발에 여러 차례 물을 들였다 (대중의 두려움을 진정시키는 대가로 기꺼이 돈을 받는 사람은 항상 존재하기 마련이다).

의사들은 당황했다. 왜 어떤 사람은 아닐린으로 염색한 양말에 그토록 심각한 반응을 보이는 반면 또 어떤 사람은 괜찮은 걸까? 유독성 양말 사건을 맡은 판사 중 한 사람이 자신도 화려한 색 양말을 즐겨 신지만 화학적 화상을 입지 않았다고 말했다. 염료와 마감재에 심각하고 고통스러운 반응을 보이는 사람을 대수롭지 않게 여기는 권력층의 오랜 전통이 이때부터 시작된 것이다. 하지만 많은 경우, 몇몇 사람이 보이는 이런 피부 반응은 상황이 치명적으로 진행되기 전에 우리 몸이 도움을 요청하는 신호라고 볼 수 있다.

독성 염료 때문에 건강에 문제가 생겼다는 말을 믿었던 과학자가 적어도 두 명은 있었다. 독일의 구스타브 예거Gustav Jäger와 영국

의 제임스 스타틴James Startin이었다.³⁰

제임스 스타틴은 1884년 국제건강박람회에서 화제를 불러일으켰다. 런던에 있는 세인트존스피부병원의 외과의이자 강사인 그는 아닐린으로 염색한 스타킹과 장갑 때문에 발진으로 고통받는 환자들이 너무 많아지자 그들의 사진을 찍기 시작했다. 그가 전시회에 소개한 사진에 대중은 놀랄 수밖에 없었다.

처음에 염색업계는 스타틴을 자기들 편으로 삼기 위해 노력했지만, 그런 시도에 효과가 없자 스타틴의 작업을 비방하기 시작했다. 염색및색채전문가협회의 한 회원은 이렇게 말했다. "우리는 진실을 원합니다. 적절히 입증된 사례와 아닐린 염료가 유해한 영향을 미친다는 확실한 증거 말입니다. 다행히도 화학은 사실만을 다루는 과학입니다. 추측성 의견이나 선정적인 전시물은 다루지 않습니다."

그러나 적어도 과학과 사실에 정통한 또 한 사람은 염료업계의 비밀에 의문을 느꼈다. 독일 의사 구스타프 예거는 "과학적 관점이건 실용적 관점이건 이 주제에 대해 제대로 조사하기란 상당히 어렵다"라고 썼다. "먼저 수없이 다양한 화학물질과 그 물질들의 조합을 고려해야 한다. 둘째, 재료가 어떤 염료로 처리되었는지 알 수 없기 때문에 문제가 더 심각해진다. (…) 옷감은 염색공의 손을 떠난 후 몇 단계를 더 거치게 되는데, 그 처리 공정이 영업 비밀로 여겨지다 보니 확인이 어려운 것이다."

2022년의 연구자들로부터 들었던 것과 동일한 불만이었다.

예거는 과학계의 르네상스인이라 할 수 있다. 1832년 독일 남서부의 작은 마을에서 태어나 독일 의과대학에서 교육을 받은 그는 페로몬과 유전학 분야에서 선구적인 과학 이론을 고안했다. 지금까지 남아 있는 사진을 보면 그는 검은 머리, 턱수염, 길게 길러 왁스를 칠한 콧수염을 자랑하는 건장하고 진지한 남자였고, 항상 몸에 꼭 맞는 모직 정장을 입었다.

예거는 아닐린 염료에 대해 깊은 우려를 표현했다. "아닐린 염료가 비소를 포함한 경우에만 해롭다는 주장은 완전히 잘못된 것이다. 아닐린이 위험한 것은 그 자체의 휘발성 때문이다"라고 썼다. 즉, 연기나 땀에 의해 천에서 쉽게 벗겨지거나 떨어져 나올 수 있으므로 위험하다는 것이다. 1880년에 그는 건강한 패션을 주제로 한 그의 여러 소책자 중 첫 번째인 《건강 보호를 위한 표준 의류Stan-dardized Apparel for Health Protection》를 출판했다. 이 책에서 예거는 자신의 이론에 기반해 다음과 같은 기본적인 조언을 건넨다. 피부에 바로 닿는 옷으로는 염색하지 않은 동물성 섬유, 특히 모직 섬유만을 착용할 것.

예거와 스타틴 덕분에 아닐린의 위험을 충분히 인지한 소비자들은 시골 농부가 손으로 만든 식물성 염색 스타킹을 자랑스럽게 구매했다.[31] 상류층은 '색채 공포증'에 사로잡혔고, 밝은 색상은 이제 조잡한 것으로 간주되었다. 세균론이 자리 잡으면서 표백이 가능하고 뜨거운 물에 세탁할 수 있는 순백의 드레스가 유행했다.

한 영국 기업가가 예거 박사의 이름에 대한 사용권을 얻어 '예거의 위생 모직물Jaeger's Sanitary Woollens'이라는 기능성 의류와 속옷 브랜드를 출시했다. 천연 원료를 사용해 독성이 없다는 점을 소비자에게 홍보한 최초의 의류일 것이다. 깔끔한 버슬드레스(스커트 뒷부분에 허리받이를 넣어 불룩하게 만든 드레스—옮긴이)를 입은 여성을 그려 넣은 1907년의 인쇄물 광고는 이렇게 말한다. "세심하게 고른 천연(무염색) 양모로 만들어져, 염색과 화학 처리한 모직물로 만든 옷보다 훨씬 더 내구성이 강합니다." 로스앤젤레스에 있는 패션 전문 대학 FIDMFashion Institute of Design and Merchandising의 박물관에 가면 촘촘하게 짠 1890년대 예거 브랜드의 양모 코르셋을 볼 수 있다.[32] 지금까지 만들어진 가장 포근한 코르셋처럼 보이는데, 130년 후 소아과 간호사 칼리 히저가 아들을 위해 만든 수제 속옷의 조상이라 할 수 있을 것이다.

133년 동안 이 브랜드는 탐험가 어니스트 셰클턴, 배우 오드리 햅번과 마를린 먼로 등을 팬으로 두었다. 그러나 안타깝게도 20세기 후반에 인기를 잃었고, 2017년 '파산'을 가리키는 영국식 에두른 표현인 '관리'에 들어갔다. 예거 박사가 살아 있었다면 최근 운동화에서 티셔츠에 이르는 모든 분야에서 메리노 울의 인기가 돌아온 것을 보고 매우 기뻐했을 것이다. 메리노 울은 땀을 빠르게 흡수하는 것은 물론 냄새 방지에서도 합성섬유보다 더 낫다고 인정받는다. 하지만 2021년 양모 의류에서 어떤 종류의 독성 화학물이 발견되었는지 알게 된다면 그가 느꼈을 기쁨은 덜해졌을 것이다.

4장 치명적인 컬러

죽음을 부르는 검은색

/

문제를 일으킨 것은 밝은 색상의 염료만이 아니었다. 1800년 대 중반부터 유럽과 미국의 모든 계층 여성들은 사랑하는 사람이 세상을 뜨면 무광택 비단의 일종인 크레이프로 만든 상복을 입었다.[33] 허드레 고치로 만든 비단을 검은색으로 염색해 주름을 잡고 접착제, 고무 또는 전분을 첨가해 빳빳하게 만든 이 의상은 제작 비용이 저렴해서 막대한 수익을 올릴 수 있었다. 당시 최고의 상복 옷감 제조업체인 영국 코톨즈Courtaulds는 1865년 단 한 해 동안 12만 7000달러 매출에 30퍼센트의 영업이익율을 기록했다. 오늘날의 가치로 환산하면 2백만 달러에 이른다.

하지만 이렇게 만든 직물은 두껍고 거추장스러웠으며, 무엇보다 입기에 불쾌했다. 젖으면 염료가 흘러내려 착용자의 피부에 검은색이 묻어났다. 얼룩을 지우려면 다소 유독한 옥살산과 타르타르 크림(주석산수소칼륨) 혼합물을 사용해야 했다.

1880년대에는 가장 품위 있는 여성들조차 이런 상황에 지쳐버렸다. 1884년 에티켓 전문가인 존 셔우드 여사는 "[크레이프로 만든 상복을 입으면] 건강에 정말 해롭다. 눈과 피부가 상한다"라고 썼다. 의학계도 동의해서 프린스 A. 모로 박사는 1894년 피부학 관련 책에서 이렇게 썼다. "상복에 사용하는 크레이프 소재의 베일 때문에 얼굴에 습진이 생긴 환자들이 많았다."[34] 《뉴욕의학저널》[35]과 《노스웨스턴 랜싯Northwestern Lancet》[36]도 크레이프에서 떨어져 나온

"유해하고" "독성 있는" 입자가 대기를 떠다니다 피부와 마찰하면서 호흡기 질환을 유발한다고 밝혔다. "많은 여성이 크레이프 천을 몸에 둘렀다는 이유로 관 속에 누워 있게 된 것입니다." 의사는 편집자에게 보낸 편지에서 이렇게 단언했다.

과장이든 아니든, 여성들에겐 이런 상황이 지긋지긋했을 것이다. 1883년에서 1894년 사이에 코톨즈의 매출은 62퍼센트 급감하여 다른 색상의 실크 판매로 사업을 전환할 수밖에 없었다.[37]

하지만 검은색은 언제나 최신 유행이다. 그리고 검은색 구두약을 만들 때 용제로 사용되는 니트로벤젠은 가장 해로운 화학 염료다.[38] 고용량을 흡입하거나 피부를 통해 흡수하면 세포 조직에 신선한 산소 공급이 힘들어져 청색증을 일으킨다. 현기증과 피로가 심해지며 입술과 피부가 파랗게 되고 결국 죽음에 이르는 병이다. 구두를 닦는 사람이나 구두약을 바르고 충분히 마를 때까지 기다리지 못하는 사람, 더운 날씨에 구두를 신고 춤을 추거나 걷는 사람에게 특히 위험했다.

1900년, 일곱 자녀를 둔 프랑스인 가족이 해변 나들이를 계획했다. 해변에서 며칠 보내는 것은 당시 유행하는 사교 행사였고 이를 위해 적절한 신발이 필요했다. 이 가족은 아이들 신발이 새것처럼 보이도록 구두약으로 검게 칠했다. 해변에 도착한 아이들은 뜨거운 모래사장에서 땀을 흘리며 뛰어놀았을 것이다.

일반적으로 독은 몸집이 작은 대상에게 가장 빠르고 심각하게 영향을 미친다. 먼저 세 살 된 딸이 입술이 파래지며 기절했고, 곧이어 네 살짜리 아이가 "엄마, 세상이 빙빙 돌고 있어요!"라고 외치며 쓰러졌다. 다섯 살 된 남자아이도 30분 후에 쓰러졌다. 부모는 연이어 아홉 살, 열세 살, 열네 살 된 아이들도 입술과 손이 파랗게 변하는 것을 목격했다.

프랑스 의사인 루이 란도지Louis Landouzy와 폴 브로아델Paul Brouardel이 이 끔찍한 사건의 조사 보고서를 발표했다. 이들은 독성 신발 염료 제조업체에 대한 또 다른 소송에도 관여하고 있었다. 이 소송의 원고인 W씨는 전날 밤에 구두약을 발라 놓은 신발을 신고 파리를 가로질러 3킬로미터를 걸었다. 오전이 지날 무렵 어지러움을 느꼈고, 입술과 얼굴이 무서운 보라색으로 변했다. 병원에 가서 '저주받은' 검은 구두약으로 칠한 신발을 벗었더니 비로소 회복하기 시작했다.

전문가 증인이라 할 수 있는 란도지와 브로아델은 법정에서 불운한 토끼를 대상으로 독성 신발 염료의 위력을 증명했다. 우선 토끼의 털을 깎고 검은색 구두약을 칠한 가죽을 토끼 몸에 덧댔다. 그리고 그 가죽 위에 뜨거운 물에 적신 면 밴드를 붙여, 양말 신은 발에 땀이 차는 것과 같은 상황을 연출했다. 2시간이 채 지나지 않아 토끼가 온통 파랗게 변하더니 숨이 끊어졌다. 법원은 구두약 제조업자를 비난하고 그에게 오늘날의 200유로 미만에 해당하는 50프랑의 벌금을 부과했다.

1901년 리옹의 한 의대생은 자신의 논문에서 "아닐린 염료와 구두약의 위험성을 대중에게 반드시 경고해야 한다"라고 썼다.[39]

그는 독성 구두약에 확실한 성분 표시 라벨을 붙여 사용을 규제해야 한다고 주장했다. 수십 년간 유통되어 온 물질에 대해 정부가 규제를 의무화하려면 수십 년이 더 걸릴 터였다.

프랑스 해변 사건이 있은 지 4년 후인 1904년 3월, 오하이오주 톨레도에서 22세의 건강한 영업 사원이 새 캔버스 신발 위에 검은 구두약을 칠하고 친구들과 춤을 추러 갔다가 사망했다. 그로부터 20년 후, 미시간대학의 학생 네 명이 같은 이유로 유독물 중독을 겪게 되었다. 매슈스 데이비드에 따르면 그들 모두 살아났지만, 한 명은 두 차례의 수혈이 필요했다고 한다.

마침내 정부가 행동에 나섰다. 1927년 시카고 보건국은 독성 용제가 든 모든 가죽용 염료의 사용을 금지했다. 구두약은 캔버스 천이 아닌 가죽에만 사용해야 하며, 칠한 후 72시간이 지날 때까지 기다려야 한다는 경고문을 구두약에 부착하도록 했다. 구두 가게, 구두 수선점, 구두 닦는 곳에도 경고 표지판을 설치했다. 하지만 문맹자나 이민자는 이러한 경고를 읽을 수 없었을 것이다.

검은색 염색약을 사용하는 분야는 신발뿐만이 아니었다. 20세기 초 독일 화학업계가 미국 시장에 선보인 우르솔Ursol이라는 합성 염료는 모피는 물론이고 여성의 머리카락과 속눈썹 염색제에도 사용되었다.[40] 일부 모피상은 이 염료를 사용해 값싼 토끼나 염소 털을 가짜 흑담비와 흑곰 모피로 둔갑시켰고 그 결과 고객들에게 습진, 호흡 및 장기 문제, 눈의 염증이 발생했다. 싸구려 모피는 심각한 접촉성 피부염을 일으키기도 했다.

4장 치명적인 컬러

1933년 한 여성이 속눈썹을 검게 염색했다가 시력을 잃을 뻔한 끔찍한 일이 있었다.[41] 그의 딸인 헤이즐 페이 머서Hazel Fay Musser가 프랭클린 D. 루즈벨트 대통령에게 편지를 보냈고, 이는 행정부가 1938년 식품, 의약품 및 화장품법을 제정하는 데 기여했다. 하지만 이 새로운 법안에 옷에 관한 규제는 포함되지 않았다.

은폐된 진실

/

니트로벤젠 때문에 일부 소비자가 피부와 호흡기 문제를 겪었다면, 염료 공장의 상황은 더 나빴다. 니트로벤젠이 옷에 잔뜩 묻은 한 노동자가 사망했다.[42] 아닐린 염료와 접촉한 어느 염색 공장 노동자들은 적혈구가 파괴되어 빈혈, 두통, 떨림, 통증, 손발 작열감, 심부정맥, 결국에는 혼수상태를 유발하는 아닐린 중독증에 걸렸다[43](이는 단지 과거의 이야기가 아니다. 친척 한 분이 파스카골라에 있는 퍼스트 케미컬First Chemical 아닐린 공장에서 일하던 때의 경험을 들려주었다. 아닐린 중독증을 앓는 동료를 인근 병원에 데려간 적이 여러 번 있었다고 한다).

1895년 독일 외과의사 루드비히 W. C. 렌Ludwig W. C. Rehn은 한창 인기를 누리던 진홍색 염료를 생산하는 공장의 노동자 45명 중 3명이 방광암에 걸렸으며, 더 많은 사람이 악성 방광 질환에 시달린다고 보고했다.[44] 바젤과 독일의 다른 지역에서도 집단으로 방광암 환자들이 나타나자, 1913년 학술회의에서 스위스와 독일 과학자들은 아닐린 염료 공장의 무언가가 병의 원인일 거라고 인정했다.

1차 세계대전이 일어나자 독일의 화학 공장은 서둘러 폭발물 공장으로 전환했다.[45] 하지만 1919년 미국에서는 새로운 화학 회사인 듀폰을 포함해 80개 공장이 바쁘게 아닐린 염료를 생산하고 있었다. 이후 한 세기 동안 듀폰(웨스트 버지니아의 강물에 독성 과불화화합물을 투기한 바로 그 회사다)은 처음에는 혁신적인 소재와 화학물질을 생산하는 선도적인 기업으로, 그다음엔 뻔뻔한 독극물 제조업자로 명성을 쌓았다.

1921년 국제노동기구는 벤지딘과 베타나프틸아민BNA이 염료 공장 근로자에게 방광암을 유발한다는 사실을 확인했고, 1932년 듀폰의 의사들은 뉴저지 공장에서 자체적으로 첫 발병 사례를 확인했다.[46] 처음에는 듀폰도 이 문제를 연구하는 데 개방적인 태도를 취하며 연구 자금을 지원했다. 그러나 짧은 과학적 조사를 거친 후, 듀폰 수석 병리학자의 연구가 출판되는 것을 금지하고 그를 해고했다. 데이비드 마이클스David Michaels는 1988년 비판적인 보고서 〈사망자 발생 예상: 미국 염색업계의 기업 의사 결정과 방광암Waiting For the Body Count: Corporate Decision Making and Bladder Cancer in the U.S. Dye Industry〉에서 듀폰이 "BNA을 생산한 지 35년, 문제가 심각하다는 것을 인지한 지 20년이 지난" 1951년까지 근로자 보호를 위해 BNA 공장 시설을 정비하지 않았다고 밝혔다. 암 발생 사례를 확인하고, 평판 좋은 인물에게 관련 연구를 요청하고, 그렇게 밝혀진 증거를 감추고, 예전처럼 염료를 계속 생산해서 노동자와 지역사회에 중독과 오염 문제를 일으키는 것. 이 같은 이야기는 시간이 지나면서 미국과 해외의 다른 아닐린 염료 공장에서도 똑같이 전개되었다.

위 보고서에서 마이클스는 1930년대 이후 직업성 방광암과 관련해 문서로 기록된 발병 사례 7건과 그 외 개별 사례 최소 750건을 확인했다. 미국 동부 해안가에는 문 닫은 섬유 공장과 염색 공장 등 독성 부지가 곳곳에 산재해 있으며, 연방 정부는 이런 곳들을 정화하기 위해 수백만 달러를 지출했다. 마이클스는 "발암 의심 물질로부터 근로자를 보호하기 위해 관련 업계가 자발적으로 노력하기를 기대하는 것은 비현실적"이라고 썼다. 자기 회사 직원들에게도 이럴진대 제품을 구매하는 소비자들에게는 어떨까?

1970년대에 연방 정부는 마침내 독성물질관리법에 개입하여 환경보호국에 독성 화학물질을 규제하고 통제할 수 있는 권한을 부여했다. 유일한 문제는 환경보호국이 생산 중인 거의 모든 화학물이라 할 수 있는 약 6만 4000개 물질의 사용을 이미 허가했다는 점이다. 명확한 유죄가 입증되기 전까지 이 화학물질들은 아무런 문제가 없는 것으로 간주될 것이다. 특정 물질이 인간에게 유해하다는 것을 의심의 여지 없이 증명하려면 수십 년에 걸친 다방면의 연구가 필요하다. 하지만 그때가 되면 너무 늦다. 화학물질이 이미 온 세상에, 우리가 쓰는 제품과 우리가 마시는 물과 우리 몸에 존재하고 있을 테니까.

이렇게 해서 화학업계는 해외에서 비밀리에 아조염료를 생산하느라 분주하고, 연구자들은 아조염료가 든 합성섬유가 사람들에게 유독하다는 것을 증명하려고 애쓰는 오늘날의 상황까지 오게 된 것이다. 많은 패션 브랜드와 제조업체는 자발적으로 일부 아조염료의 단계적 사용 중단에 나서기 시작했다. 그러나 이런 움직임을 전 세계적으로 실행할 구조적 방안은 아직 없다. 염료는 더 이상 미국 국내에서 제조되지 않으므로, 국제적으로 강력한 규제와 관리가 필요하다. 인건비가 낮고 규제가 느슨한 인도, 중국 등의 국가에서 맡아야 하는 일이다.

오늘날 화석연료는 섬유 마감제, 살충제, 세제, 의약품, 접착제, 플라스틱, 인조가죽, 합성 직물, 잉크 등 셀 수 없이 다양한 제품의 기본 원료가 되었다. 윌리엄 퍼킨이 보라색 천의 가능성을 발견한 지 150년이 지난 지금, 패션에서 화학물질의 핵심 역할을 소비자들에게 이렇게 의도적으로, 완벽하게 감출 수 있을 것이라고 누가 짐작이나 했을까? 스웨터나 청바지, 양말 또는 속옷의 표면에 보이지 않는 수십 가지 인공 석유화학 물질이 숨어 있다는 이야기를 평범한 사람들이 과연 믿을 수 있을까? 화학 공정을 거쳐 화석연료로 만든 물질이 면 티셔츠에 들어 있다고? 말도 안 돼!

말이 되는 일이다. 화석연료를 기반으로 하는 화학은 그저 패션에 사용된 것이 아니라, 앞서 살펴본 것처럼 패션 덕분에 존재하게 되었다. 화학이 곧 패션이고, 패션이 곧 화학이다. 그런데 이런 공통된 유산遺産이 부끄러운 가족사의 비밀처럼 숨겨져 왔다.

그러니 잠가 놓은 옷장 안에 해골이 들어 있는 것도 놀랍지 않다.

3부

우리 몸이
치르는 대가

도둑맞은
생식능력

환경호르몬이 인체에 미치는 영향

캔디스는 불임 클리닉 의자에서 일어났다. 비참한 느낌과 함께 자궁 깊이 경련이 파고들었다. 그래도 의사는 좋은 소식을 전했다. 난자 14개를 채취했다는 것이다. 꽤 많은 숫자였다. 시술을 마치자 캔디스의 남편이 두 시간 동안 운전하여 텍사스 시골에 있는 집으로 돌아왔다. 희망과 두려움이 교차하는 초조함 속에서 기다리다, 다음날 아침에 전화를 받았다. 성숙한 난자가 10개였는데 그중 2개가 수정되었다고 했다. 심장이 내려앉았다. 두 사람은 이 과정에서 수중에도 없던 1만 8000달러, 난자 하나당 9000달러를 쓴 셈이었다.

그러나 캔디스는 여전히 희망을 갖고 나아갔다. 다음날부터 프로게스테론 주사를 시작했고, 끈적이는 액체로 가득 찬 굵은 주사 바늘을 엉덩이에 꽂아 넣은 뒤 주사 놓은 자리를 마사지했다. 호르몬 때문에 감정이 사방으로 널을 뛰는 것 같았는데, 캔디스에게 필요했던 건 이런 식의 격려는 아니었다.

다시 진료소를 향해 차를 타고 가는 두 시간 동안 아름다운 텍사스의 풍경이 차창 밖으로 스쳐 지나갔다. 병원에서 캔디스는 두 개의 작은 수정란이 튜브를 지나 자궁에 착상하는 모습을 초음파 화면으로 지켜보았다. 그곳에서 잘 자리 잡고 자라기를 간절히 바랄 뿐이었다.

이틀 후, 캔디스 부부는 혈액 검사를 위해 다시 병원을 찾았다. 충격적인 소식이 기다리고 있었다. 수정란이 제대로 착상하지 않았던 것이다. 게다가 난자의 상태가 좋지 않다고 의사가 덧붙였다. 다시 시도해 수천 달러를 더 쓴다고 해도 캔디스가 그토록 원하던 임신 가능성은 낮았다. "결과가 나아지려면 뭘 어떻게 하면 될까요?" 캔디스가 의사에게 물었다. "환자분이 할 수 있는 일이 별로 없는 것 같네요." 의사의 대답이었다.

2015년, 서른 살의 캔디스는 임신을 위해 4년째 노력하고 있었다. 이제 와서 포기하고 싶지는 않았다.

"자료를 찾고 또 찾다가 《난자로부터 시작하기It Starts with the Egg》라는 책을 발견했어요. 내 인생을 바꾼 책이라고 할 수 있지요. 이 책을 읽는데 내 안 어디에선가 환하게 불이 켜지는 것 같았어요. 책을 다시 읽으며 곳곳에 밑줄을 쳤지요."

이 책의 저자 레베카 페트Rebecca Fett에 따르면 여성은 일정량의 난자를 갖고 태어나는데, 배란 전 3~4개월이 난자의 상태에 긍정적 또는 부정적 영향을 미칠 수 있다고 한다.

그러면 뭘 어떻게 해야 할까? 방법은 식이요법과 해독이었다. "다행히 남편도 아기를 원했기 때문에 이 노력에 동참했어요." 캔디스는 자신과 남편의 삶을 완전히 바꾸기 시작했다.

누가 우리의 난자와 정자를 훔쳐 가는가

/

점점 더 많은 곳에서 캔디스와 비슷한 이야기가 들려 온다. 2020년 미국의 보조 생식술 시장 규모는 23억 달러로 추정되었는데 이는 점점 더 늘어나고 있다.[1] 난소 기능 저하로 인공 체외수정을 위한 난자 수가 줄어들어 불임 치료를 원하는 여성이 2004년에서 2011년 사이에 37퍼센트 증가했다.[2] 유산율도 매년 약 1퍼센트씩 증가하고 있다.[3] 아이를 갖는 나이가 늦어져서 생기는 문제가 아니었다. 가장 극적인 출산율 감소는 젊은 여성에게서 나타났기 때문이다.

자연은 30년 넘게 이 문제에 대해 붉은 깃발을 흔들며 경고 신호를 보내 왔다. 과학자들은 1991년 유명한 윙스프레드 선언Wing-spread Statement을 통해 다양한 야생동물에게 나타나는 생식 관련 문제에 우려를 표했다.[4] 포유류와 조류 모두 번식력이 낮아지고 면역 체계에 손상을 입은 상태였다. 새와 물고기는 갑상선 기능 장애를 앓았고, 알이 제대로 부화하지 않았으며, 새끼들은 심한 기형을 가지고 태어났다. 호르몬 교란을 일으키는 합성 화학물질을 통제하지 않으면 이러한 문제가 동물과 인간 모두에게 일어날 것이라고 과학자들은 경고했다. 하지만 아무런 대응도 없었다.

26년 후인 2017년, 샤나 H. 스완 박사가 발표한 논문에 온 세계가 주목했다. 마치 폭탄이 터져 그 폭발음이 답답한 회의실과 대학 연구실을 뚫고 나가 전 지구적인 공포를 불러일으키는 듯했다. 논문에는 〈정자 수의 시계열 변화: 체계적 검토 및 메타 회귀 분석 Temporal Trends in Sperm Count: A Systematic Review and Meta-Regression Analysis〉이라는 복잡한 제목이 붙어 있었으나 핵심 메시지는 분명했다. 남성의 정자 수가 지난 40년 동안 50퍼센트 이상 급감했으며, 2050년까지 남성의 41퍼센트가 불임을 겪게 될 것이라는 이야기였다. (서구 국가의 신뢰할 만한 장기적 데이터를 기반으로 한 예측이지만 개발도상국에서도 비슷한 추세가 나타나고 있다.)

스완의 저서 《정자 0 카운트다운》을 보면 문제를 알리는 징후는 수두룩하다. 2016년 보스턴의 정자 기증 예정자에 관한 연구에 따르면, 남성들이 평균적으로 운동을 더 열심히 하고 흡연과 음주를 줄였는데도 평균 정자 수, 밀도, 이동성은 2003년부터 10년간 감소해 왔다. 중국의 정자 기증자에 대한 또 다른 연구에서도 같은 사실이 발견되었다.[5]

스완은 "현대 사회에 교묘하게 퍼져 있는 해로운 화학물질", 특히 "우리 몸의 자연적인 호르몬 활동을 방해하는 화학물질"을 정면으로 비난한다. 이들이 바로 내분비교란물질(환경호르몬)이며, 패션 업계가 즐겨 쓰는 마감재와 성분인 납, 수은, 비소, 프탈레이트, 알킬페놀 에톡실레이트[APEOs], 과불화화합물, 비스페놀 A[BPA] 및 그 사촌이라 할 수 있는 비스페놀 B[BPS]와 비스페놀 F[BPF]가 여기에 포함된다.[6] 프탈레이트만 해도 12가지 이상의 다양한 유형이 있는데, 이들 중 대다수는 샤워 커튼, 인조가죽 스커트, 신발 끈의 원료인 PVC를 부드럽게 만드는 데 사용된다.[7]

내분비교란물질은 몇 가지 이유에서 특히 교활하다. 우선 내분비계는 성욕이나 생식능력에만 관여하는 것이 아니다. 갑상선 질환이 있는 사람이라면 누구나 알 수 있듯이 내분비계는 면역계, 뇌, 신진대사 및 심혈관계를 포함해 신체의 모든 중요한 시스템을 조절한다. 체중 관리와 에너지 수준을 관장하며 피부 상태와 질병 예방에도 관여한다.

내분비교란물질의 두 번째 무서운 점은 '사용량에 따라 독성이 결정된다'는 오래된 믿음을 따르지 않는다는 것이다. 전통적인 독성학에서는 문제 되는 물질의 용량이 적을수록 피해도 적다고 가정했다. 따라서 과학자들은 해가 되지 않을 최소한의 사용량을 찾아내곤 했다. 프탈레이트의 총량이 0.05피피엠 미만이면 괜찮다는 오코텍스의 섬유 관련 제한선이 그런 예시일 것이다.

내가 조사를 이어 가는 동안 패션 화학 업계에 종사하는 몇몇 남성(참고로 말하자면 섬유 화학 전문가는 남성이 압도적으로 많다)은 소금과 물도 지나치게 많이 섭취하면 문제가 된다고 으스대며 말했다. 맞는 말이긴 하지만, 소금이나 물을 포름알데히드와 비교하다니.

"당신이 균형 잡힌 시각을 갖추면 좋을 것 같습니다. 사과 씨에도 비소가 들어 있지만 비소 중독에 걸리려면 하루에 최소 250개에서 수천 개의 사과를 먹어야 합니다(다른 말로 하자면 일어나지 않을 일이라는 겁니다)!" 한 염료 회사의 CEO가 링크드인LinkedIn을 통해 내게 이렇게 말했다.

사과 씨에 들어있는 **사이안화물**은 비소가 아니라는 점은 제쳐두고, 사람들이 자기도 모르게 매일 사과 씨를 섭취하지는 않는다(아이들이 사과 씨를 많이 먹어서 사이안화물 중독에 걸린 사례가 있긴 하지만). 이 CEO의 발언은 일반적인 독극물이나 발암 물질보다 훨씬 더 심각한 내분비교란물질에 대한 무지를 드러낸다. 떠오르는 이론에 따르면 내분비교란물질은 흡수량과 독성의 상관관계가 U자 곡선을 그린다. 고용량에서는 끔찍한 결과를 내고, 중간 용량에서는 이보다 독성이 좀 떨어졌다가, 소량에서는 다시 예측할 수 없는 상황을 만들어 내는 것이다. 점점 더 많은 연구자가 내분비교란물질에 '안전한' 사용량은 없다는 데 동의하고 있다.[8]

그럼에도 우리는 일상에서 많은 양의 내분비교란물질을 섭취하고 있다. 2022년 7월 덴마크에서 실시된 연구에 따르면 남성의 소변 샘플에서 발견한 29가지 생식 독성 화학물질의 총량이 현재의 안전 기준을 훨씬 초과한 것은 물론, 때로는 그 기준의 100배가 넘는 것으로 나타났다. 남성의 정자 건강에 안전한 것으로 간주되는 수치보다 독성이 평균적으로 17배 더 높았다.[9]

5장 도둑맞은 생식능력

단 한 방울도 위험할 수 있다

/

임신 중인 한 지인이 울트라 패스트패션 브랜드에서 쇼핑을 고려하고 있다고 말했다. 몇 달 동안만 입을 옷에 너무 많은 돈을 쓰고 싶지 않았기 때문이다. 나는 그러지 말라고 경고했다(예산이 빠듯하다면 차라리 누군가 입던 것을 물려받으라고 했다).

올림픽 경기장 크기의 수영장에 떨어진 물 한 방울에 해당할 아주 적은 양의 내분비교란물질이 태반을 통과해 태아에 영향을 미칠 수 있고, 그 결과가 영구적일 수도 있다.[10] 이때 말하는 용량은 **십억분율** 수준인데, 내분비교란물질이 포함된 옷을 입을 때 우리가 흡수하게 되는 양이기도 하다. 예를 들어, 그레이엄 피슬리 박사의 연구에 따르면 가공 처리된 섬유에서는 과불화화합물이 **백만분율** 수준으로 떨어져 나온다. 문제가 되는 양의 1000배 이상이다.

부모로부터 전달된 내분비교란물질이 자녀에게 생식기 기형을 일으킨다는 증거가 있다.[11] 임신한 동물과 사람이 프탈레이트에 노출될 경우 수컷 새끼와 남자 아기의 생식기에 문제가 생기는 것으로 나타났고, 여기에 프탈레이트 증후군이라는 이름이 붙었다.[12] 여성이 임신 8주에서 12주 사이에 프탈레이트에 노출되면 특히 심각한 문제를 겪게 된다.

2022년 연구에 따르면 미국 전역(푸에르토리코 포함) 다양한 계층의 여성 171명의 소변을 검사했더니 살균제, 벤조페논, BPA, 제초제, 살충제, 파라벤, 프탈레이트 및 대체 가소제(DINCH), 다환방향족

탄화수소 등 9가지 계열의 103가지 화학물질이 검출되었다.[13]

내분비교란물질의 세계에는 유감스러운 대체물이 가득하다. 지난 수십 년 동안 프탈레이트의 일종인 DEHP는 DINP로 대체되었고, 난연제인 PBDE는 폴리메릭Polymeric FR로, BPA는 BPS로 대체되었다.[14] 그런데 대체물은 원래 물질만큼 심각하지는 않다고 해도 역시나 인간에게 유독한 것으로 밝혀졌다.

화학 회사 바스프가 장난감과 식품 등에 활용되는 플라스틱과 관련해 "신뢰할 수 있는 비非프탈레이트 가소제"로 홍보한 DINCH를 예로 들어 보자.[15] 연구자들이 시험관 아기 시술을 받는 여성을 대상으로 조사했더니, 소변에서 DINCH가 많이 검출된 여성일수록 채취한 난자 수가 훨씬 적었다.[16]

누군가 패션 제품을 테스트할 때마다 적어도 하나 이상의 내분비교란물질을 발견하는 일이 이어지고 있다. 팬데믹이 최고조에 달했던 2021년, 한 연구실은 수술용 마스크에서 포름알데히드, 아닐린, 과불화화합물을 발견했다(이런 물질들은 면역 체계를 억제할 수도 있다).[17] 같은 해 캘리포니아환경보건센터는 헤인즈Hanes, 챔피온, 타미힐피거, 뉴발란스, 프룻오브더룸Fruit of the Loom, 리복, 포에버 21 등의 브랜드가 만든 폴리에스테르 스판덱스 양말에서 고용량 BPA를 검출했다. 캘리포니아주가 정한 안전 한도의 최대 19배가 넘는 수치였다.[18] 센터는 2022년에 스포츠 브라를 테스트했는데 애틀랜타, 핑크, 아식스, 노스페이스, 브룩스, 올인모션All in Motion, 나이키, 필라에서 판매하는 제품에서도 비슷한 수준의 BPA가 나왔다.[19] 캐나다방송협회가 울트라 패스트패션 브랜드인 자풀Zaful, 알리익스프레스AliExpress, 쉬인Shein의 아동복 38벌을 테스트했을 때는, 5개 중 1개의 비율로 납, 과불화화합물, 프탈레이트 같은 독성 화학물질의 수치가 기준치를 넘어섰다. 쉬인 유아용 재킷과 빨간색 지갑에는 각각 캘리포니아와 캐나다 허용 기준치의 거의 20배와 5배가 넘는 납이 포함되어 있었다. 또한 H&M과 이케아가 2021년 전 세계 중고 의류를 대상으로 실험을 진행한 결과, 거의 모든 양모 샘플에서 APEOs를 발견했고, 샘플의 9퍼센트에서 미량의 크로뮴을 발견했다. 이미 누군가 여러 번 입고 세탁해서 기증한 후인데도 이런 수치가 나타난 것이다.

폴리에스테르의 경우 제작 공정 속도를 높이기 위해 생산 중에 안티몬을 추가하기 때문에 옷에서 이 성분이 검출될 위험이 있다.[20] 2022년 메인주에 기반을 둔 비영리 단체 디펜드 아워 헬스Defend Our Health는 주요 브랜드의 페트병 음료 40퍼센트에서 10억분의 1 이상의 농도로 안티몬을 발견했다. 식수 오염 물질과 관련한 캘리포니아의 공공 위생 기준 한계에 육박하는 수치였다. 페트병은 친환경 브랜드를 위한 폴리에스테르로 재활용되며, 안티몬은 비소, 납, 수은과 함께 르네상스 시대 이탈리아인들이 독극물 제조에 사용했던 중금속이다. 항공사 유니폼과 집 먼지에서도 여러 번 이 성분이 발견되었고, 성인보다 어린이의 소변에서 더 많은 양이 검출되었다.

패션업계는 이러한 테스트 결과에 대해 **지나친 공포를 유발한다**면서 불만을 나타낸다. 2021년 패션 브랜드 관계자를 대상으로

한 유독성 패션 화학물질 웨비나에서 한 연사는 디즈니, 갭, H&M, 유니클로, 아디다스, 나이키, 푸마, 버버리 등의 브랜드를 포함한 아동복에서 노닐페놀 에톡실레이트, 프탈레이트, 유기주석, 과불화화합물, 안티몬을 발견해 낸 그린피스의 2013년 '리틀 몬스터Little Monsters' 캠페인에 관해 이렇게 말했다. "그린피스에서 발견한 화학물질 중 일부는 법적 한계 내 수치였지만, 어쨌든 그들은 결과를 공개했습니다."

2013년 무렵 사람들은 내분비교란물질에 안전한 수준이 없다는 것을, 특히나 어린이들에게는 그 독성이 더 심각하다는 것을 이해하기 시작했다. 규제 당국이 현실을 더디게 따라 가고 있는 상황이었으니, 그린피스가 이런 브랜드들을 비난한 것이 잘못이라고 말할 수는 없을 것이다.

내분비교란물질은 이제 막 아이를 가지려는 커플에게만 해당되는 문제가 아니다. 소녀들은 더 빨리 성숙해지고 더 일찍 생리를 시작하는데, 이렇게 되면 제2형 당뇨병, 천식, 유방암의 위험도 증가한다. 다낭성난소증후군, 자궁내막증, 섬유종 같은 질환이 점점 더 흔해진다는 증거도 있다.[21] 2021년 스페인의 연구에 따르면 헤어 스프레이, 얼굴용 크림, 염색약, 립스틱을 많이 사용하는 여성에게서 내분비교란물질의 수치가 더 높았고, 자궁내막증 발병률도 더 높았다.[22]

여성과 남성의 생식기를 모두 지닌 간성intersex이거나, 성 구분이 모호한 생식기, 또는 생식기 기형을 갖고 태어나는 아이들이 점

5장 도둑맞은 생식능력

점 늘고 있다.[23] 남성 불임은 심장병, 고환암 및 전립선암 위험 증가, 높은 사망률과 연관이 있다. 샤나 H. 스완이 참여한 연구에 따르면 소변에서 DEHP 프탈레이트가 특히 많이 발견된 폐경 전 여성은 섹스에 대해 무관심할 가능성이 더 높았다.[24]

불행히도 많은 불임 전문의는 이런 문제에 무관심하다. 노스캐롤라이나의 불임 전문의 애슐리 에스큐Ashley Eskew는 통합 의학 전문의인 남편 월 하스Will Haas와 함께 웹사이트 '오브라이프 MDOvulifeMD'를 운영하며 임신에 어려움을 겪고 있거나 여러 번의 유산을 경험한 여성들에게 증거 기반의 식이요법, 환경 및 생활 방식 변화를 제안하고 있다. "내분비교란물질을 대수롭지 않게 여기는 의료인들이 많습니다. 환자를 처음 만날 때마다 이 문제에 대해 언급하는데 대부분은 **전혀** 모르고 있어요. 의료인들이 이런 문제의 중요성을 이해하도록 돕는 것과 의료인들이 이런 사실을 환자에게 전달하는 것 사이에 큰 간극이 있는 듯합니다." 에스큐가 말했다.

"좋은 소식은 BPA의 경우 반감기가 짧다는 것입니다. 오늘 우리가 만드는 작은 변화가 내일이나 모레, 또 그 이후에 차이를 가져다줄 겁니다." 맞는 말이다. BPA 같은 비스페놀류와 프탈레이트는 수용성이므로 매일 소변을 통해 빠르게 배출할 수 있다. 오늘 당장 이런 유해 물질에 대한 노출이 중단된다면, 대부분 일주일 이내에 문제가 사라질 것이다. 하지만 다양한 곳에서 정기적으로 노출이 일어나다 보니 평균적인 미국인의 몸속에 축적된 유해 물질의 양은 늘 거의 동일하게 유지된다.[25] 또한 중금속이나 과불화화합물 같은

'영구적 화학물질'은 체내 지방에 축적되어 수년 동안 문제를 일으킨다. 그러니 이런 화학물질에 대한 노출은 빨리 멈출수록 좋다. 지금 바로 시작해야 한다.

"프탈레이트, BPA, 납, 중금속 등 우리가 이야기한 대표적인 물질들은 시간이 지나면서 계속 체내에 축적됩니다. 음식에서 조금 흡수하고, 옷에서 조금 흡수하고, 위생용품에서 또 조금 흡수한다면 어떻게 될까요? 이 모든 것이 합쳐지면 상가 효과로 인한 증상과 문제가 발생하기에 충분하다고 장담합니다. 사실 우리는 그 영향을 이미 일상적으로 겪고 있습니다. 피로를 당연하게 여기지 않던가요? 건조하고 가려운 피부나 무언가에 대한 천식 반응은 어떤가요? 제대로 알아보지도 않고 **아, 나는 가끔 호흡이 가빠지곤 해** 하고 마는 건 아닌가요?"

정확하게 입증되지는 않았지만 에스큐는 자신을 찾아온 많은 불임 환자가 자가면역성 갑상선염(하시모토병)을 앓고 있음을 알아차렸다. 면역 항체가 자신의 갑상선을 공격해 피로, 변비, 탈모와 같은 건강 문제를 일으키는 이 질환에 걸린 사람이 일반인들보다 훨씬 많았던 것이다. 결과적으로, 임신을 준비하며 해독하는 과정에서 환자들의 다른 건강 문제도 상당수 해결되곤 했다.

"특정 환자에게 아토피피부염, 천식, 기타 반응성 기도 질환이 더 자주 발생하는 경향이 있습니다. 대부분의 경우 환경적 원인이 문제임을 깨닫고 그 원인을 제거하면 완전히 새로운 사람, 새로운 환자가 됩니다. 이 둘 사이에 분명 의미심장한 연결 고리가 있다고 생각합니다." 에스큐의 말이다.

　나중에 알게 되겠지만 화학물질과 자가면역질환 사이의 연관성에 주목한 사람이 에스큐 말고 또 있었다.

임신을 위한 해독 생활

/

　나중에 캔디스에게 다른 건강 문제가 있는지 물었더니 생각나는 것이라고는 어릴 때부터 경험한 습진과 소화 문제가 '전부'라고 대답했다. "정말 아무것도 모르는 평범한 사람이 살 법한 삶이었어요."

　캔디스는 드럭스토어에서 위생용품을 구입했다. 정크푸드를 좋아했고, 도시 생활의 이점을 살려 자주 패스트푸드점에서 외식을 했다.

　그는 패션에 대단한 관심이 있는 편은 아니었다. 지금도 여전히 마샬스Marshalls, 로스Ross, JC페니JCPenney 같은 백화점이나 할인점, 중고 가게에서 옷을 사 입는다. 캔디스의 남편은 속건성 아웃도어 용품의 열렬한 팬인데, 별다른 표시가 없다면 여기에는 과불화화합물 기반의 내구성 강한 발수제가 들어 있다.

　결혼하고 나서 피임을 하지 않았는데도 3년 동안 임신이 되지 않았다. 의사와 상담을 통해 몇 가지 검사를 해 보았더니 의료적 개입 없이 임신할 확률은 4퍼센트에 불과하다는 진단이 나왔다. 두 사람 모두에게 문제가 있을 가능성이 높다는 것이었다. 8개월 동안 노력하고 기도한 끝에 전문적인 도움을 받기로 결정했다. 배란 유도제 복용을 시작했지만 여전히 아무 일도 일어나지 않았다.

이사를 하며 보증금을 돌려받기 위해, 슈퍼마켓에서 구할 수 있는 가장 강력한 청소기로 집을 철저히 청소한 뒤 떠났다. 이사한 집에는 새 카펫을 깔았고, 뒷면에 자극적인 냄새가 나는 비닐을 덧댄 새 암막 커튼으로 커다란 창을 가렸다. 메모리폼 침대도 새로 샀다.

캔디스의 남편이 대학원을 졸업할 무렵, 가장 가까운 병원이 두 시간이나 떨어져 있는 작은 마을로 다시 이사했다. 이 병원의 불임 의사는 시험관 아기를 시도할 때라고 말했다.

"솔직히 말해, 정말 듣고 싶지 않은 단어였어요. 비용이 너무 많이 들고 몸에 부담이 된다는 걸 알고 있었거든요. 하지만 간절하게 아이를 원했어요." 시술비가 없어서 친척으로부터 1만 8000달러를 빌려야 했다. 첫 번째 체외수정이 전부 실패했다는 소식에 더욱 암울해진 것은 이런 이유 때문이었다.

"불임 진단을 받은 많은 환자는 불안과 우울증에 시달립니다. 연구에 따르면 암 판정을 받았을 때에 필적하는 것으로 나타났습니다." 에스큐 박사는 생활 해독에 대해 환자들과 상의할 때, "여러분이 **통제할 수 있는** 문제이니 함께 힘을 실어 줘야 한다"라는 메시지를 전한다.

캔디스는 《난자로부터 시작하기》 책을 발견한 후 이전에는 그저 요행에 맡기곤 했던 자기 생활의 통제권을 되찾게 되었다고 한다(캔디스를 만난 것은 페이스북에 있는 이 책의 지지자 그룹을 통해서였다).

5장 도둑맞은 생식능력

우선 성분 목록에 '향료'가 들어 있는 청소용품과 위생용품을 전부 버렸다. 부엌에서 포장 및 가공 식품과 플라스틱 용기를 치웠다. 대신 유기농 농산물과 목초 먹인 고기를 샀다.

"물론 여유가 없는 상태였지만 그렇게 할 수밖에 없었어요. 내 몸이나 남편 몸에 닿는 모든 것을 바꿔야 했거든요." 캔디스가 말했다.

하지만 패션은 예외였다. 옷에 내분비교란물질이 들어 있을 수 있다는 사실을 몰랐기 때문이다. 사실, 이 주제에 대한 뉴스 기사와 연구 자료 링크를 내가 이메일로 보내 주기 전까지는 에스큐 박사도 마찬가지였다.

"당신이 보내 준 메일을 볼 때마다 남편에게 '여보, 이 말이 진짜일까?' 하고 물었지요. 정보가 너무 부족하고 아는 것이 없다는 생각이 들었습니다. 왜 이런 내용을 의료계에서 이야기하지 않는 걸까요? 집으로 묻혀 들어오는 먼지부터 소파에 함유된 난연제, 크림과 로션에 이르는 모든 것에 문제 성분이 들었다는 것은 알고 있었어요. 그런데 하루 종일 피부에 닿는 옷에 대해서는 누구도 신경을 쓰지 않잖아요? 왜 아직까지도 아무런 대응이 없는 걸까요?"

쉬인과 자풀의 아동복을 대상으로 진행한 테스트에 대해서도 이렇게 말했다. "아동복 이야기를 듣고 정말 놀랐어요. 당신이 보내 준 기사의 사진 속, 공주가 그려진 드레스는 제가 조카 생일에 보낸 바로 그 옷이었어요. 지금 아이들은 특히 고위험 세대입니다. 그런데 옷에 성분 표시 라벨이 없다는 것은 정말 충격적인 일이에요. 옷에 온갖 문제 요소가 모두 들어 있다는 걸 깨닫고 나면 말이지요."

두 번째 체외수정을 위해 캔디스 부부는 키우던 소를 팔고, 차고 세일을 열어 오래된 가구도 팔아 1만 2000달러의 비용(그나마도 할인을 받은 금액이다!)을 끌어모았다.

재정적 부담이 컸지만, 캔디스는 이번엔 예감이 좋았다.

"뭔가 제대로 되어 가는 것 같았고 스트레스를 많이 받지 않았거든요." 두 번째 시도에서 간신히 9개의 난자를 얻었는데 이는 실망스러운 수치였다. 하지만 그날 밤 의사가 전화해서 4개의 성숙한 난자를 확인했고 그중 3개가 수정되었다고 말했다. 캔디스는 감격했다. "첫 회에서는 20퍼센트의 수정률을 보였지요. 하지만 배란 전 4개월 동안 생활 방식을 바꾼 뒤 진행한 두 번째 회차에서는 75퍼센트의 수정률을 보였습니다." 난자가 9개뿐이었던 이번 시도 역시 첫 회의 성공률과 동일했다면 캔디스는 아무런 결과도 얻지 못했을 것이다.

6주 후인 발렌타인데이에 부부는 처음으로 아들의 심장박동 소리를 들었다. 2017년 가을에 아이가 태어났는데, 몸무게가 3.6킬로그램이 조금 넘었고 완벽하게 건강했다.

몇 년 후, 그들은 한 번 더 임신을 시도하기로 결정했다. 캔디스는 속옷도 유기농 섬유 제품으로 바꾸며 식이요법과 해독 프로그램을 개선해 갔다. 이번에 병원에 갔을 때에는 21개의 난자를 채취할 수 있었다. 14개의 성숙한 난자를 대상으로 진행한 결과 수정률은 100퍼센트였고 쌍둥이를 낳게 되었다. 캔디스는 이 모든 것이 해독 생활을 실천한 덕분이라고 믿는다.

에스큐는 이렇게 말했다. "우리는 여성들에게 임신을 약속한 적이 없습니다. 오브라이프에서 가장 만족스러운 점은 결과에 관계없이 여성들이 그 어느 때보다 더 나은 삶을 살고 있다고, 그 어느 때보다 기분이 좋다고 느낀다는 겁니다. 그게 가장 중요한 것이 아니겠어요?"

캔디스 역시 자신이 훨씬 건강해졌다고 느낄 뿐 아니라, 나아가 삶의 새로운 목적을 찾았다. 임신을 위해 노력한 이야기를 공유하려고 페이스북 커뮤니티를 시작했으며, 무독성 생활에 중점을 둔 불임 상담 코치가 되기 위해 열심히 훈련하고 있다.

"온갖 종류의 유독 물질에 눈을 뜨게 되다니 너무 감사한 일입니다. 이제 이런 것들로부터 내 아기를 보호할 수 있을 테니까요."

더욱 아름다운 마무리를 위해 덧붙이자면, 캔디스를 괴롭히던 피부 문제도 사라졌다고 한다.

당신이
너무 민감한
탓이야

화학물질 민감증이라는 미스터리

자주 가는 더블린의 태국 식당에서 저녁 식사를 마친 칭이 웡 Chingy Wong은 호텔로 돌아왔다. 새 유니폼이 몸에 잘 맞는지, 잘 구겨지지는 않는지 확인하기 위해 입어 보기로 했다. 목까지 살짝 올라오는 보라색 스웨터를 뒤집어쓰듯 입고 치마도 입은 후에 스웨터 단추를 끝까지 채웠다. 스카프를 목에 두르는데 메스꺼움이 덮쳐 왔다. 식중독일까. 감기에 걸렸나. 하지만 유니폼을 벗고 누웠더니 30분 만에 상태가 나아졌다.

칭이는 알래스카항공의 유니폼에 문제가 있다고 들었지만 대수롭게 생각하지 않았다. "그냥 알레르기 때문인 줄 알았어요." 자신은 알레르기가 전혀 없었기 때문에 별로 걱정하지 않았다. 그때까지는 말이다.

다음 날 아침, 출근하려고 내의와 압박용 스타킹을 착용하고 그 위에 유니폼을 입었다. JFK공항으로 향하는 내내 약간의 구역질과 현기증이 일었고, 온몸이 덥게 느껴져 힘들었다. 기내 조리실에서서 숨을 고르는 동안에도 심장이 쿵쾅거렸다.

2018년 5월 29일, 헌츠빌에서 호놀룰루, 스포캔에서 시드니에 이르는 전 세계 델타항공 직원들은 디자이너 잭 포슨Zac Posen이 만든 새로운 유니폼을 입게 되었다. 델타항공 보도 자료에서 포슨은 이렇게 말했다. "우리 시대를 대표하는 글로벌 항공사의 유니폼 디자인을 맡아 영광이었다. 유니폼에 혁신적인 기술을 도입하고 활주로에 화려함을 더하고 싶었다."[1]

승무원들 역시 첨단 섬유 기술을 요구했다. "유니폼에서 가장 신경 쓴 부분은 얼룩 방지와 구김이 잘 생기지 않는 것이었습니다." 유니폼선정위원회에 참여한 오랜 경력의 델타항공 승무원이 《뉴욕타임스》에 했던 말이다.[2]

무엇보다 이 항공사는 다른 항공사에서 발생한 건강 문제를 두려워할 이유가 없었다. 아메리칸항공과 알래스카항공이 더 안전한 대체 유니폼을 만들기 위해 선정했던 고급 브랜드인 랜즈 엔드에 제작을 맡겼기 때문이다.

상당수의 델타 승무원은 '바니 퍼플'(미국 텔레비전 시리즈에 등장하는 보라색 공룡 캐릭터—옮긴이)이라는 별칭이 붙은 이 '패스포트 플럼passport plum' 유니폼을 별로 좋아하지 않았다. 나이 든 승무원은 이 옷이 너무나 섹시하게 만들어져서 바비가 일등석에서 켄에게 봉사하기 위해 입는 옷처럼 보인다며, 몸집이 큰 승무원을 고려하지 않고 디자인한 것 같다고 말했다. 그러나 윤기 나는 검은 긴 머리와 날씬한 몸매를 자랑하는 29세의 칭이는 이 유니폼을 좋아했다. "옷이 정말 귀엽다고 생각했어요."

그런데 뭔가 잘못되고 있었다. 칭이가 오하이오에 있는 집에서 처음 상자를 열어 새 유니폼을 꺼냈을 때, 매캐하고 들척지근한 화학약품 냄새가 풍겼다. 원단도 한 달 전에 시험 삼아 입어 봤던 것보다 저렴해 보이고 훨씬 얇았다. 유니폼 착용 후 첫 비행에서 몸에 이상을 느낀 것이 이 싸구려 냄새 나는 옷 때문은 아니었을까?

더블린 비행에서 돌아와 JFK행 항공편과 오하이오행 통근 항공편 근무를 마치고 마침내 집에 도착해 유니폼을 여러 번 세탁했다. 그렇게 문제를 거의 해결한 것처럼 보였다. 하지만 여전히 일할 때면 콧물을 흘렸고 항상 재채기를 했다. 그래도 그럭저럭 잘 버텼다. 아직 나이가 어린 편이었으니까! 수십 년 동안 비행기에서 일해 온 나이 든 승무원들과는 다르게 문제가 있어도 회복이 빨랐다.

그해 11월까지 칭이는 색이 바랠 정도로 유니폼을 자주 세탁했고 항공사에 새 유니폼을 보내 달라고 요청했다. "새로 도착한 유니폼에서 악취가 진동했어요. 첫 번째 것보다 더 나빴죠. 냄새가 너무 심했거든요." 이 유니폼을 입는 동안 가슴 주위 피부가 붉게 변해 화끈거리고 손이 떨리기 시작했다. 기억력도 감퇴했다. 승객들에게 음료 주문 내용을 다시 한번 말해 달라고 요청해야 했다. 혹시 자신이 파킨슨병에 걸린 것은 아닌지 궁금할 정도였다.

그때 아메리칸항공의 승무원 헤더 풀이 유사한 문제를 겪고 있는 4개 항공사의 승무원을 대상으로 시작한 페이스북 그룹에 초대받았다. 여기서 칭이는 발진이 너무 심해서 보라색 반점으로 변해 피가 나고, 머리에 부분 탈모가 온 사람들의 사진을 보았다. 심각한 부비동 감염, 코피, 부은 눈, 기절, 소변에 피가 섞여 나온다는 이야기도 올라왔다. 한 승무원은 유니폼 치마를 입은 채 아기에게 젖을 먹였는데 이후 아기 뺨에 발진이 생겼다고 알렸다. 델타의 바니 퍼플 유니폼 때문에 승무원들의 피부가(침대 시트, 브래지어, 욕조도) 보라색으로 물들곤 했으므로 너무나도 확실하게 문제를 식별할 수 있었다.

칭이는 이제 알레르기로 고생하게 되었다. 통근 비행기에서 향수를 뿌린 승객 옆에 앉아 있다가 구역질이 나서 화장실로 달려가야 했다. 오하이오주립대학의 피부과 의사를 찾아가 패치 테스트를 받고 포름알데히드와 니켈에 알레르기가 있음을 확인했다. 그런 다음 폐 전문의로부터 성인 천식을 진단받았다. 의사는 그를 유니폼이 있는 방에 들어가게 했고, 그곳에서 호흡에 문제가 생기는 것을 확인했다. 폐 전문의와 피부과 전문의는 칭이에게 더 이상 유니폼을 입지 말라고 했다.

델타항공은 자기 돈으로 검은색과 흰색 옷을 사서 유니폼처럼 입겠다는 칭이의 요청을 수락했다. 하지만 3월 런던행 비행기의 붐비는 조리실에서 동료들과 함께 일하던 칭이는 현기증이 너무 심해져서 거의 일어설 수 없는 상태가 되었다. 눈이 부어 불에 타는 듯 따끔거리고 윗배에 극심한 경련이 느껴졌다. 동료들과 떨어져 비행기 앞쪽으로 걸어갔더니 좀 나아졌지만, 한 동료가 다가오자 목에 뭔가 걸린 것처럼 기침을 하기 시작했다.

착륙 후 호텔로 가기 위해 다른 승무원, 조종사와 함께 버스에 탔다가 바로 탈진 상태가 되었다. 몸이 좋지 않다는 말에 동료들은 칭이를 살폈고, 혈색이 사라져 창백해진 것을 보고는 응급실로 데려갔다.

"내 경력에 끝이 다가오는 것 같았어요." 칭이가 말했다. 그다음 날 델타항공은 칭이를 비행기 승객석에 태워 미국으로 돌려보냈고, 전화 회의를 통해 앞으로 지상 업무를 맡으라고 했다. 그날 이후 칭이는 비행을 하지 못했다.

증상을 둘러싼 논란과 오해

/

각종 냄새와 화학물질에 대한 반응 때문에 칭이의 일상생활에 심각한 제약이 생겼다. 식료품점을 방문해도 몸이 아팠고, 방향제가 든 세제는 다 버려야 했다.

다중화학물질과민증, 환경 질환, 비만세포활성화증후군, 독성 물질로 인한 내성 저하 등 다양한 진단명이 등장했다. 칭이가 겪고 있는 문제를 정의할 일반적인 명칭이 없다는 것은 이 문제가 의학계에서 제대로 받아들여지지 않는다는 의미이기도 하다. 의사가 보험사에 청구할 수 있는 질병 코드도 존재하지 않는다.

독소에 과다 노출되었을 때 심각한 반응을 일으키는, 다른 말로 화학물질 민감증(화학적 불내성)이 있는 사람들은 각종 독소나 화학물질이 환경에 유입되는 것을 절묘하게 알아차린다. 인간 가이거 계수기(방사능 측정 장치—옮긴이)처럼 그들은 동료가 뿌린 강한 향수, '새 차 냄새', 방금 페인트 칠한 벽처럼 대부분의 사람에게는 두통 정도를 유발하는 대상에 격렬하게 반응한다.

합성 화학물질에 일상적으로 노출된 결과 각종 질병과 알레르기가 발생한다는 이론은 1940년대 유별난 알레르기 전문의인 테론 G. 랜돌프Theron G. Randolph 박사에 의해 처음 제시되었다. 미시간 의과대학에서 학위를 받고 하버드 의과대학에서 펠로우십을 이수했으며 노스웨스턴대학에서 교수직을 맡았으니 돌팔이는 절대 아니었다. 하지만 그의 비정통적인 견해는 의학계에서 결코 받아들여지지 않았다. 랜돌프 박사가 환자들을 위해 합성 화학물이 없는 유명한 재활 회복 시설을 여러 곳 설립하고, 환경 질환 전문 의사들의 전국적인 운동을 이끌었음에도 말이다. "각종 환경 요소가 알레르기 반응을 일으킨다는 주장에 대해서는 회의적이다. 이 주장은 아직 입증되지 않았다." 1995년 랜돌프가 사망했을 때 워싱턴병원 천식·알레르기연구소의 연구 책임자인 마사 화이트Martha White 박사가 《뉴욕 타임스》에 이렇게 말했다.[3]

화이트가 랜돌프 박사의 이론을 무시하는 동안, 설명할 수 없는 일련의 증상을 보이는 걸프전 증후군이 등장했다. 만성피로, 인지 문제, 섬유근육통, 피부 발진, 소화기 문제, 근육통 및 관절통, 호흡기 장애가 특징[4]인 이 질병은 1991년 걸프전 참전 군인의 3분의 1에게서 나타났다.[5] 의사들은 정확한 원인을 밝혀내지 못했다. 살충제 노출, 유정油井 화재, 화학무기, 폐기물 소각 또는 이 몇 가지가 합쳐져 생긴 것일 수 있다.

다중화학물질과민증에 대한 언론의 관심은 1990년대 후반에 최고조에 달했고, 그 직후 거의 조직적이라 할 수 있는 깎아내리기가 등장하게 된다. 글로버스빌의 데비처럼 다중화학물질과민증을 보이는 대부분의 여성은 이 병에 대해 들어 본 적이 없었다. 유색인종 커뮤니티에서도 이런 문제가 알려져 있지 않다고 UCLA 사회유전학연구소의 영문학 및 젠더 연구 교수인 레이철 리Rachel Lee가 말했다. 다중화학물질과민증으로 고통받는 여성들에 관한 프로젝트를 진행했던 리와 학생들은 인터뷰 대상을 찾는 데 어려움을 겪었다. 한 라틴계 학생은 자기 어머니는 이런 용어를 들어 본 적은 없지만 강한 냄새를 맡으면 천식 발작을 일으킨다고 했다.

"대개 일반적인 가정의학과 1차 진료에서는 '화학적으로 민감한' 환자를 많이 볼 수 없습니다. 이들은 그저 **내가 자극적인 냄새를 좋아하지 않아서요** 하고 말하겠지요." 댈러스 환경건강센터의 엘리자베스 시모어Elizabeth Seymour 박사가 말했다.

시모어는 브레인포그, 두통, 피로, 발진, 천식, 섬유근육통, 근골격계 통증, 피로의 원인을 찾기 위해 이 의사 저 의사 찾아다니며 수천 달러를 쓴 환자들을 보았다. "이런 사람들은 상황이 너무나도 복잡하기 때문에 대부분의 의사나 의료 서비스 제공자들이 피하려고 합니다. 7페이지나 되는 각종 병력과 20~50개의 증상을 이야기할 테니까요. **이런 것에 노출되었어요, 저런 것에 노출된 줄 몰랐어요,**

이러저러한 증상이 나타나기 시작했어요 하며 기나긴 사연을 설명할 겁니다. 그러면 의사는 셜록 홈즈가 되어 조사를 해야 하지요."

알레르기 전문의들은 합성 화학물질이 어떻게 이런 반응을 일으키는지 아직 이해하지 못하고 있다. 칭이가 알레르기 전문의에게 가서 유니폼이 원인인 것 같다고 말했더니 간호사가 비웃었다고 한다. 얼마 지나지 않아 유니폼 스웨터를 입으려던 칭이는 아나필락시스 반응인 두드러기, 기도 폐쇄로 응급실에 가게 되었다.

의사는 화학물질 민감증의 증거와 증상을 확인할 수 없기 때문에 불안이나 우울증의 신체적 징후라고 판단해서 환자를 심리학자에게 보내기도 한다(여성이 화학물질 민감증에 훨씬 더 자주 시달린다고 해도 의사가 이 병에 대해 확신하는 데 별 도움이 되지 않는다).

"이것은 직업상의 건강 문제입니다. 이런 환자들은 심리적 증상을 보입니다. 혼란스럽고 생각한 적도 없는 부분에서 반응을 보이지요. 그래서 실제로는 문제 물질에 노출되어 병이 생긴 것인데도 우울증이나 불안증이라는 소리를 듣곤 합니다. 의사가 환자의 말을 믿지 않는다면 그야말로 최악의 상황이지요. 그러면 동료와 고용주, 가족도 환자의 말을 믿지 않게 될 테니까요." 텍사스대학의 알레르기 전문의이자 면역학자, 명예교수인 클라우디아 S. 밀러 Claudia S. Miller 박사가 말했다.

화학적 세상에 적응하지 못한 사람들

/

의사가 화학물질 민감증 진단을 주저하는 주된 이유는 정확히 눈에 띄는 생물표지자biomarker(단백질이나 DNA, RNA, 대사물질 등을 통해 신체 이상 변화를 알아내는 자료—옮긴이)가 없기 때문이다. 반면에 반려동물의 비듬이나 땅콩 같은 일반적인 알레르기의 경우는 원인 물질에 노출되면 항체가 생성되고, 이러한 항체는 혈액 검사로 확인할 수 있다.

"알레르기 전문의는 수련 과정에서 환자를 문진한 다음 혈액 검사나 피부 검사로 알레르기를 테스트하는 방법을 배웁니다. 비교적 간단한 일이지요." 밀러 박사가 설명했다.

그러나 최근까지 내부 작동 기제가 수수께끼로 남아 있던 또 다른 면역 체계가 있다. 세포성면역은 비만세포와 관련이 있는데, 우리가 지금과 같은 모습이 되기 이전인 5억 년 전부터 인간의 몸에 존재해 온 오래된 방어 메커니즘이다. 밀러 박사는 "이것은 우리 인간이 지닌 가장 초기의 가장 기본적인 면역 반응"이라고 말한다.

비만세포가 어떻게 기능하는지 연구자들이 이해하게 된 것은 최근 십여 년 사이다. 요새의 화살 구멍 사이에 배치된 궁수처럼, 이 세포들은 피부, 소화기, 뇌혈관 장벽, 폐 등 인체 조직이 외부 환경과 접촉하는 모든 곳에 존재한다. 그러다 박테리아나 독극물처럼 싫어하는 이물질을 만나게 되면 **사이토카인**이라는 천연 화학물질을 방출해 침입당한 곳의 면역 체계를 가동시킨다. 그러면 공격

받고 있다고 느끼는 신체 각 부위에서 염증이 일어나 발진, 복통, 천식, 브레인포그 같은 여러 증상이 나타날 수 있다.

문제는 비만세포가 과잉 반응을 보일 수 있다는 점이다. 비만세포는 특정 물질에 한번 당하고 나면 극도의 경계 태세를 취하게 된다. 폭격을 당한 경험 때문에 정신적 외상이 생겨 쾅 하는 소리만 들으면 공황 발작을 일으키는 군인과 비슷하다. 문제가 되었던 것과 같거나 유사한 물질의 기미만 발견해도 비만세포가 놀라서(활성화되어) 사이토카인을 다시 대량으로 방출하고 과도한 염증 반응을 일으킨다. 이렇게 생각해 보자. 누군가 당신을 포옹했다가 코를 쿵쿵거리며 냄새를 맡더니, 기침을 해대고 사과하며 뒤로 물러선다. 당신이 향이 강한 세탁용품을 사용했기 때문이다. 그저 뒤로 물러서기만 하는 것이 아니라 잠시 주저앉거나 심지어 그 자리를 뜰 정도로 격렬한 반응을 보일 수도 있다.

"일단 비만세포가 민감해지면 반응을 유발하는 데 1분(정말이지 아주 짧은 시간)도 안 걸립니다. 몸 전체에 영향을 미치는 방식으로 반응할 수도 있지요." 밀러 박사가 말했다.

세포성면역의 잘 알려진 사례가 덩굴옻나무다. 어린 시절에 나는 노스캐롤라이나 집 주변의 숲을 뛰어다니다 덩굴옻나무와 그 수액의 주요 성분인 우루시올에 노출되었다. 처음 노출되었을 때는 그리 심각하지 않아서 약간의 발진이 생겼을 뿐이었다. 하지만 이후 덩굴옻나무와 접촉할 때마다 며칠 동안 몸 상태가 좋지 않았다. 아홉 살때는 얼굴이 너무 부어서 눈을 제대로 뜨지 못할 정도였다.

22년 동안 그럭저럭 덩굴옻나무과 식물을 피해 왔는데, 망고 나무로 뒤덮인 니카라과의 작은 호수 섬에 갔다가 문제가 발생했다. 땅에 온통 망고 열매가 떨어져 있는 그곳에서 발목 전체에 발진이 생겼다. 알고 보니 망고 껍질에도 우루시올이 들어 있었다.

"그게 바로 세포성면역입니다. 덩굴옻나무에 대한 **기억**이 몸에 남아 있는 것이지요." 밀러 박사가 설명해 주었다.

이런 2단계 프로세스 때문에 밀러 박사는 '독성 물질로 인한 내성 저하toxicant-induced loss of tolerance, TILT'라는 진단명을 붙였다. 우선 새 카펫, 곰팡이, 조악한 청소용품, 살충제, 플라스틱 물질로 가득한 집을 태우는 산불 연기, 독성 유니폼 등에 처음 노출될 때 특정 물질에 대한 민감성이 생긴다. 그러면 이후로는 이런 물질에 아주 약간만 노출되어도 크게 문제가 되는 것이다. 밀러의 연구에 따르면 화학물질 민감증이란 비만세포의 활성화 작용임을 알 수 있다.

더 나아가 밀러는 비만세포가 초기의 특정 자극뿐 아니라 모든 종류의 합성 화학물질과 향에 반응하여 활성화될 수 있다고 믿는다. "아직 모든 답을 알아낸 것은 아닙니다. 그러나 일단 비만세포가 활성화되면, 구조적으로나 화학적으로 관련이 없는 물질에 대해서도 확실히 반응을 보이게 됩니다." 곰팡이와 그 유독한 휘발성 유기화합물에 자극을 받고 나면, 이후 **모든** 향 관련 제품과 휘발성 유기화합물에도 민감한 반응을 보일 수 있다는 것이다.

밀러는 우리 몸이 아직 화석연료 제품에 제대로 대응하도록 진화하지 못했다고 생각한다. 살충제나 중합체처럼 화석연료를 기반으로 만들어진 화학물질은 테론 랜돌프 박사가 환경 질환(아마도 '합성물질 질환'이라고 불렀어야 할) 치료를 시작한 2차 세계대전 이후 폭발적으로 증가했다. 그러나 콜타르로 만든 염료는 그보다 오래전인 1800년대 후반에 널리 보급되어 온갖 종류의 피부 문제를 일으켰다고 나는 밀러에게 말했다. 이후 50년이 더 지났어도 인체는 매일 높은 수준의 염료에 노출되는 상황에 익숙하지 않았던 것이다.

검사 결과, 칭이는 포름알데히드와 벤젠(염료를 만드는 데 사용되는 독성 화학물질)에 대해서는 "미세한 수준"으로, 니켈과 아세톤에는 매우 심하게 알레르기를 보이는 것으로 나타났다. 이런 물질은 극소량만으로도 면역계의 과도한 반응을 이끌어 내 일시적으로 신체 기능을 무력화하고 일상생활을 불가능하게 만든다.

밀러가 지적한 것처럼, 문제는 화학적 내성이 없는 사람들을 괴롭히는 화학물질의 양이 독성학자 대부분이 안전한 수준이라고 정의한 것보다 훨씬 적다는 점이다. 독성학자는 쥐나 기타 동물을 대상으로 삼아 "관찰되는 부작용이 없을 때까지" 화학물질의 양을 점점 줄여 가며 노출시키는 방법으로 안전한 수준을 결정한다. 그런 다음 역시나 안전을 위해 그 양을 10에서 1000배로 나누고 이 측정값을 인간의 평균 체중으로 환산한다. 이때 **관찰되는 부작용**이라는 말에 주목해야 한다.

"실험과 관찰의 대상이 되는 동물은 집중력과 기억력에 문제가 있는지, 브레인포그가 있는지 우리에게 말해 줄 수 없습니다. 먹이를 받아들이는 데 문제가 생겼는지도요. 일단 독성 물질로 인한 내성 저하가 생기면, 증상을 유발하는 수준이 독성학자가 제시하는 것보다 훨씬 낮은 정도라는 것이 환자들이 겪는 문제입니다. 예를 들어 옷에 든 화학물질 때문에 법정 싸움을 벌인다면, 독성학자들이 해석을 하게 되지요. 산업 현장에서든 다른 곳에서든 그 사람이 경험한 노출 수준을 살펴보고, 그 수준이 동물을 대상으로 실험한 '관찰되는 부작용이 없는 수준'보다 훨씬 낮다고 말합니다. 그래서 승무원들은 자신이 경험한 일이 사실상 불가능한 일이라는 이야기를 듣게 되는 겁니다."

이 모든 게 머릿속에서 일어난 일이라니

/

화학물질 민감증은 페인트를 방금 칠하고 새 카펫을 깐 새집과 새 작업장, 실내에 뿌려진 살충제, 곰팡이 등 여러 가지 화학물질에 과다 노출되는 것과 연관이 있다. 많은 환자는 자신이 낮은 수준의 문제 요인에 장기간 노출되었거나 곰팡이, 새로 꾸민 바닥과 벽의 화학물질 등 서로 다른 종류의 원인에 중첩 노출되어서 문제가 생겼다고 생각한다.

독성 패션이 문제의 주범이라고 명확하게 판명되지는 않았지만, 화학물질 민감증을 지닌 환자들은 이런 옷에 심각하게 반응한다. 일 때문에 화학물질 민감증 겪게 된 35명을 대상으로 1995년 실시한 연구에 따르면, 대상자의 86퍼센트가 증상 완화를 위해 입

던 옷을 바꿨다고 한다.[6]

환경건강센터의 엘리자베스 시모어는 소변과 혈액, 머리카락 샘플을 이용해 증상을 일으키는 용제와 중금속 등 독성 화학물질을 찾는 다양한 검사를 진행한다. 그런데 특정 부위에만 발진이 나타난다면, 그는 환자가 입고 있는 옷이나 사용하는 세제에 대해 묻기 시작한다.

안타깝게도 알레르기의 정확한 원인을 찾아내려는 전투의 승률은 절반도 되지 않는다. 옷에 성분표가 없는데 포름알데히드나 분산 파랑 염료가 들어 있는지 어떻게 알 수 있겠는가? "화학물질을 피하는 것이 점점 더 어려워지고 있습니다. 모든 제품을 만들 때 여러 가지 화학물질이 들어가니까요. 우리가 입는 옷도 그런 제품에 포함됩니다." 시모어가 말했다.

화학물질 민감증으로 고통받는 여성들과 이야기를 나누며 옷과 관련한 이상 반응을 피하기 위해 어떻게 했냐고 물어보았다. 어떤 보이지 않는 위험이 옷에 숨어 있는지에 관해 무언가 밝혀낼 수 있으리는 희망을 갖고 말이다. 아프기 시작한(원인을 확인할 수는 없었지만) 1989년 이전에 UC산타바바라대학 부인과 병원에서 일했던 앤 맥켐벨Ann McCampbell 박사는 "화학물질에 민감한 사람은 드라이클리닝을 하지 않습니다"라고 말했다. 그는 현재 화학물질에 민감하게 반응하는 사람들을 위해 전화 상담을 하고 있다.

"어떤 사람은 더 이상 옷을 입을 수 없는 정도라 집에서 벌거벗고 있습니다. 증상이 진짜 심한 사람들은 흰색이나 베이지색 옷만 입지요. 색이 강한 옷에는 염료가 너무 많이 들어갔을 테니까요.”
습진이 있는 한 고객은 옷에 2퍼센트 함유된 스판덱스 성분도 견딜
수 없었다고 한다. 새 옷을 사서 햇빛과 빗속에 몇 달 동안 걸어 두
거나, 압력솥에 넣어 두거나, 분유와 식초 혼합물에 담가 두는 사람
도 있다고 알려 주었다. 어떤 사람들은 운동화를 사서 언젠가는 신
을 수 있기를 바라면서 3년 동안 밖에 둔다고도 했다.

　　한동안 맥켐벨은 중고 의류를 사기 위해 마당에 물건을 내놓고
파는 집들을 찾아갔고, 굿윌스토어와 자선단체에서 운영하는 중고
품 가게를 찾아다녔다. 몇몇 곳에서 모든 물건에 페브리즈 같은 방
향제를 사용하기 전까지 말이다. “꽤 오랫동안 새 옷을 입을 수 없
었거든요. 이제 월마트에서 흰색 티셔츠를 사서 몇 번 세탁하고 입
으면 괜찮은 정도가 되었어요.” 몇 년 전, 활동 중인 로큰롤 밴드에
서 연주할 때 입을 검은색 청바지가 필요해서 할인점에 가서 몇 벌
샀다고 한다. “끔찍했어요. 옷에서 나는 냄새 때문에 두통이 생겼죠.
그 옷을 빨려다가 냄새 때문에 세탁기를 못 쓸 뻔했을 정도예요.”

　　구김 방지 셔츠 정도는 참고 입을 수 있다. 하지만 얼룩 방지나
방수 기능이 있는 아웃도어 용품이라면 생각하지 않는 편이 낫다.
“텐트는 아예 못 씁니다”라고 맥켐벨이 말했다. 최근 파타고니아 반
바지를 샀는데 허리 밴드의 고무줄이 문제를 일으켰다. 앞면에 비
닐 프린트가 있는 티셔츠도 참을 수 없었다.

　　클라우디아 밀러 박사는 항공승무원협회의 주디스 앤더슨과
계속 이야기를 나눠 왔는데, 이때 승무원들이 들려준 경험은 의미

심장했다. "비좁은 구역에 오래 있어야 하고, 같은 유니폼을 입은 사람들이 주위에 많다고 생각해 보세요. 대기 중에 온통 미세섬유 조각이 떠다니고, 옷에 든 휘발성 화학물질이 활성화되겠지요. 그런 상황이면 천식 발작 같은 반응이 충분히 일어날 수 있습니다."

민감성은 다양한 신체 시스템에서 발생할 수 있지만, 승무원들이나 크론병을 앓고 있는 재클린의 경우에서 보듯이 의사가 검사를 통해 쉽게 문제를 식별할 수 있는 유일한 부위는 피부다.

대부분의 피부접촉검사에는 약 80개 물질만 포함된다. 이 개수가 누군가의 등에 붙일 수 있는 패치의 최대치다. 하지만 피부과 전문의가 패치 생산업체에 주문할 수 있는 문제 물질은 이보다 훨씬 더 많고, 옷에 사용되는 문제 물질은 수천 가지에 이른다. 듀크대학 연구팀이 살펴본 것처럼 의류 화학물질 중 상당수는 제대로 분류된 적이 없으며, 테스트 샘플로 사용할 수 있는 것은 훨씬 적다. "사용자에게 이상 반응을 불러올 것으로 의심되는 제품 자체를 검사에 사용하는 것이 더 쉬울 정도입니다." 밀러가 말했다.

옷이 이상 반응을 일으킬 때 제조업체에 책임을 물으려면, 해당 옷감에 들어 있는 어떤 화학물질이 문제를 일으켰는지 정확히 알아내야 하고, 그 화학물질 자체로 누군가에게 특정 질환을 유발한다는 사실을 입증해야 한다. 사실상 불가능한 일이다.

1990년대에 이야기되던 만큼은 아니지만, 오늘날에도 이런 문제는 계속 발생하고 있다. 화학물질 민감증으로 진단받은 사람들의 수는 2006년에서 2016년 사이에 300퍼센트 증가했다.[7] 하지만 진

6장 당신이 너무 민감한 탓이야

단을 통해 확인된 숫자보다 실제 환자들은 훨씬 더 많을 수 있다. 밀러의 연구팀은 국제 참조표준reference standard이라 할 수 있는, 50개 질문으로 이루어진 QEESI 테스트와 그보다 짧은 버전인 BREESI 테스트를 1만 명의 미국인에게 시행했다.[8] 이 테스트에서 참여자들은 향수, 휘발유 연기, 페인트 시너뿐 아니라 음식과 약물로 인해 경험하는 문제를 평가하게 된다.

그 결과 응답자의 20퍼센트 이상에게 화학물질 민감증이 있는 것으로 나타났다. 이 수치는 앞서 살펴본 유니폼에 반응하는 3개 항공사 승무원의 비율과 거의 일치한다. 또한 접촉성 피부염을 앓고 있는 미국인의 비율과도 일치한다.

이 책을 쓰면서 나 역시 화학물질 민감증이 얼마나 널리 퍼져 있는지 이해하게 되었다. 종종 친구나 지인에게 책의 주제에 대해 이야기하면, 그들 자신이나 친구, 가족 중에 화학물질 냄새를 견디지 못하는 사례를 들려주곤 했다. 원고의 사실 확인을 부탁하려던 한 여성은 이 주제가 자신에게도 해당된다며 제안을 거절했다. 향이 나는 제품과 합성 의류에 너무 민감해서 삶이 심각하게 힘들었기 때문이었다.

수십 년 동안 화학물질 민감증에 관해 연구해 온 밀러는 나와 이야기를 나누던 2021년 가을에도 여전히 이 분야는 주류로 인정받지 못한다고 말했다. "많은 의사가 이 증상을 믿지 않습니다. 과학이 새로운 정보를 이해하는 것은 매우 어려운 일이지요. **우리 몸의 면역계가 외부 물질에 거부 반응을 보이는 것처럼, 우리의 정신은 새**

로운 아이디어에 거부 반응을 보인다는 말이 있습니다. 거부는 모든 종류의 과학 발전에서 가장 먼저 일어나는 일이랍니다."

휘발유 연기나 강한 세제 향을 들이마시고도 하루를 별문제 없이 보낼 수 있는 '정상적인' 사람들은 스스로를 이성적이라고 생각할 것이다. 수많은 여성의 몸이 들려주는 이야기를 믿기보다, 걱정하지 말라고, 문제가 잘 관리되고 있다고, 너무 예민해서 이상 반응을 일으키는 것뿐이라는 전문가의 말을 믿는 것이 더 쉬울지도 모른다.

그러나 상황은 점점 바뀌고 있다. 2021년 11월 밀러와 그의 팀은 《유럽환경과학》에 〈비만세포 활성화를 통해 설명하는 화학물질 민감증의 다양한 사례〉라는 제목의 논문을 발표했다.[9] 전 세계 독성학자에게 발송된 동료 심사 논문에서 비만세포 활성화와 독성 물질로 인한 내성 저하의 연관성을 밝힘으로써 마침내 우리 몸에서 일어나고 있는 일을 설명했으며, 의사들이 진단과 도움을 요청하러 찾아오는 환자들을 이해하고 믿을 수 있도록 새로운 문을 열어 주었다.

"생물학적 메커니즘을 설명하지 못하면 전문가들은 믿지 않습니다. 비만세포에 대해 알게 되기 전까지는 이 문제를 설명할 수 있는 생물학적 메커니즘이 없었던 것이지요." 처음 통화를 한 지 1년이 지났을 무렵 밀러가 내게 말했다.

이제 밀러는 살충제에서 미생물, 자폐증에 이르는 다양한 주제의 행사에 초대받고 있다. 하지만 그의 연구가 화학물질 노출이 건강에 미치는 위험을 평가하는 독성학자들과 현장에서 화학물질 민감증을 다루는 의사들에게 제대로 전달이 될지, 된다면 그게 언제쯤일지는 전혀 다른 차원의 문제다.

7장

내 몸이
나를 공격한다

자가면역질환의 유행

토냐 오스본Tonya Osborne은 아픈 관절을 달래기 위해 뜨거운 물이 담긴 컵을 손으로 감쌌다. 60세가 된 그는 자신이 마침내 노화에 굴복해 관절염에 걸린 것은 아닌지 의심했다. 그러지 않기를 바랐다. 그때까지만 해도 90세가 될 때까지 계속 비행기에 탈 계획을 가지고 있었으니까.

카트를 밀지 않고 쟁반을 들고 다니며 음료를 제공하는 사우스웨스트항공 승무원의 역할이 상당히 버거워졌다. 허리도 아프기 시작했다. 토냐는 항공사에서 비행기 환풍구를 청소해야 한다고 생각했다. 편두통과 부비동 감염이 사라지지 않았기 때문이다. "콧물이 수도꼭지를 틀어 놓은 것처럼 흐르고 있었어요."

1999년 40세로 사우스웨스트항공에 입사했을 당시, 이혼하고 혼자 아이를 키우던 토냐는 모든 직원을 소중히 여기는 회사에서 일하게 된 것에 감사했다. "나는 두려움으로 결속된 회사보다 사랑으로 이어진 회사를 원합니다." 창업자 허브 켈러허의 책에서 이런 글을 읽고 마음에 깊이 새겼다.

"우리는 가족 같았어요." 신타스에서 만든 카고 반바지, 흰색 운동화, SWA라고 큰 글자로 새겨진 스웨터를 승무원 유니폼으로 입던 초창기에 대해 토냐는 이렇게 회상했다. 그러나 2010년대까지 수십 년간 이 항공사는 사업을 크게 확장했고, 엄청난 수익을 올렸으며, 켈러허는 한참 전 은퇴했다.

2017년 여름, 사우스웨스트항공은 멋진 새 유니폼을 선보였다.[1] 옷 옆쪽에 들어간 줄무늬는 비행기의 동체와 꼬리 부분에 칠해진 밝은색 줄무늬에서 따온 것이었다. 이 유니폼을 도입하며 제조업체도 랜즈 엔드에서 다시 신타스로 교체했다.

토냐는 폴리에스테르로 만든 새 유니폼을 좋아하지 않았다. "플라스틱 성분이라 그런지 비행기에서 일할 때 좋지 않아요. 공기가 통하지 않거든요. 비행기 통로를 오갈 때, 기내가 더운데 에어컨이 제대로 작동하지 않으면 유니폼이 몸에 달라붙곤 합니다."

2018년 5월, 비행기에서 내리던 토냐는 가슴과 목 주위 피부에 붉은 반점이 생긴 것을 발견했다. 햇볕에 타서 생긴 반점처럼 보였다. 플로리다 집 근처 주치의에게 갔더니 두드러기가 있다며 병가 서류와 스테로이드 크림 처방전을 써 주었다. 이틀 후에도 나아지지 않자 주치의는 피부과 전문의에게 가서 피부접촉검사를 해 보라고 했다. 검사 결과 토냐는 염료에 알레르기가 있는 것으로 나타났다.

옷 한 벌에 인생이 무너지다

/

피부 문제는 점점 더 나빠지고 있었다. 《필라델피아 인콰이어러Philadelphia Inquirer》 기사에 따르면 토냐는 "계속해서 이 유니폼을 입는다면 심각한 발진을 일으켜 업무를 제대로 수행할 수 없게 될 것이다"라는 의사 소견서를 사우스웨스트항공에 제출했다.

비슷한 다른 유니폼을 착용할 수도 없었다. 그는 휴가를 내려고 다른 승무원에게 돈을 주며 자신의 비행을 대신 맡아달라고 부탁하기 시작했다. 여기에 75달러, 저기에 150달러, 다 합하면 수천 달러에 달했지만 선택의 여지가 없었다. 비행을 너무 많이 빠지면 해고될 테니 말이다.

그러나 결국은 불가피한 일을 지연시킨 것에 지나지 않았다. 여름이 끝날 무렵 토냐는 일을 할 수 없게 되었다. 그냥 잠시 휴가를 보내는 거라고 생각했다. 얼마 지나지 않아 집주인이 토냐가 살고 있던 임대 주택을 팔겠다고 알려 왔다. 집을 사기 위한 주택 융자를 받지 못한 토냐는 친구가 소유한 레저용 차량에서 지내게 되었다. 일시적인 상황이라고 믿었다. 유니폼 문제만 해결되면 일터로 돌아가 다시 자기 힘으로 일어설 수 있을 테니까.

한 달 후 사우스웨스트항공의 기내 운영 담당 부사장인 소냐 라코레가 승무원들에게 이메일을 보냈다. "사우스웨스트항공이 최근 유니폼에 사용한 원단과 각종 부자재에 대한 신뢰를 강화하기 위해 모든 유니폼을 테스트했다는 사실을 알리게 되어 기쁩니다.

유니폼 공급업체와 사우스웨스트항공은 독립적인 의료 전문가로부터 직원들이 유니폼 의류와 액세서리를 착용해도 문제없다는 테스트 결과를 확인했습니다.”

토냐는 라코레를 포함한 경영진에게 독성 관련 자료를 확인하게 해 달라고 요청하는 이메일을 보냈다.

“이 상황은 저에게 엄청난 신체적, 재정적, 정서적 스트레스를 야기했습니다. 문제없는 유니폼을 내년까지 기다릴 필요 없게 즉각적인 조치를 취해야 합니다. 저는 사우스웨스트항공이 최고의 기업으로 인정받길 원하며 그러기 위해 노력한다는 것을 알고 있습니다. 하지만 우리 중 얼마나 많은 사람이 다양한 형태의 이상 반응으로 고생하는지는 아무도 모르는 것 같습니다. 자신이 왜 아픈지 모르는 사람들도 있습니다. 다른 사람은 할 수 없는 일을 하길 원하고 또 해야 하는 승무원들이 있는데, 왜 그 일을 하는 데 꼭 필요하고 무해한 장비를 제공하지 않는지 이해할 수가 없습니다.”

사우스웨스트는 댈러스로 토냐를 불러 본사 회의에 참석하도록 했다. 그곳에서 토냐는 ‘염료 및 기타 색소’ ‘알레르기 유발 물질’ 등이 적힌 합격-불합격 차트 서류를 건네받았다. ‘기타 색소’가 무엇인지, ‘불합격’ 표시된 물질이 무엇인지 자세하게 물었지만 정확한 대답을 들을 수 없었다. 토냐가 메모를 하자 옆에 있던 직원이 몸을 기울여 뭐라고 쓰는지 지켜보았다. 모호함투성이 보고서의 사본조차 얻을 수 없었다.

회의 중에 임원 한 사람이 ‘사우스웨스트와 신타스는 1100만 달러의 유니폼 계약을 포기하지 않을 것'이라고 말한 것을 들은 기억이 있다고 토냐가 《필라델피아 인콰이어러》 기자에게 말했다.[2] 사우스웨스트항공은 유니폼을 교체하는 대신 남아 있는 재고를 모두 검수하는 방식을 선택했다. (나는 이 일에 관해 사우스웨스트항공에 의견을 구했지만 응답을 받지 못했다.)

토냐는 항공승무원협회의 주디스 앤더슨과 이메일로 이야기를 주고받았지만 불행하게도 앤더슨이 토냐를 돕기 위해 할 수 있는 일은 거의 없었다. 사우스웨스트항공 승무원들은 1981년 이 항공사 승무원만을 위해 설립된 텍사스의 소규모 노조인 '운송노동자조합 지역 556' 소속이기 때문이다.[3] 아이러니하게도 그 당시 승무원들이 노조를 설립하게 된 계기는 일 년 내내 핫팬츠 차림이어서 남성 승객들의 성희롱을 불러오기도 한 유니폼 때문이었다(결국 짧은 바지 위에 랩스커트를 둘러 입어도 되는 것으로 정리되었지만).

그러나 2020년에는 노조보다 항공사가 한 수 위인 듯 보였다. 《필라델피아 인콰이어러》 기자의 질문에 노조는 이상 반응을 보고한 승무원의 정확한 수를 밝히길 거절했다. 그저 노조원 "수백 명"이 피부 이상 반응, 부기, 두통, 호흡 문제를 보고했다고만 말했다. 노조는 정확한 신고 시스템을 가동하려고 노력하고 있었다.

탈모가 심해진 한 사우스웨스트 승무원은 자신의 유니폼을 개인 연구소에 보내 실험을 의뢰했다.[4] 결과를 보니 염료 운반체^{dye carrier}로 사용되며 피부 및 호흡기 문제를 일으킬 수 있는 벤질 알코올, 크로뮴, 비소, 수은, 납을 포함한 14가지 중금속이 높은 수치로 함유되어 있었다. "이 정도의 화합물이 들어 있다면 착용자에게 천식, 기관지염, 화학적으로 유발된 폐렴을 포함해 심각한 알레르기 반응을 일으킬 것입니다." 독성학자가 말했다.

2019년이 되어도 토냐의 상황은 나아지지 않았다. 개인 연금을 해지하고 사우스웨스트항공에서 받은 이익 분배금을 긁어모아 레저용 차량을 구입하고 의료비와 생활비를 충당했다. 손, 팔, 회전근개 수술을 받기도 했다. "온몸이 갑자기 한꺼번에 무너지기 시작했다는 게 정말 놀라워요." 토냐가 이런 농담을 했다.

2020년 3월 7일 《필라델피아 인콰이어러》에 토냐가 사우스웨스트항공을 상대로 벌인 힘든 싸움에 대한 기사가 나왔지만 별 화제가 되지 않았다. 바로 그날 뉴욕 주지사가 코로나 팬데믹 비상사태 명령을 내렸기 때문이다. 노트르담대학의 그레이엄 피슬리 박사는 토냐의 유니폼 6점을 무료로 테스트해 주겠다고 제안했다. 유니폼에서 크로뮴, 니켈, 아연, 브롬이 발견되었는데, 이를 통해 피슬리 박사는 브롬화 난연제의 함유 가능성을 예측했다(듀크대학 연구를 통해 우리는 이미 집 먼지 속에 브롬화 아조벤젠 분산염료가 존재한다는 사실을 알고 있지만 말이다).

"유니폼이 담긴 포장을 뜯었을 때 일부 옷에서 확실히 냄새가 났기 때문에 휘발성 유기 화합물이 들어 있을 거라고 생각했습니다. 이런 물질에 대해서는 우리 실험실에서 정식으로 테스트하지 않지만요." 피슬리는 자신의 실험실이 이와 관련해 인증받은 곳이 아니기 때문에 테스트 결과가 법정에서 증거로 채택되지 못할 것이라고 토냐에게 알려 주었다. 비싼 비용을 치러야 할 인증 실험실에서 어떤 항목을 테스트해야 하는지 알려 주고, 토냐가 이상한 것이 아니라 정말 옷에 문제가 있음을 확인해 주기 위해 실험을 한 것이다. 명확한 문제 물질을 밝혀낼 수 없다고 해도, 사우스웨스트항공이 이런 사실을 인정하지 않는다고 해도 말이다.

얼마 지나지 않아 토냐는 만성 피부 질환인 건선과 관련 있는 건선성 관절염을 진단받았다. 또 강직척추염으로 척추뼈가 유착되는 문제를 겪기도 했다. 2021년 가을 이야기를 나누었을 때 그는 매주 금요일마다 메토트렉세이트라는 약을 8알씩 복용하고 있었다. "여기에 더해 격주로 화요일마다 통증을 관리하고 진행 속도를 늦춰 주는 휴미라 주사를 맞고 있어요." 토냐가 말했다.

이런 병은 엄밀히 따지면 원인이 알려지지 않은 자가면역질환이다. 그러나 토냐는 이런 문제가 왜 발생했는지 알고 있다. 유니폼 때문이었다. "나를 진찰한 류마티스 전문의는 승무원들이 겪은 모든 일에 근거해 유니폼이 자가면역질환을 일으켰을 가능성이 높다고 기록으로 남겼을 거예요." 토냐가 말했다(하지만 이 기록의 사본을 찾을 수 없었다. 류마티스 전문의가 병원을 옮겼기 때문이다).

그래서 다시 항공사 유니폼 이야기로 돌아온 것이다. 눈에 보이지 않고 설명도 되지 않는 화학물질로 뒤덮인 옷이 자신의 자가면역질환과 관련 있다고 자신 있게 말할 수 있는 일반 여성. 나는 그런 사람을 찾아야 했다.

신체의 반란

/

지난 50년 동안 자가면역질환과 관련한 생물표지자는 꾸준히 증가해 왔다. 어떤 기관에서는 자가면역질환을 앓고 있는 미국인의 수를 2400만 명으로, 다른 기관에서는 암이나 심장병보다 더 많은 5500만 명 정도로 추산한다.

80가지가 넘는 자가면역질환 중 1형 당뇨병, 다발경화증, 루푸스, 류마티스관절염 같은 일부 질환은 잘 알려져 있는 반면, 나머지 대부분은 제대로 정의되지도 않았고 진단이 어려우며 다른 질환들과 증상이 겹친다.[5] 따라서 위와 같은 추정치가 정확하다고 볼 수는 없다. 암이나 다른 질병과 달리 자가면역질환은 국가 차원의 연구소도 없고, 문제의 윤곽을 잡도록 도와줄 연구 기금도 거의 없다. 진단이라고 해 봤자 병의 원인과 개선 방법을 명확히 제시하는 것이 아니라 그저 여러 증상을 나열하는 데에 그친다.

내가 찾은 가장 보수적인 추정치에 따르면 미국 인구의 5~8퍼센트에 영향을 미치는 자가면역질환은 미국 내 만성질환 3위로 꼽히고 있다.[6] 대부분의 자가면역질환은 완전한 치료법이 없으며 증상을 완화하기 위해 평생 치료가 필요하다.

염증성 장질환과 1형 당뇨병에 걸린 어린이들의 사례도 최근 늘고 있다.[7] 그러나 자가면역질환은 확실히 여성의 문제라고 말할 수 있다. 자가면역 환자 중 약 5분의 4가 여성이고, 자가면역협회에서도 이 질환은 여성들이 가장 많이 겪는 병이라고 말한다. 2008년

돈나 잭슨 나카자와Donna Jackson Nakazawa는 《자가면역의 유행The Autoimmune Epidemic》에서 이 질환이 환자의 평균 수명을 15년 단축시킨다고 썼다.[8]

모든 자가면역질환의 공통된 특성은 무언가에 의해 활동이 촉발된 면역계가 자기 몸을 공격한다는 것이다. 10년 넘게 과학자들은 문제의 원인이 우리 환경에 존재한다는 데 동의했다. 바로 바이러스와 각종 독소다.

메건 오로크는 2022년 회고록 《보이지 않는 질병의 왕국》에서 다음과 같이 썼다. "자가면역질환에 유전적 요인이 있다는 사실은 확실하다. 가족 구성원이 비슷한 질환을 앓는 경향이 있고, 나중에는 다수가 그런 질환을 한 가지 이상 앓게 된다. 그렇지만 환경 또한 분명 큰 몫을 차지한다. 자가면역질환은 부유한 서구 국가에서 대유행이라고 해도 무리가 없을 만큼 늘어나는 추세다." 오로크의 말에 따르면 쌍둥이 연구에서 자가면역질환의 3분의 1은 유전적, 3분의 2는 환경적인 것으로 나타났다.[9]

유전적으로 자가면역질환에 걸리기 쉬운 사람들이 있지만, 그 증세가 나타나기 위해서는 한두 가지 문제 요인에 지속적으로 노출되어야 한다는 것이 지배적인 이론이다. 유전적 소인에 바이러스와 독소가 더해져 증상이 급격하게 발전한다는 이론을 많은 연구가 뒷받침하고 있다. "자가면역질환에 영향을 미치는 요인에는 각종 감염, 살충제, 용제, 내분비교란물질, 호흡성 분진과 섬유에 대한 직업상의 노출, 그리고 흡연 이력과 식단 선호도 같은 개인적 요인이 포함된다." 최고의 연구자와 의사로 구성된 위원회가 2022년 발간한 《자가면역질환에 대한 국립보건원 연구 강화Enhancing NIH Research on Autoimmune Disease》에 이렇게 나와 있다.

"최근 자가면역질환의 상당수는 코로나 팬데믹으로 인해 발생하고 있습니다. 이 경우는 바이러스 감염 때문이지만, 미국에서 화학물질에 노출되는 일이 많아졌다는 배경 역시 고려해야 합니다." 메이요클리닉의 심혈관 질환과 부교수이자 중개연구 책임자이며 이 책의 필자인 드리사 페어웨더DeLisa Fairweather가 말했다.

연구자들과 의사들은 자가면역질환을 단독으로 연구하는 편이지만, 토냐의 경우처럼 알레르기에서 시작해 심각한 질병으로 발전하는 것을 보면 우리 몸의 모든 시스템이 얼마나 긴밀하게 연결되어 있는지 알 수 있다.

기본적인 것부터 살펴보자. 우선 호흡기 문제인데, 2017년 전 세계적으로 5억 4500만 명이 만성 호흡기 질환을 앓고 있었다.[10] 1990년보다 거의 40퍼센트 증가한 수치다. 1980년부터 2014년 사이 만성폐쇄성폐질환, 간질성폐질환, 폐사르코이드증 등의 만성 호흡기 질환은 거의 30퍼센트 증가했다.[11] 팬데믹이 발생하기 전인 2015년에는 만성 호흡기 질환이 다섯 번째 주요 사망 원인이었다. 글로버스빌에서 본 만성폐쇄성폐질환 사례는 자극물 흡입으로 발생했다. 만성폐쇄성폐질환 환자의 최소 85퍼센트는 흡연과 관련이 있지만,[12] 흡연율이 감소함에 따라 연구자들은 집 먼지 속 알레르기 유발 물질이 영향을 미친다고 생각한다.[13]

이런 상황은 불임 문제에도 영향을 준다. 나카자와의《자가면역질환의 유행》에 따르면 일부 의사들은 반복적인 유산으로 고통받는 여성의 최대 4분의 1이 '끈적한 피' 혹은 휴즈 증후군으로도 알려진 항인지질항체증후군을 겪고 있다고 추측한다.[14]

자가면역질환, 화학물질 민감증, 만성 통증, 만성 라임병, 크론병(뉴욕의 재클린이 앓고 있는), 코로나 후유증을 앓고 있는 사람들은 이들이 겪는 일이 '실재'이고 분명한 원인이 있는지, 아니면 그저 머릿속에서 일어나는 문제인지를 두고 흔히 논란의 대상이 된다. 심지어 인도 면직물 염색의 수도라 할 수 있는 티루푸르의 한 피부과 의사는 의류 노동자를 비롯한 환자들이 호소하는 습진이 그저 스트레스, 열악한 위생과 관련한 문제라고 말했다.

"내가 인터뷰한 약 100명의 여성 중, 훗날 자가면역질환이나 다른 구체적 병 진단을 받은 사람의 90퍼센트 이상이 심리적 문제이니 불안이나 우울 치료를 받으라고 의사가 권한 적 있다고 했다." 오로크는 회고록에서 이렇게 썼다. 다른 연구에 따르면 자가면역질환 진단을 받은 여성의 절반 정도는 판정 전 **평균** 5년 동안 아무런 문제가 없다는 말을 들었다고 한다.[15]

몇몇 형태의 심리요법은 심각한 질병을 앓는 환자가 그로 인한 정신적 문제를 극복하는 데 도움이 된다는 증거가 있지만, 연구에 따르면 심리요법만으로 질병이 사라지지는 않는다. 군인의 외상후스트레스장애PTSD를 치료하려면 먼저 그를 전장에서 내보내야 한다. 신체를 진정시키고 위험한 상황이 아니라는 것을 알려 주려면 일단 실제 위험에서 벗어나게 해야 하는 것이다.

면역 세포는 당신이 입은 옷을 기억한다

/

　몸과 마음의 보이지 않는 상호작용을 이해하는 것은 "모든 게 그저 머릿속에서 일어나는 상상일 뿐"이라고 말하는 것보다 훨씬 더 복잡한 일이다. 무언가가 면역계, 소화계, 통증 신호, 비만세포를 혼란스럽게 만들었다. 다양한 자가면역질환과 특정 화학물질 사이의 연관성을 보여 주는 연구가 많은데[16] 이에 대해서는 논쟁의 여지가 없다. 예를 들어 1990년대 중반 텍사스주 엘파소에서 발생한 다발성경화증 사례는 중금속 오염과 관련이 있었으며,[17] 프탈레이트와 BPA 같은 내분비교란물질이 성호르몬에 영향을 주기 때문에 남성보다 여성이 자가면역질환을 더 많이 앓는다는 증거도 있다.[18] 하지만 이러한 증상을 유발한 '진짜' 물리적 실체가 있다고 해도, 의사를 설득해 그 원인을 찾아 나섰을 때는 뺑소니 운전자처럼 이미 현장을 떠난 후일 것이다. 측정할 수 없는 브레인포그나 피로 같은 증상만 남겨 둔 채 말이다.

　드리사 페어웨더 교수는 이런 문제가 어떻게 작동하고 진행되는지 알려 주었다. 그가 설명하듯 우리는 모두 **선천**면역과 **후천면역**이라는 두 가지 면역 반응을 지니고 있다. **선천**면역은 감염원과 독소를 인식하고 이에 대항한다. **후천**면역은 감염원과 독소가 어떻게 생겼는지 기억해 놓았다가 이런 물질이 다시 나타나면 공격한다. 예를 들어 관절염의 경우, 침입한 독소나 바이러스에 대해 선천면역 반응이 거듭되면 고통스럽고 지속적인 염증을 유발하는 후천면역 반응으로 이어질 수 있다.

이 모든 반응에 관여하는, 클라우디아 밀러 박사가 말한 아주 오래된 방어 메커니즘인 비만세포를 통해 독성 물질로 인한 내성 저하를 생물학적으로 설명할 수 있다. "역사적으로, 모든 화학물질이 세상에 등장하기 전 [비만세포의] 선천적 주요 역할은 바이러스, 박테리아, 기생충과 같은 온갖 감염성 유기체를 인식해 대응하는 것이었습니다. 중요한 것은 이 세포가 독소를 인식하는 유일한 세포였다는 것이지요." 페어웨더가 말했다.

그러나 비만세포의 역할은 독소를 인식하거나 알레르기를 일으키는 데에 그치지 않는다. 면역계의 학습을 돕는 후천면역 반응에도 관여한다. "이것을 면역학적 확산이라고 합니다. 이런 방식으로 독감과 같은 바이러스에 노출될 때마다 방어력이 강화되지요. 바이러스의 구성 요소를 점점 더 많이 인식하고 이해하게 되어, 바이러스를 만날 때마다 면역 반응이 향상되는 겁니다."

이것이 백신이 작동하는 방식이다. 인체는 우리가 막으려는 바이러스와 비슷하지만 무해한 소량의 바이러스를 통해 훈련한 후, 천연두나 황열병 같은 진짜 문제를 만나면 적절하게 공격한다.

그러나 이런 면역계의 학습은 온갖 독소로 가득 찬 세상에서 우리에게 불리하게 작용할 수도 있다. 페어웨더 교수는 딸기를 그 대표적인 예로 들었다. 딸기를 좋아하는 벌레를 죽이려고 특정 농약을 계속 뿌리는 바람에 딸기에는 늘 농약 잔류물이 남아 있다. "비만세포는 화학물질을 표적으로 삼습니다. 화학물질에는 독성이 있으니까요. 우리가 딸기를 먹을 때마다 비만세포는 화학물질이 묻어 있는 딸기를 계속해서 인식하게 되고, 결국 딸기 그 자체에 반응하게 됩니다. 이렇게 음식 알레르기가 생기는 것이지요." 알레르기는 몇 년 혹은 평생 지속될 수도 있다. 이를 제거하는 유일한 방법은 딸기와 연관된 신체 기억이 사라질 때까지 그 독소를 피하는 것이다.

나는 페어웨더 교수에게 일부 여성들이 폴리에스테르나 다른 합성섬유에 이상 반응을 일으키는 것도 이와 비슷한 이유 때문인지 물었다. 그들의 몸이 분산염료 같은 특정 독소와 폴리에스테르를 연관시켜 기억하게 되었을 테니 말이다. 페어웨더 교수는 그럴지도 모르겠다고 대답했다. "BPA일 수도 있고 다른 염료일 수도 있지만, 그 대상이 무엇이든 간에 우리 몸이 기억 세포를 만들었을 겁니다. 그리고 그 기억 세포가 소멸할 때까지 반응을 보이겠지요. 이런 문제를 막을 수 있는 유일한 방법은 원인이 되는 물질에 노출되지 않는 것입니다. 그래야만 이상 반응을 보이지 않고 다시 그 대상을 받아들일 수 있을 테니까요."

패션 제품에 성분 표시가 없다면, 섬유 알레르기가 있는 사람이 어떻게 이런 문제를 해결할 수 있을까?

그저 일반적인 알레르기로 그치고 마는 것이 아니다. "비만세포는 인체의 모든 주요 시스템과 상호작용한다는 점에서 독특합니다. 국소 반응이나 전신 반응을 보이기도 하며 신경계, 호르몬계, 면역계에 영향을 미칩니다." 어떻게 두드러기, 브레인포그, 피로를 동시에 겪을 수 있는지 설명해 주는 말이었다.

만성 심장병 연구와 임상 경험을 자가면역질환에 대한 최신 연구와 결합했다는 점에서 페어웨더 같은 전문가는 드문 편이다. "이 문제를 연구하는 사람들이 스스로를 고립시킨다는 것이 문제입니다. 많은 환자가 자가면역질환 전문의를 찾아갑니다. 그런데 의사들은 비만세포를 어떻게 다루어야 할지 모르고 관련 연구에 익숙하지 않습니다. 또 다른 문제는 염증과 면역 세포를 연구하는 사람들이 비만세포를 연구하지는 않는다는 겁니다. 모든 것을 아우른다는 점에서 내 연구 방식이 특이하다고 할 수 있지요."

페어웨더와 이야기하면서, 옷 때문에 누군가의 삶이 망가진 무서운 이야기의 시작이 왜 항상 발진이나 두드러기였는지 마침내 이해하게 되었다. 발진이나 두드러기는 일종의 경고등이자 조난 신호였으며 도와달라는 울부짖음이었다. "음식 알레르기 문제로 찾아온 모든 사람에게, 이 문제를 제대로 해결하지 않으면 살면서 언젠가 만성질환으로 나타나게 될 거라고 말하곤 합니다." 그가 말했다.

안타깝게도, 이런 최신 연구는 이제 막 가느다란 실들을 연결하듯 시작 단계에 불과하다. "자가면역질환을 유발하는 화학물질에 대한 제대로 된 연구나 이해가 아직 없습니다." 페어웨더가 덧붙였다. "관련 연구 결과를 확인하고, 화학물질이 문제를 일으킨다는 사실을 명확히 보여 줄 수 있어야 식품의약국이든 어디든 찾아가 **이**

런 화학물질을 금지할 필요가 있다 혹은 **이런 화학물질을 추적 관찰할 필요가 있다**라고 말할 수 있을 겁니다. 어떤 조치가 취해지려면, 해를 끼치고 있다는 확실한 증거를 먼저 보여 주어야 하지요."

2022년 봄, 페어웨더가 소속된 자가면역질환 관련 국립보건원 연구평가위원회는 연구 기금 조성과 감독을 위한 새로운 조직을 만들어야 한다고 의회에 권고했다. 빨리 진행할수록 좋다. 지금까지 이 나라는 화학물질에 대해 **누군가 죽지 않을 정도라면 괜찮아** 하는 식의 태도를 취해 왔다. 암이나 죽음에 명확하게 연관되지 않는 한, 유독 물질 문제는 별 관심을 끌지 못하고 그대로 방치된다.

여러분은 어떨지 모르지만, 나는 단지 간신히 살아남는 정도로 살고 싶지는 않다. 나는 잘 살고 싶다. 알 수 없는 고통으로부터 자유롭게 오래 살고 싶다. 가렵지 않고 깨끗한 피부를 유지하고, 실외에서나 실내에서나 맑고 깨끗한 공기를 마시며, 소화 기관이 제대로 작동하고, 심각한 체중 변동이 없는 상태로 살고 싶다. 활력 넘치게 살고 싶다. 아기를 갖기로 결정한다면 고통스럽고 비용이 많이 드는 의료적 개입 없이 임신하고 싶다. 아기도 안전하고 건강한 환경에서 키우고 싶다.

우리 조부모 세대와 부모 세대는 화학 기술을 통해 더 나은 삶을 살 수 있다는 이야기를 들었을 것이다. 그러나 그런 화학 기술에 대해 '노'라고 말할 수 있다면, 특히 아무런 동의나 충분한 지식 없이 만들어져 우리가 입는 옷에 적용되는 화학 기술을 거부할 수 있다면, 최상의 삶을 살 수 있을 것이다.

4부

현장 검증

8장

아주
위험한 곳

해외 섬유 공장의 현실

"병을 낫고 싶으면 직장을 그만둬야 합니다." 의사가 말했다.

릴라바티Leelavathi는 피부 문제로 다시 한번 도움을 구하려고 지역 병원을 찾아갔다. 참을 수 없을 정도로 가려웠고 콜리플라워 같은 물집이 팔다리에 돋아났기 때문이다. 티루푸르, 이로데, 코임바토르(인도 남부 타밀나두주의 도시들—옮긴이)의 의사들과 상담하고 전통 의학은 물론 서양 의학의 치료법도 모두 시도했지만 전혀 도움이 되지 않았다. 언제까지 이런 식으로 계속 버틸 수 있을지 릴라바티 자신도 확신할 수 없었다.

그리고 6개월 후, 나는 티루푸르에 있는 릴라바티의 이웃집 거실에서 그를 만났다. 책을 쓰기 위해 조사를 시작한 지 거의 1년이 되었을 무렵이었다. 그때까지 수십 명의 과학자, 연구원, 옷에 든 화학물질을 다루는 사람들을 인터뷰했으며 화학물질과 기업과 질병 사이의 연관관계를 확인하면서 경악스럽다는 말로는 충분하지 않은 순간을 여러 번 경험했다.

227

이것이 살인 미스터리라면(어떤 의미에서는 그렇다고도 볼 수 있다), 지금쯤 사건을 정리해 놓은 게시판은 온갖 사진과 이름으로 뒤덮여 있고, 그 사이로 두꺼운 빨간 선들이 연결되어 있었을 것이다. **누가, 무엇을, 왜** 그랬는지는 알고 있었다. 내가 아직 알아내지 못한 것은 **어디서** 그리고 **어떻게** 이 두 가지였다.

거의 모든 섬유가 인도, 방글라데시, 터키, 중국, 에티오피아에서 생산된다는 사실은 처음부터 알고 있었다. 커튼 뒤에서 무슨 일이 일어나고 있는지 제대로 이해하고 사람들에게도 알리려면 섬유를 염색하고 마무리하는 과정을 내 눈으로 봐야 한다는 것도 알고 있었다. 더 중요하게는, 우리 옷장 속의 옷을 만드는 염색소와 공장 노동자들을 만나 그들이 서구 소비자들과 마찬가지로 화학물질의 영향을 받고 있는지 직접 확인하고 싶었다. 그래서 나는 비행기를 세 번 바꿔 타고 긴 자동차 운전 끝에 티루푸르에 도착했다.

우리가 입는 면 티셔츠 중 인도에서 생산된 것이라면 아마도 이곳에서 만들어졌을 가능성이 높다. 티루푸르는 티셔츠를 포함해 서구 시장용 면 소재 니트웨어를 전문으로 생산하는 의류 공장이 2만 2000개나 있고 여기에 60만 명 이상의 근로자가 고용된 것으로 알려진 도시다.[1] 해외 자본이 물밀 듯 밀려들어 와서 '달러 시티'라는 별칭이 붙기도 했다. 2022년 티루푸르수출협회는 이 도시가 전세계 시장 점유율의 약 2.6퍼센트를 차지하는 43억 달러 규모의 니트웨어를 수출하는 것으로 추정했다.

패션에 사용되는 화학물질을 조사하기 위해 방글라데시, 터키,

베트남, 파키스탄, 인도네시아, 모로코 등 더 악명 높은(적어도 서양인에게는) 생산 중심지를 방문할 수도 있었다. 억압적인 감시 체제에 중점을 두고 취재한다면 중국(인도에 있는 동안, 최근 불가피한 일로 무릎을 꿇고 중국을 떠난 언론인 두 명을 만나기도 했다)으로 향했을지도 모른다. 그러나 연구자, 현지 언론인, 활동가 등이 화학물질과 관련한 티루푸르의 전설적인 이야기를 영어로 된 간행물에서 셀 수 없이 소개했기에 나는 이곳으로 향하게 되었다.

섬유 화학 분야의 세계적인 감사 및 컨설팅 기업인 블루윈^{Blu-Win}의 기술 마케팅 책임자 시바 파리티^{Siva Pariti} 박사에게서 티루푸르를 비롯한 이 지역 일대가 규제 성공 사례로 간주된다는 말을 들었다.

"인도 남쪽으로 가서 **온갖 색깔의 물이 흐르는 운하를 보고 싶어요** 하고 말하는 것은 이제 불가능합니다." 유럽 사무소에서 화상 통화를 하며 그는 이렇게 말했다. "인도 남부에서는 공장이 물을 100퍼센트 재사용해야 한다는 규정이 있어요. 오염된 물이 한 방울도 강으로 흘러가서는 안 됩니다. 그런 일이 발생하면 공장을 폐쇄해야 하지요. 무슨 일이 있었는지, 어떻게 변화가 일어났는지, 어떻게 법원이 개입하고 작은 운하가 강이 되었는지, 지금 남인도에서 확인할 수 있습니다. 7년 전에는 상황이 달랐지요."

그는 아무런 처벌도 받지 않고 오염을 일으키는 염료 공장을 보고 싶다면 델리 북쪽의 파니파트로 가거나, 자신과 함께 방글라데시를 방문해야 한다고 했다.

그의 말은 기술적으로 사실이다. 타밀나두는 비교적 진보적인 지역이다. 타밀나두에 머무는 동안 공산주의 역사를 상기시키는 망치와 낫이 그려진 벽화를 보았다. 이 지역에서는 카스트제도의 지배력이 느슨한 편이고 사회적 이동이 활발해서 의류 노동자의 아이들이 자라서 의사가 되기도 했다. 티루푸르 섬유 노동자의 약 30퍼센트는 경제적 기회를 찾아 이곳에 온 인도 북부 출신의 이민자들이다.

그러나 경제적 기회에는 어두운 면이 함께 존재한다. 이 도시의 제조 산업은 30년 동안 빠르게 성장해 왔고 1990년대 후반이 되자 환경오염이 참을 수 없을 정도로 심해졌다.[2] 코임바토르 동쪽을 통과해 티루푸르 중심으로 흘러 공장을 지나가는 노얄강은 800여 개 염색 공장의 폐수와 하수가 모여드는 폐기장이 되어 버렸다. 강의 폐수가 1992년에 농부들을 돕기 위해 건설된 저수지로 흘러 들어갔고, 저수지는 죽은 물고기가 가득한 유독성 석호로 변했다.

2005년 티루푸르 여학생 그룹이 교사의 지도로 프로젝트를 진행해 보고서를 작성했다. 한 지역 활동가가 이 인상적인 보고서를 보여 주었는데, 약 31만 제곱미터의 농지가 사용할 수 없게 되었고 농작물은 다 죽어 버렸으며 코코넛 야자나무도 말라 간다고 나와 있었다.[3] 스프링 제본한 보고서에는 교복 차림의 소녀들이 농부와 함께 서서 기름기 뜬 검은 우물물을 내려다보는 사진이 담겨 있었다. 납과 카드뮴에 오염되었을 것으로 추정되는 5000여 개 농업용 우물 중 한 곳이었다. 부주의하게 이 물에서 수영하는 바람에 피부에 물집이 생기거나 심한 습진으로 뒤덮인 아이들의 사진도 보았다. 지하수가 오염되자 파이프에서 나오는 냄새 나는 물 때문에 피부병에 걸릴까 걱정한 부유층은 돈을 주고 목욕물을 사기 시작했다고 두 명의 현지인이 말해 주었다. 염색 공장들이 담수를 끌어다 쓰자 대수층의 수위는 급격하게 낮아졌다.[4]

1996년 인도 대법원은 염색 공장들에게 오염 문제를 해결하든지 공장을 폐쇄하든지 선택하라고 명령했다.[5] 한편 티루푸르수출업자협회와 타밀나두 주 정부는 공장에 필요한 물을 인근 마을에서 끌어왔는데, 검게 변한 물이 염색 공장 운영에 지장을 주고 있었다.

2011년 마드라스(지금의 첸나이) 고등법원이 훨씬 더 엄격한 규칙을 제정했다. 염색 공장에서 아예 폐수를 배출해서는 안 된다는 것이었다. 티루푸르 사업가들은 지금까지 아무도 해 본 적 없는 일을 맡게 되었다. 폐수를 정화할 뿐만 아니라 아예 무방류 시스템을 만들어야 했다.

정부의 재정적 지원을 받은 작은 염색소들은 힘을 합해 폐수 처리장을 세우고, 큰 공장들은 자체적으로 폐수 처리장을 건설해, 이러한 시스템을 통해 정화된 폐수를 재활용하게 되었다. 무방류 시스템 시행 후, 공장에서 사용하는 물을 일반 티루푸르 시민들도 사용할 수 있도록 허가가 났다. 나 역시 티루푸르에 머무는 동안 그 물로 샤워했는데 피부에 아무런 문제가 생기지 않았다.

이 사례를 통해 충분한 정치적 의지가 있다면 환경오염 문제에 진전을 이룰 수 있다는 희망을 갖게 되었다. 하지만 이 책은 지하수

오염에 관해 말하려는 것이 아니다. 지하수 오염 역시 끔찍하지만 이미 많은 언론이 이 문제를 보도한 바 있다. 그보다 이 책은 **우리가 입는 옷**에 관한 이야기다. 나는 마시는 물이나 오염된 채소 때문이 아니라 염색 공장에서 갓 나온 옷을 만지고, 화학물질로 코팅된 섬유에 둘러싸여 숨을 쉬는 등 우리와 비슷한 방식으로 패션 화학물질에 노출된 의류 노동자들을 만나고 싶었다.

오염된 지하수처럼 스며든 비극

섬유 제조 중심지를 안내해 줄 사람을 찾고 있다고 말하자마자 수자타 시바그나남Sujatha Sivagnanam이라는 인권 저널리스트가 연락해 왔다. 그는 티루푸르에서 차로 1시간 거리에 있는 도시인 코임바토르 출신으로, 티루푸르에서 수년간 살고 일하면서 풍부한 인맥을 보유하고 있었다. 수자타의 안내는 인도 니트웨어의 수도로 가기 위해 필요한 마지막 동력이었다.

2022년 5월의 따뜻한 봄날 저녁 티루푸르에 도착했을 때, 섬유 공장들이 급격한 면화 가격 인상에 저항하기 위해 집단으로 사업장 폐쇄를 고려 중이라는 패션업계 전문 매체의 보도를 접했다.[6] 의류 공장들은 생산 제품 변경을 고려하고 있다고 했다. "전 세계 시장은 대부분 합성섬유 제품을 요구하고, 우리는 이와 관련해 구매자의 요구를 충족시켜야 한다. 제품 다변화에 노력을 기울이고 있다." 업계 관계자가 한 달쯤 전에 인도 신문 《파이낸셜 익스프레스Financial Express》에 이렇게 말했다. 역사 깊은 일반 면직물보다 기능성 섬유가 훨씬 더 수지가 맞는 투자다. 그들은 미국 섬유 회사 밀리켄이 50년 전에 확인했던 교훈을 배우고 있는 것 같았다.

티루푸르까지 차를 타고 가는 내내 수자타는 전화 통화를 했고, 긴 근무 시간을 마치고 퇴근하는 한 의류 노동자의 집을 방문할 수 있도록 도와주었다.

나보다 한 살 어린 34세의 릴라바티는 통통하고 둥근 얼굴 가득 미소를 짓고 있었다. 방에 모인 다른 네 명의 의류 노동자처럼 그 역시 작은 금 귀걸이와 화려한 사리를 착용하고 있었다. 다른 식구들이 오가며 바로 옆에 자리한 부엌의 가스레인지에서 끓고 있는 저녁 식사를 살펴보았고, 매콤한 음식 냄새가 대기 중에 가득했다.

수자타의 통역 도움을 받아 나는 이들에게 건강이 괜찮은지 질문했다. 한 여성은 하루 종일 재봉틀에 앉아 있으면 다리와 허리가 아프다고 말했다. 재봉틀을 돌리려고 페달을 밟는 다리 말고 다른 쪽 다리는 마비될 정도로 저려서 아들이 매일 밤 혈액 순환을 위해 마사지를 해 준다고 했다.

피로 문제도 등장했다. 일반적으로 12시간 교대 근무를 해야 값싼 옷을 만드는 공장의 탐욕스러운 요구를 만족시킬 수 있다. 통근 시간에 가족을 위해 식탁을 차리는 시간까지 더하면 여성 의류 노동자의 매일 밤 수면 시간이라고는 4~5시간 정도에 지나지 않았다.

2018년 인도의 건강 설문조사에 따르면, 시골에서 일하는 비농업 분야 근로자 중 83퍼센트는 건강보험이 없다.[7] 공장주들은 정기 건강검진 의무를 피하려고 정규직 채용을 20명 이하로 유지하며, 노동자들을 여러 공장으로 돌려 가며 일을 시킨다고 지역사회 보건 의사가 연구자들에게 말했다.

　몇몇 사람이 분명하게 지적한 것처럼, 건강 문제의 많은 부분은 영양실조, 긴 근무 시간, 예방 치료 부족, 열악한 생활 조건 등과 분리될 수 없을 것이다. 그럼에도 많은 연구를 통해 의류 공장 노동자들이 겪는 독특한 질병을 확인할 수 있다. 비정상적인 폐 기능, 천식, 울혈을 비롯한 호흡기 문제가 가장 흔한 증상이었다. 2021년 티루푸르에서 진행된 연구는 면직기에서 나오는 미세 먼지가 어떻게 노동자들의 코와 폐에 들어가 기관지염과 체중 감소를 일으키는지 설명했다.[8] 계속 콧물이 흐르고 덥기 때문에 공장 안에서 마스크를 착용할 수가 없다. "마을에 있는 1차 보건소에 가면 동력 직조기 작업자를 위한 특별한 약이 있습니다." 이 지역의 25세 남성 노동자가 말했다.

　미국 연구자들은 이보다 더 심각한 문제를 확인했다. 길이가 짧은 섬유로 합성 벨벳을 만드는 공장 노동자들 사이에서 미세 섬유 때문에 일종의 간질성폐질환[9]이 발생했는데, 이 폐질환이 폐암의 위험을 높일 수 있다는 증거가 등장한 것이다.

　수자타와 나는 의류 노동자 출신의 노동조합 간사인 G. 삼파스Sampath와 이야기를 나눴다. 그는 면직물을 재봉해 티셔츠나 반바지를 만드는 공장에서 일하는 동안 만성 천식을 얻었다. 아직도 집 안을 빗자루로 쓸 때면 머리를 창밖으로 내밀어 자주 신선한 공기를 들이마셔야 한다고 했다. 대부분이 남성인 염색 공장 노동자들이 느끼는 공포에 대해서도 들려주었다. 2019년 몇몇 노동자가 지시에 따라 지하 염료 폐기물 저장 탱크에 들어갔다가 유독 가스에 질식해 사망하는 사고가 일어났다.[10] 또 다른 지역 활동가는 염색 공장 노동자였던 아버지가 염료 작업 때문에 손과 팔뚝 피부가 번들거리고 여기저기 갈라져서 고생한다고 알려 주었다.

이 산업의 비애는 지하수에 스며든 염료처럼 티루푸르 사회에 스며들었다. 20년 전, 이 지역 출신의 소설가인 수브랍하라티 마니안Subrabharathi Manian은 피부병에 걸린 염색 공장 노동자의 이야기를 썼다. 남편의 모습을 견디지 못한 아내는 그와 가까이하길 거부했다. 모욕을 느낀 남편은 아내를 강간하고 아내는 자살한다. 1999년 타밀나두 정부로부터 최우수상을 받은 소설의 줄거리다.

고통받는 것은 염색 공장 노동자만이 아니었다. 연구에 따르면 기계를 조작하는 의류 노동자들은 피부병, 심혈관 질환, 위통, 설사를 앓고 있다.[11] 그들은 자신의 건강 문제가 작업장 대기 중에 떠다니는 먼지, 연기, 분사물, 증기의 화학적 위험 때문이라고 생각한다.

의류 노동자들에게 피부 문제에 대해 물었더니, 릴라바티가 타밀어로 뭐라 외치며 자신의 팔에 난 흉터를 보여 주었다. 그런 다음 다리를 보여 주려고 청록색과 금색의 폴리에스테르 사리를 끌어올렸다. 아직 남아 있는 물집을 보니 숨이 막혔다. 사리 밖으로 드러난 팔은 바느질 일을 그만둔 직후에 좋아졌지만, 다리는 어떤 이유에선지 회복이 더뎠다. 어쩌면 찌는 듯한 인도의 더위 속에서 형형색색의 폴리에스테르 사리가 매일 다리에 닿기 때문은 아니었을까?

변화를 향한 발걸음

/

티루푸르에서 이루어진 오염 규제와 비슷한 일이 지난 10년 동안 전 세계 곳곳에서 일어났다. 2011년, 그린피스는 중국의 두 개 강에 각각 자리 잡은 염색 공장과 섬유 공장의 폐수 테스트를 바탕으로 한 충격적인 보고서를 발표했다. 애버크롬비 앤드 피치Aber-crombie & Pitch, 아디다스, 캘빈 클라인, 컨버스, H&M, 라코스테, 나이키 같은 서양 브랜드를 고객으로 삼는 이 공장들의 폐수를 조사한 결과, 노닐페놀과 과불화탄소●(그레이엄 피슬리가 온갖 것에서 발견했던 과불화화합물 계열)를 포함해 유해하고 잔류성 강한 호르몬 교란 물질이 발견되었다.[12]

이듬해 그린피스는 최소 18개국에서 제조된 20개 대형 패션 브랜드의 의류 141점을 구입했다. 테스트 결과 일부 제품에서 고농도의 프탈레이트와 발암성 아민이 발견되었으며, 3분의 2의 제품

● 그린피스의 보고서는 '과불화탄소(PFCs)'라고 표현했는데, 지난 몇 년간 업계에서는 이 계열의 물질을 좀 더 정확한 용어인 '과불화화합물(PFAS)'로 부르고 있다. 하지만 몇몇 브랜드에서는 여전히 'PFC 프리'라는 표현을 사용한다.

에서 1~4만 5000피피엠에 이르는 노닐페놀 에톡실레이트가 검출 됐다.[13]

그린피스의 캠페인에 겁을 먹은 글로벌 패션 브랜드들은 함께 모여 문제를 해결하기로 결정했다. 리바이스, 갭, 아소스ASOS, 아디 다스, 자라, JC페니, 나이키, 타겟Target 등 40여 개의 세계 최대 패션 소매업체들이 대형 화학 회사 및 섬유 제조업체와 함께 유해화학물 질무배출협회ZDHC를 설립한 것이다.[14]

나와 이야기를 나눈 모든 사람에 따르면 ZDHC는 업계를 크게 발전시켰다. 회원사들이 사용 금지에 동의한 화학물질을 정리해 제 조제한물질목록을 만들고 공개했다. 이는 옷을 만드는 노동자와 지 역사회뿐만 아니라 구매자에게도 좋은 일이다. 제조 과정에서 화학 물질이 전혀 사용되지 않는다면 최종 제품에서도 발견되지 않을 테 니까.

"특히 강력한 정책이 없는 국가라면 이런 조치가 정말 도움이 됩니다." 과학자이자 천연자원보호협회의 소비재 독성 화학 전문가 인 일리키Yiliqi가 ZDHC에 대해 말했다. "NGO 활동가로서는 그들이 할 수 있는 일이 훨씬 더 많다고 생각하지만 말입니다." 예를 들어 그는 이 협회가 개별 과불화화합물을 금지하는 대신 과불화화합물 계열 전체를 금지한다면 더 나은 결과를 얻을 수 있다고 생각했다 (2022년 가을에 그렇게 하는 방향으로 진전되었다).

ZDHC는 폐수 검사에서 화학물질이 검출되지 않은 업체를 인 증하는 프로그램도 만들었다. 수자타와 나는 H&M, 프리마크Primark,

월마트 같은 브랜드를 고객으로 둔, 티루푸르 소재의 ZDHC 파트너 염색 공장 중 하나를 방문했다. 복잡하고 잔뜩 막히는 비포장도로를 지나 그곳에 도착했을 때, 우리 눈에 제일 먼저 들어온 것은 오코텍스와 국제유기농섬유표준GOTS 로고가 자랑스럽게 그려진 정문 앞 간판이었다. 보안 검색대를 통과해 눈앞에 펼쳐진 인상적인 복합 단지를 둘러보고 있자니 관리자들이 우리를 맞이하러 나왔다. 깔끔한 청록색 테두리를 둘러 마치 벌집처럼 보이는 연한 푸른색의 다층 시멘트 건물 안에서는 기계들이 전속력으로 작동하고 있었다.

커피와 갓 튀겨낸 인도 간식으로 따뜻하게 맞이해 주면서도 공장 사장은 우리와 대화하기를 주저했다. 고객사인 브랜드들과 문제를 일으키고 싶지 않아서 그런 줄 알았는데, 알고 보니 업계 동료 사업자들이 신경 쓰였기 때문이었다. 만일 내가 **이** 공장이 최고라고 말하면 **다른** 공장은 여기보다 못하다는 의미가 될 테니 말이다. 인도의 사업가들은 자신이 몸담고 있는 업계를 보호하고 싶어 한다. 이야기를 나누며 약간의 확인(동료 의류 공장 사장의 추천과 함께)을 거친 후에 그는 우리에게 공장을 소개해 주었다.

모범 사례와 허점

/

실물 크기의 가네샤 신을 모신 사당 바로 뒤에 위치한, 이 공장 자부심의 근원이라 할 수 있는 폐수 처리장부터 돌아보기 시작했다.

먼저 파이프로 가득한 작은 창고를 지나갔는데, 물이 처리 시설을 통과하는 소리가 엄청나서 대화를 하려면 고함을 질러야 했다. 건물 외부에서는 두 개의 거대한 원형 풀이 고형 폐기물을 정화하고 있었다. 못생긴 온수 욕조처럼 보이는 5.5미터 깊이의 사각형 탱크가 그 안에 담긴 혼합물을 휘저으며 돌아가고 있었는데, 호기성 박테리아가 화학물질을 분해할 수 있도록 공기를 공급하는 장치였다.

염색 공장에서 배관을 통해 배출하는 물질의 94퍼센트는 순수한 물 형태이고, 이 물은 다시 염색 공장으로 보내서 재사용한다. 함께 배출되는 일부 슬러지는 시멘트 공장으로 보내고, 소금은 재활용하거나 근처에 저장하곤 한다.

이 소금으로 무엇을 해야 할지 아직 모르겠다고 관리자들이 말했다. 10년 동안 폐수를 처리한 결과 티루푸르의 염색 공장과 이들을 지원하는 폐수 처리장에 약 6만 톤에 이르는 '소금 슬러지 산'이 생겨났다는 소식이 들렸다.[15] 이런 소금을 처리하는 기술이 존재할 듯싶지만 미터톤 당 3달러, 전부 처리하는 데 400만 달러 이상이 소요될 텐데 누가 그 비용을 지불할까?

이 거대한 처리 시설을 짓는 것만으로 염색 공장 건설 비용이 두 배가 되었고, 의류 공장에서 생산하는 천의 롤당 가격 중 25퍼센트가 수질 관리 시스템을 운영하는 데 사용되고 있다. 의무적으로 시행하지 않는 한 아무도 이런 투자를 하지 않을 것이며 할 수도 없을 거라고 나는 수자타에게 중얼거렸다. 그 역시 동의했다.

다음으로 염색과 마무리 공정을 둘러보았다. 뒷마당에서 취미로 하는 일반적인 홀치기 염색으로는 도저히 따라갈 수 없는 강렬한 장면이었다. 복도에 놓인 커다란 들통에 희끄무레한 미가공 면직물이 들어 있었는데, 이 직물은 화학물질이 첨가되지 않은 상태로 공장에 도착한다고 했다. 원사를 튼튼하게 보강하는 풀 매기기용 화학물, 윤활유, 용제와 결합제처럼 직조 과정에서 사용하는 화학물질은 해당 공장에서 이미 제거되었다(이상적으로는 그렇다). 하지만 염료가 직물에 잘 스며들도록 돕는 계면활성제, 직물 세척을 위한 염기물, 염색 준비를 위한 표백제 등 온갖 종류의 사전 처리를 다시 해야 한다.

한 방에 자리 잡은 자동 분사 시스템에는 과산화수소, 인바딘invadine, 퓨로날puronal AR Liq 같은 라벨이 붙은 대형 탱크들이 늘어서 있었고, 여기서 나온 파이프는 비행기 격납고 크기의 창고에 있는 반짝이는 원통형 세척조로 이어졌다. 컴퓨터로 작동되는 이 최첨단 자동 투여 시스템 덕분에 작업자는 위험한 화학물질을 만질 필요가 없다. 다이스타DyStar처럼 명성 있는 글로벌 기업에서 만든 분말형 염료가 보관된 다른 방에 들어가자 장갑과 앞치마, 커다란 고글로 머리부터 발끝까지 온통 가린 작업자가 놀란 모습으로 우리를 맞이했다.

화학물질 제조업체가 보내온 안전보건자료는 모든 직원이 조회할 수 있도록 데이터베이스에 보관된다. 여기에는 정확한 화학 성분이 기재되어 있지는 않고 일반적인 구성 요소(예를 들어 '계면활성제')와 안전 취급 지침만 포함되어 있다.

사실 화학물질 제조업체를 제외하면 **아무도** 염료와 브랜드 제품에 무엇이 들어 있는지 정확히 알지 못한다. 독점적 비밀로 간주되기 때문이다. 화학 회사가 수 년의 시간과 수십만 달러의 비용을 투자해 개발한 제품의 성분 목록을 공개하면, 염료 회사나 패션 브랜드 등 다른 제조업체가 이를 바탕으로 동일하지만 더 저렴한 화학제품을 만들 수 있다. 그래서 화학제품을 사용하는 염색 공장도, 화학제품으로 코팅한 비옷과 속옷을 파는 패션 브랜드도 보통 그 안에 담긴 성분에 대해서는 잘 알지 못한다.

브랜드들은 이런 정보의 구멍에 불편함을 느끼기 시작했다. 2022년 초 H&M, 누디진스Nudie Jeans, 바닥재와 벽지 회사인 타르켓Tarkett, 카펫 브랜드 쇼Shaw, 청소용품을 판매하는 세븐스 제너레이션Seventh Generation 같은 몇몇 회사가 유럽연합 집행위원회에 "화학물 공급업체가 화학물질의 함량과 유해성에 대한 모든 정보를 공유하도록 장려하는 최선의 방안을 검토"해 달라고 공개 서한을 보냈다.[16] "영향력 있고 규모가 큰 다국적 브랜드조차 공급업체로부터 화학물질 함량에 대한 제대로 된 정보를 받기란 어렵고 또 불가능합니다. 이런 일은 [중소기업에는] 훨씬 더 어려울 수밖에 없습니다"라고 이 서한에 적혀 있었다.

그래서 패션 브랜드는 제품에 들어가서는 **안 되는** 것이 무엇인지를 화학 회사와 염색 공장에 알린다. 이것이 ZDHC가 제시한 제조제한물질목록이다. 그런 다음, 그럴 마음이 들고 그만한 돈을 쓸 가치가 있다고 판단하면 브랜드에서 자신들이 생산하는 패션 아이템의 유해성을 테스트한다. 우리가 견학한 공장은 1년에 한 번 제품을 오코텍스에 보내 유해 물질 테스트를 진행하고 인증서를 받는다고 했다. 이런 공장들은 평판이 좋은 공급업체로부터 인증된 화학제품을 구매하고, 심지어 제품이 위험하지 않은지 자체 테스트를 거친다. 책임자에게 인증 제품 중 구할 수 없는 색상도 있지 않냐고 물었더니, 피콕 블루 색상이 빠져 있지만 함께 일하는 브랜드 디자이너들이 항상 대안을 찾아낸다는 대답이 돌아왔다.

하지만 이 제도에도 허점이 있다. 그다음 달 화상 통화로 파키스탄 사파이어 그룹의 다이아몬드 데님Diamond Denim 설립자이자 임원인 알리 압둘라Ali Abdullah와 이야기를 나누었다. 그가 주문받은 청바지를 유럽의 한 브랜드에 배송했던 일화를 들려주었다. 브랜드에서 몇 가지 테스트를 진행했는데 검은색 폴리에스테르로 만든 주머니에서 사용이 제한된 아조염료가 발견되었다.

"주머니 공급업체를 추적했습니다. 업체는 오코텍스 인증을 받았기 때문에 주머니에서 아조염료가 검출될 수 없다고 주장했지요. 3, 4년 동안 이 업체로부터 제품을 구매해 왔는데 문제가 없었습니다. 그러다가 갑자기 문제가 발생한 건데, 아마도 업체가 더 저렴한 화학물질을 구해서 사용했기 때문일 겁니다." 그에게 어떻게 그런 일이 일어날 수 있는지 물었다. "오코텍스 인증을 받으려면 매년 테스트할 옷감을 보내면 됩니다. 각각의 완제품을 보내서 테스트하는 방식이 아니랍니다." 비용을 절감하기 위해 염색 공장은 해당 연도 중 언제든지 비밀리에 화학물질을 교체할 수 있다(이런 경우 테스트할 새로운 샘플을 다시 제출해야 하지만 그냥 진행하는 경우가 많다). 그는 "이런 일이 벌어진다는 이야기를 자주 들었다"라고 말했다. (문제가 된 청바지는 전량 소각되었고, 다이아몬드 데님은 관련 비용을 책임져야 했다. 이런 게임에서 공급업체는 항상 손해를 보기 마련이다.)

우리가 둘러본 또 다른 방에서는 염색 다음 단계인 프린트가 진행되고 있었다. 거대한 연분홍 천이 펼쳐지고 그 반대편에서 작은 검은색 만화 캐릭터의 윤곽선이 나타나는 것이 보였다. 아동복을 만드는 것 같았다.

프린트 기계 사이를 돌아다니는 노동자들은 방독 호흡기 대신 우리와 같은 천 마스크를 쓰고 있었다. 싸구려 네일 가게에서 나는 것 같은 냄새가 심했다(흥미롭게도, 매니큐어와 패션 아이템에 모두 톨루엔이 들어 있을 수 있다). 매니저는 대안을 찾고 있다고 했지만 아직까지는 용제를 사용하고 있었다. 다른 의류 공장 사장은 가능하면 프린트를 피하려 노력한다고 말했다. 작업이 어려울뿐더러 최종 제품이 화학물 테스트를 통과할 때 문제가 되기 때문이다.

공정의 마지막 단계에서는 섬유에 유연제를 뿌려 좋은 감촉을 더한다. 열 번 정도 입으면 씻겨 나갈 거라고 매니저가 어깨를 으쓱하며 말했다. 소비자들이 매장에서 옷을 입어 볼 때 기분이 좋아지도록 사용하는 것이라며 말이다.

면직물을 주로 다루는 염색 공장은 위와 같은 방식으로 작업을 한다. 기능성 합성섬유에 습기 관리, 얼룩 방지, 방수 기능을 더하는 공장에서는 사용하는 마감재와 화학물질 목록이 훨씬 더 길어질 것이다. 각종 수지, 암모늄 화합물, 실리콘, 폴리우레탄, 포름알데히드, 과불화화합물 등등. 듀크대학 연구자들이 피부 민감제라고 지적한 아조 분산염료도 여기에 들어간다.

마지막으로 티루푸르에 자체 공장을 소유한 인도의 스포츠 브랜드를 방문했을 때, 사장은 합성섬유를 염색하는 더 안전한 해결책이 있다고 말했다. 바로 도프dope 염색이다. 합성 원사를 만들 때부터 색을 입히는 방식인데, 도프 염색은 실제로 더 저렴한 공정인데다 분산염료 또는 물과 화학물질로 채워진 염료 통이 필요하지 않기 때문에 환경을 위해서도 더 나은 선택으로 여겨진다. 단점은 염색 공장이 아니라, 폴리에스테르 생산 과정에서 염색이 이루어지기 때문에 의류 공장에서 주문해야 하는 최소 구매 원단의 양이 늘어나게 된다는 점이다. 그날그날 틱톡에서 유행하는 패션 아이템을 소량 주문하는 울트라 패스트패션 브랜드는 이런 도프 염색 옷감을 사용할 수 없다.

벽에 걸린 염료 샘플 포스터를 가리키며, 공장 사장은 도프 염색의 또 다른 단점이 완벽한 검정색을 내기가 힘들고 검정에 가까운 어두운 색 정도만 가능하다는 것이라고 말했다(나중에 미국의 폴리에스테르 회사 임원은 이 말이 사실이 아니라고 확인해 주었다).

적어도 화려한 면 티셔츠를 원한다면, 우리가 방문한 거대한 염색 시설은 동급 최고로 안전하게 화학물 관리가 이루어지는 곳이었다. 투어가 끝날 무렵 나는 충분히 감명받았다. 물론 직접 일해 보지 않고서 이곳의 근무 환경이 정말 좋은지 혹은 그럭저럭 괜찮은 수준인지 확신할 수는 없었다. 그래도 내게는 일반적인 아마존 창고보다는 더 나은 환경처럼 보였다.

분명코 말하는데, 이 염색 공장이 표준은 아니다. 비영리 금융 싱크 탱크인 플래닛 트래커Planet Tracker의 2021년 7월 보고서에 따르면, 조사한 230개 염색 및 마감 처리 시설 중 23퍼센트만이 화학 물질 관리 정책을 구비해 놓았고, 13퍼센트만이 유해 폐기물 무배출을 위해 노력하고 있었다.[17] 티루푸르에서 일주일 동안 관찰해 보니, 염색 공장 규모가 작을수록 이런 부분에 투입할 자원이 적었다.

혼동의 여지가 있을까 봐 말하자면, ZDHC는 업계 내 자발적 단체이고 여러분이 이름을 들어본 대부분의 글로벌 패션 브랜드가 여기에 가입되어 있다. 그러나 더 중요한 것은, 패션 기술 액셀러레이터accelerator인 패션 포 굿Fashion for Good의 대략적인 계산(안타깝게도 현재로선 최선의 계산이다)대로라면 세계에서 가장 큰 200개 브랜드의 생산량을 다 합쳐도 전 세계에서 제조되고 판매되는 방대한 패션 제품의 10퍼센트가 채 되지 않는다는 사실이다(협회에서는 사람들이 구매하는 제품 대부분을 커버한다고 주장하지만).[18]

"우리 프로그램에 아직 참여하지 못하는 기업이 분명히 많이 있습니다." ZDHC의 프로그램 매니저인 스콧 에콜스Scott Echols가 인정했다. "참여한 브랜드 중 대기업의 경우는 대규모 화학물질 관련 팀을 운영합니다. 마케팅 때문에 이 활동에 참여하는지, 아니면 정말로 변화를 일으키려고 노력하는 것인지 논쟁의 여지는 있겠죠. 물론 두 가지 다 목표로 할 겁니다. 그러나 중간 규모 브랜드나 브랜

드 이름만 있고 모든 것을 외주로 생산하는 곳이라면 이런 문제에
집중할 수 있는 내부 자원이 없습니다. 관심을 가져야 하는 문제에
관심을 갖도록 강제할 수 있는, 당근이건 채찍이건 무엇이라도 있
다면 기업도 분명 움직이겠지요."

아래로 내려갈수록 짙어지는 어둠

나는 아마도 최상의 염색 공장 중 하나를 방문했을 것이다. 다
른 공장의 작업 환경은 어떨까? 알아내기가 그리 쉽지 않다.

많은 개발도상국과 마찬가지로 티루푸르의 패션 제조업계도 3
단계로 구성되어 있다. 맨 위에는 우리가 방문한 것과 같은 시설이
자리한다. 친환경 인증을 자랑하고, 효율적인 최신 기술을 보유하
고 있으며, (대부분) 유럽 브랜드와 상호 존중하는 장기적 관계를 구
축하고, 고급 제품을 만들어 그에 합당한 가격을 요구할 수 있는 곳
들이다.

이보다 한 단계 아래에는 환경 인증에 별 관심 없는 미국 브랜
드와 협력하는 수출 공장이 있다. 이런 브랜드는 그저 최소한의 법
적 요구 사항만 맞추려 들고, 얼마 안 되는 가격 차이에도 아무렇지
않게 공장을 바꾸곤 한다고 스콧 에콜스가 말했다. 이런 몇 푼이 폐
수 처리 시설 운영을 위한 비용이라고 해도 말이다.

"노력하는 공급업체에 보상이 돌아가지 않는 문제에 대해 이

야기해 볼까요? 당신이 염색업체에 사용 금지 화학물 목록을 전달한다 해도 그 업체들은 다음 주, 다음 달, 혹은 내년에 당신이 자신들과 계속 일할지 확신할 수 없습니다. 제대로 된 화학물질을 사용하고 요구 사항을 모두 따랐는데, **이렇게 되면 옷 가격이 몇 푼 더 올라가겠군** 하며 거래처를 바꿔 버리면 실제로 공장은 아무 이익도 얻지 못하게 됩니다."

수자타와 나는 좀 더 '가격에 민감한' 염색 공장 한 곳에 들렀다. 서구 브랜드를 위한 옷감을 만드는 곳이었다. 비행기 격납고 크기의 시설 대신, 훨씬 작은 야외 창고에서 작업자들이 (장갑을 낀) 손으로 화학물질과 염료를 혼합하고 있었다. 염색 공정 관리자는 인도 화학 회사나 현지 상인에게서 화학물질을 구입한다고 말했다. 이는 문제가 될 수 있다. 광업이나 건설업 등의 다른 산업에서 부산물로 생긴 값싼 화학물질을 공급받는 경우가 많기 때문이다. 이런 화학물질은 중금속과 프탈레이트, 할로겐화 용제로 오염되었을 가능성도 높다.[19] 브랜드에서 제품에 대한 광범위한 테스트를 요구하지 않는다면 오염 물질이 매장 선반에 진열되는 제품으로 흘러 들어갈 수도 있다.

공급한 제품이 안전 테스트를 통과하지 못했다고 의류 공장에서 반품시킨 경우가 있는지 물었더니 중간 단계 염색업자들이 그렇다고 대답했다. 하지만 이런 반품은 pH 불균형일 때에만 해당한다고 했다.

그 말을 들으며 수자타와 나는 서로를 쳐다보았다. 우리가 인터뷰를 하던 한 노동자의 아들이 의류 공장의 판매 담당으로 일하고 있는 것을 알게 되었다. 그는 미국 대형 브랜드의 생산 관리자들과 일하는데, 많은 경우 이들은 극히 간단한 제한물질목록을 보내며 제품 테스트를 요구한다는 이야기를 들려주었다. 공장에서 테스트 결과가 담긴 문서를 이메일로 보내면, 생산 관리자가 이를 확인하고 출하를 승인한다. 재클린이 뉴욕 패션 브랜드의 생산 담당자로 일할 때 취급하던 것과 비슷한 문서인데, 의류에 발암성 아조염료가 들어 있지 않음을 확인해 주는 내용이었다.

나는 그에게 제품이 테스트를 통과하지 못하면 어떻게 되는지 물었다. "소비자 피부에 문제를 일으킬 만한 것이 있으면 불량품으로 표기되어 출하가 거부됩니다. 그러나 다른 경우라면 결과를 바꿀 수 있습니다." 즉, 소비자가 문제를 체감하지 못하는 중금속이나 프탈레이트 같은 항목에 관해서는 인증서를 위조할 수 있다는 뜻이다. 하지만 pH 불균형은 즉각적인 피부 문제를 일으켜 사용자가 알게 된다.

그래서 이런 중위권 염색 공장들이 pH 불균형에만 신경을 쓰는 것이었다. 다른 문제는 브랜드에 충분히 숨길 수 있다. 특히 브랜드가 가격에만 관심이 있는 경우라면 더욱 그렇다.

이 시스템의 맨 아래에는 가장 낮은 가격으로 인도 국내 시장을 위해 제품을 생산하는 공장들이 존재한다. 여기에 해당하는 소규모 염색 공장은 저렴한 것이라면 어떤 화학물질이든 사용하고, 안전을 위한 화학물 테스트나 제품 테스트를 실행하지 않는다. 직원에게 보호 장비도 제공하지 않고, 야간과 장마철을 틈타 폐수를 강에 버린다는 소문이 있다고 티루푸르의 몇몇 사람들이 이야기했다. 수천 개의 공장에서 생산한 의류를 1억 6500만 자국민에게 판매하는 방글라데시에서는 가장 저렴하고 화려한 염료를 사용하는 경우가 많은데, 이럴 때 등장하는 것이 사용 제한된 아조염료다.[20] 건강과 환경을 고려하는 방식으로 작업해야 한다는 규정 같은 것은 어디에서도 찾을 수 없다.

티루푸르에 있는 인도 브랜드의 염색 공장을 방문하지는 않았지만 한 폐수 처리 엔지니어가 이런 공장의 모습을 사진으로 보여주었다. 폐수 탱크 옹벽은 떨어져 나갔고, 탱크 안에 든 내용물이 흘러나와 작은 개울을 이루며 땅으로 스며들고 있었다. 남아 있는 건 마른 슬러지뿐이었다. 이런 상황이 되기 얼마 전에 해당 염색 공장이 정부 공해관리위원회로부터 영업 승인을 받았다고 그가 말했다.

나중에 《뉴스위크》 기사에서 비슷한 이야기를 발견했다. "2015년 2월, 무두질 폐수 처리조 벽이 무너져 직원 10명이 독성 슬러지에 빠져 익사했다. 두 명의 [타밀나두 공해관리위원회] 검사관이 공장의 영업 허가를 승인했는데, 이들은 승인 과정에서 3000달러 이상의 뇌물을 받은 혐의로 체포되어 투옥되었다."[21] 나는 그때 만난 폐수 처리 엔지니어가 자신의 염색 공장 전용 장비를 판매하려고 비극적인 사진을 이용하는 것은 아닌지 의심했다. 그렇다면 현실은 그가 만들어 낸 허구보다 훨씬 더 끔찍할 것이다.

여러 소식통에 따르면 이 지역의 어떤 염색 공장이 부지에 깊은 구덩이를 파고 슬러지와 폐수를 버렸다고 한다. 화학물질은 구덩이를 통해 토양으로 침투하여 지하수를 더욱 심하게 오염시킨다. 물론 업계에서는 이런 사실을 부인하고 있으며 우리는 그 진위 여부를 증명할 수 없다. 그러나 이 지역의 수원水源이 여전히 고통받는다는 사실은 알고 있다.

2016년에 한 지역 신문은 여전히 더러운 노얄강과 "염분이 높고 어두운 색을 띤" 인근 지하수, 강 양쪽으로 몇 킬로미터나 펼쳐져 있지만 더 이상 토종 농작물을 생산할 수 없는 불모의 토양에 대한 기사를 발표했다.[22] 오염 물질의 유입을 막아야 하는 정부 정책이 실패했다는 지적이 이어졌다. 비교적 최근인 2020년 한 연구자는 강물에 거품이 떠 있고 이 일대 농장은 여전히 경작이 불가능하다며, 티루푸르를 "환경적 암흑 지대"라고 불렀다.[23]

인도 정부는 관리 감독을 강화하려고 노력하는 듯하다. 내가 방문하기 불과 두어 달 전에 공무원들이 인근 이로데에 있는 염색 시설의 폐수가 열린 배수구로 흘러 들어가는 것을 발견해 이 공장의 전력 공급을 차단한 일이 있었다. 비슷한 실랑이가 최근 인도 북서부의 구자라트주에서도 발생했다.

차를 타고 염색 공장을 떠나며 나는 수자타에게 예전에 미국 저지 쇼어의 톰스 리버라는 지역에서 이와 유사한 일이 있었다고 전했다.[24] 환경 저널리스트 댄 파이긴Dan Fagin이 쓴 동명의 책 《톰스 리버Toms River》는 스위스 화학 회사인 시바-가이기(지금은 제약 회사인 노바티스)가 1950년대부터 수십 년 동안 공장 단지 부지에 여러

개 구멍을 파고 염료 제조 과정에서 나온 폐기물을 방류해 인근 하천과 지하수를 오염시킨 일을 소개한다. 이후 주위의 압력을 받은 시바-가이기는 폐수를 바다로 곧장 내보낼 수 있도록 방출관을 설치했다. 바로 지금 구자라트의 한 화학물 제조업체가 정부의 승인을 받아 이와 비슷한 시설을 건설하고 있다.[25]

환경보호국의 화학 오염 단속이 시작되고, 인건비 상승을 이유로 사업을 폐쇄한 1980년대까지 시바-가이기는 주변 환경을 계속 오염시켰다. 결국 폐기물을 도시 외곽에 버린 다른 화학 회사, 상수도 기업과 함께 시바-가이기는 뇌암, 신경계 암, 백혈병에 걸린 아동들의 가족과 법적 분쟁 끝에 합의를 보게 되었다(여전히 책임은 인정하지 않은 채였다). 그러나 이런 사실 중 어느 것도 바다 건너 티루푸르에 닿지는 못했다.

나는 수자타에게 염료 제조업체와 방직 공장이 있던 미국 동부 해안 전역에 아직도 독성 폐기물 처리장이 수십 군데나 남아 있다고 말했다. 지금은 울타리가 쳐지고 경고 표시가 붙었다. 내부에서는 값비싼 시설이 수십 년 동안 지하수를 빨아들여 정화하고 있다. 사람들은 그저 오염된 토양을 떠내 줄 지어 늘어선 매립지에 던져 넣는 것이 정화라고 생각한다. 하지만 정화가 완전히 끝나도 이런 땅에서는 안전하게 농사를 지을 수 없다.

"유독물 불법 투기가 당장 중단되고 모든 사람이 올바르게 행동한다고 해도 농부들에겐 달라질 게 없습니다. 그들의 농지가 예전 같은 상태로 다시 돌아오지 않을 거라고, 몇 세대가 지나기 전에는 토양의 회복이 어려울 거라고 누군가는 농부들에게 말해 주어야 합니다." 나는 수자타에게 이렇게 말했다.

공장이 늘어선 지역을 떠나는 길, 그 한가운데 자리한 목가적인 연못을 차창 밖으로 바라보며 수자타는 그렇게 하겠노라고 조용히 대답했다. 그 연못은 여전히 온갖 오염 물질로 가득 차 생명체라고는 찾아볼 수 없을 것이라는 생각이 들었다. 내 말에 수자타가 기분이 상한 것 같아서 사과하고 싶었지만, 안타깝고 받아들이기 어렵다고 해서 진실을 부정할 수는 없었다.

우리는 모두 연결되어 있다

/

릴라바티는 이런 계층화된 산업 시스템의 모순을 직접 경험했다. 그는 10대 때 비교적 조건이 좋은 공장에서 외국 브랜드의 면 셔츠를 만들었다. 근무 시간은 길었지만 현대식 재봉틀에는 먼지를 걸러 주는 배기 장치가 있어 호흡기 문제가 생기지 않았다.

7년 동안 일한 후 결혼을 하고 두 아들을 낳아 키우느라 공장을 그만두었다. 다시 일할 준비가 되었을 때 릴라바티는 인도 내수용 제품을 만드는 공장에 취직하기로 결정했다. 글로벌 패션 브랜드를 상대하는 공장처럼 급한 일정을 요구하며 목을 조여 오지 않았으므로 근로 시간이 훨씬 유연했고, 가족과 더 많은 시간을 보낼 수 있었다.

그러나 단점도 있었다. 이 공장에서는 아조 분산염료를 사용해 만든 합성 의류를 바느질해야 했다. 인도 소비자를 위한 옷이므로 배송 전 테스트 같은 것은 없었다. 공장에 에어컨도 없었다. 더위로 온몸이 땀에 젖고, 오래된 재봉 기구의 열기로 뜨거워진 천에서 나오는 증기가 코를 찔렀다. 그때부터 몸에 물집이 생기기 시작했다. 마침내 2021년 말에 일을 그만둬야 했고, 그 이후로 일하지 않았다. 의류 공장이 마을에서 거의 유일한 일터였기 때문이다.

어떤 의미로는 잘된 일이었다. 릴라바티의 의사는 그의 말을 믿고 건강한 조언을 건넸다. 내가 앞서 소개했던 다른 많은 여성과는 다른 상황이었다. 만일 재봉 공장에서 계속 일했다면 이후 그의 건강은 어떻게 되었을까?

연구자나 전문가와 많은 대화를 나누며 의류 노동자들과 그들의 지역 공동체가 겪는 일이 소비자 건강보다 훨씬 더 심각한 문제라는 사실을 깨달았다. "옷을 만드는 노동자들은 유해 물질에 더 많이 노출됩니다." 스콧 에콜스는 자주 이렇게 말했다. "반드시 소비자가 가장 큰 타격을 받는 것은 아니지요. 직물을 생산하는 사람들과 지역사회가 사실 가장 큰 타격을 받습니다. 알레르기를 겪을 수 있고, 모두가 제거하려 애쓰는 위험 물질에 노출될 수도 있습니다. 소비자에게 완성품이 전달될 때까지 문제가 되는 용제가 남아 있다 보니, 처리 방법에 따라 때때로 냄새가 날 수 있지요. 하지만 유독 물질에 대한 진짜 노출은 노동자들이 공장에서 말려 있던 직물을 펼쳐, 이 직물에 든 문제 성분이 처음 대기 중으로 방출될 때 일어납니다. 우리는 유독 물질 잔류물이 0.1피피엠 남아 있다고 걱정하지요. 그러나 실제로 그 화학물질을 만드는 사람이 겪는 일에 대해서는 생각하지 않고 있습니다."

몇 달 후 독성 물질로 인한 내성 저하를 연구하는 클라우디아 밀러를 만났더니 자신의 연구팀이 이탈리아, 인도, 일본, 멕시코, 미국을 대상으로 다양한 화학물질 민감증 유병률에 관한 예비 연구를 진행 하고 있다고 했다. 그러면서 나에게 어느 나라가 유병률이 가장 높을지 추측해 보라고 했다. 나는 인도가 아닐까 생각했는데 내 말이 맞았다.

그래서 의류 노동자들이 겪는 현실을 확인하려고 티루푸르에 온 것이었다. 전적으로 생산에 집중해 문제를 볼 것인가, **아니면** 특권층이라 할 수 있는 서구 소비자들의 관심사에 초점을 맞출 것인가?

그러나 양자택일의 상황이 아니었다. 그럴 수 없었다. 특히 화학물질에 관해서라면 우리 모두가 연결되어 있다는 사실을 깨달았다. 그저 감성적으로 하는 이야기가 아니라 사실이 그렇다. 염색과 마감 처리 시설에서 시작된 일은 공장 뒤뜰에 버려진 폐기물에서 끝나지 않고 옷장과 우리의 피부, 우리가 사용하는 세탁기에까지 도달하게 되니 말이다.

많은 미국인은 인도(와 방글라데시, 중국)에서 일어나는 일은 안되긴 했지만 자신들과는 아무 관련 없다는 생각으로 스스로를 위로한다. 하지만 그렇지 않다. 티루푸르의 의류 노동자와 미국의 소비자는 수천 킬로미터 떨어져 있을지라도, 피를 나눈 자매라 할 수 있다. 같은 옷에서 나온 같은 독성 화학물질을 핏속에 공유하고 있으니 말이다.

  그리고 이런 유독 물질들은 우리 모두에게 같은 종류의 피해를 주고 있다.

신뢰하되
검증하라

친환경 인증은 어디까지 믿을 수 있는가

8월의 어느 무더운 날, 브루클린에서 차를 타고 뉴저지, 뉴욕, 코네티컷 3개 주의 항공 운항을 맡고 있는 뉴저지 뉴어크공항으로 향했다. 여객 터미널 출구 대신 '북쪽 구역/남쪽 구역'이라고 적힌 비밀스러운 출구로 나갔더니, 항공 화물들이 늘어선 도로가 나타났다. 철조망 건너편으로는 격납고에서 나온 유피에스UPS와 유나이티드 카고United Cargo 비행기가 다음 화물을 실을 준비를 하고 있었다.

몇 번이나 출구를 놓쳐서 되돌아가기를 반복한 끝에 머스크 Maersk와 에버그린Evergreen 컨테이너를 실은 대형 트레일러 트럭이 지나다니는 길에 합류했다. 검은 연기를 내뿜으며 디젤 엔진을 으르렁대는 트럭들이 내가 탄 작은 차를 위협하는 것 같았다. 내가 도착한 곳은 알록달록한 선박용 컨테이너가 길 양쪽에 담벼락처럼 솟아 있는 항구 지역이었다.

간신히 주차장에 차를 세웠더니, 카고 바지와 관세국경보호청 반팔 셔츠를 입은 근육질의 남자가 등장했다. 위험한 소비재가 미국으로 유입되지 못하도록 항구와 공항에서 어떤 일을 하는지 안내해 줄 뉴어크항만 대외협력 담당자 앤서니 부치Anthony Bucci였다.

희끗희끗한 곱슬머리를 어깨까지 늘어뜨리고 이탈리아 이민자 2세대의 억양을 쓰는 부치는 나를 관세국경보호청 현장 사무소로 안내했다. 그곳에서 회색 머리에 몸집이 아담한 남성인 에드 폭스Ed Fox 뉴어크항만 부책임자와, 나를 들어 올려 벤치 프레스를 할 수도 있을 것 같은 검은 머리의 당당한 여성 루실 시릴로Lucille Cirillo 경무관을 소개했다.

사무실 밖 복도에 걸린 지도에는 뉴욕/뉴어크 항구의 관할 영역이 표시되어 있었다. 포킵시에서 북쪽으로 149킬로미터 정도 떨어진 미드허드슨다리부터 저 아래 뉴저지 남쪽으로 80킬로미터 떨어진 매너스콴만까지, 서쪽으로는 델라웨어협곡, 동쪽으로는 롱아일랜드의 끄트머리에 이르는 광대한 범위였다. JFK공항(자체 공항 항만 기관을 보유했다)과 두어 곳의 개인 공항에 착륙하는 화물기를 제외하면 항공 또는 해상을 통해 이 거대하고 복잡한 지역으로 향하는 모든 상업 선적물은 이 사무실의 감독을 거친다.

뉴어크는 미국에서 다섯 번째로 분주한 공항이며, 로스앤젤레스 다음으로 두 번째로 분주한 항구다. 관세국경보호청 항만 사무소 앞에서 동쪽으로 뉴어크만을 바라보면 줄무늬 크레인이 우뚝 솟은 배에서 컨테이너를 내리고, 주황색 갠트리 크레인이 컨테이너를 쌓아 올렸다 해체하는 항구의 풍경을 살필 수 있다. 예정된 트럭이나 기차가 나타나 컨테이너를 싣고 떠나갈 때까지 이런 모습이 반복된다. 하루에 10~20척의 배가 이곳에 도착하는데, 그중 가장 큰 배는 1만 6000개의 컨테이너를 실을 수 있다. 배는 다음 정박지로 떠나기 전에 몇 개의 화물을 내리고 새로운 화물을 싣는다. 하루에 약 1만 2000개의 컨테이너가 이 세관의 관할하에 있는 6개 항구를 통해 이동하게 된다.

남쪽으로 고개를 돌리면 비행기가 하늘에서 내려와 뉴어크공항에 착륙하는 것을 볼 수 있다. 이곳은 하늘과 바다가 합쳐진 미국 최대의 항만 시설로, 온라인 쇼핑의 부상과 함께 각종 화물 처리 프로세스가 어떻게 달라졌는지 확인하고 싶었던 내게 꼭 가봐야 하는 곳이었다.

그해 초, 나는 2012년부터 출하된 패션 제품과 관련한 모든 화학물질 테스트 결과를 살펴보기 위해 소비자제품안전위원회에 정보공개 요청서를 제출했다. 엄청난 분량이긴 했는데, 위원회가 유독성 제품으로부터 자국민을 보호하기 위해 무엇을 하고 있는지 알고 싶었기 때문이다.

3개월 넘게 걸리긴 했지만, 요청한 정보를 찾아 5700개 이상의 항목이 포함된 스프레드 시트로 정리해 준 친절한 연방 직원 두 명은 큰 도움이 되었다. (테스트한 제품의 브랜드명은 가려져 있었다. 이 정보를 나에게 전달하기 전 모든 브랜드에 알리고 확인을 받아야 하는데, 그랬다가는 제대로 진행이 되지 않을 것이고, 굳이 문젯거리를 감수할 필요는 없어 보였다고 담당자가 전화로 말해 주었다.)

문서를 살펴보니 소비자제품안전위원회는 관세국경보호청 항만 담당관의 도움을 받아 평균적으로 이틀에 한 번씩 패션 배송품을 테스트하는 것으로 나타났다. 2021년 미국의 가장 큰 9개 항구에 **하루** 13만 8000개 이상의 선적 컨테이너가 도착했고, 미국 전체가 연간 940억 제곱미터의 의류를 수입했다는 사실을 고려하기 전까지는 나쁘지 않은 수준이라고 생각했다.[1] 데이터에 따르면 10년 동안 테스트한 3462개의 선적물 중 3분의 1이 압류되었다.

업무 방식은 이렇다. 배가 도착하기 72시간 전에 세관은 모든 컨테이너와 그 안의 화물에 대한 목록을 받은 뒤, 이를 데이터베이스와 대조하여 혹시 모를 밀수품 단서를 찾는다. 문제가 없는 대부분의 선적물은 방사능 탐지기를 지나(방사성 물질을 결합한 재래식 폭탄인 '더티 밤'의 존재를 확인하기 위해) 가까운 상점으로 향하게 된다. 그러나 세관에서 의심이 들거나 소비자제품안전위원회 같은 다른 연방 기관에서 더 면밀한 조사를 요청할 경우, 해당 컨테이너는 따로 분리되어 중앙검사소라고 불리는 창고로 옮겨진다. 그곳에서 이동식 X선 감지기가 컨테이너를 스캔하여 이상을 찾아낸다. 문제를 발견하면 창고에서 컨테이너를 열어 자세히 살펴본다.

컨테이너를 여는 일은 세관 직원이 아닌 창고 직원이 맡는다. 선적용 컨테이너에서 유독성 가스나 연기가 나오지는 않는지 물었더니 창고 직원들 모두 최근 그런 일은 없었다고 말했다. 그러나 뉴질랜드와 네덜란드 같은 나라에서는 에틸렌옥사이드와 브롬화메틸 같은 위험한 훈증제로 처리된 선적 컨테이너가 발견되기도 했다.[2] 항구에서 일하던 작업자들이 브롬화메틸 때문에 발작을 일으

9장 신뢰하되 검증하라

켜 병원으로 실려 갔다는 소식도 전해졌다. 이런 컨테이너에는 포름알데히드, 벤젠, 톨루엔 및 기타 발암 물질을 정부 작업장 기준보다 높은 수준으로 배출하는 플라스틱 제품이 들어 있을 수 있다. 2017년 특히 신발에 주목한 스웨덴 연구에 따르면, 신발이 담긴 한 컨테이너에서 직업적 노출 한도의 30배에 이르는 1, 2-디클로로에탄과 17배에 이르는 벤젠이 검출되기도 했다.[3] 이전 연구들도 신발을 고위험 제품으로 분류했는데, 화학적 민감증을 지닌 사람들과 운동화에 대해 추적했던 앤 맥캠벨 박사의 연구도 그중 하나였다.

홍수처럼 밀려드는 배송 상자

/

세관에서 설명을 듣고 관세국경보호청 차량에 올라타 중앙검사소를 찾았다. 축구장 6개 크기의 동굴 같은 창고 안은 놀라울 정도로 고요했다. 오른편에는 선적용 컨테이너 안쪽으로 향한 적재 구역이 있고, 우리 앞에는 온갖 물건이 컨테이너 안에 있던 모습 그대로 콘크리트 바닥에 가지런히 정리되어 있었다. 내가 방문한 날에는 조잡한 유모차(아마도 위험할), 낡은 자동차와 모터사이클(아마도 도난 물품일), 베트남 라벨이 붙은 타이드Tide 세탁 세제(위조품이거나 미국 판매 불가능 제품일 수도 있는), 용기가 터져서 라우릴황산나트륨을 함유한 내용물이 줄줄 새는 싸구려 샴푸 등이 바닥에 잔뜩 놓여 있었다.

담당자가 나를 접이식 테이블로 데려가 골라 놓은 물건들을 보여 주었다. 중국 내 강제노동과 연관된 면 폴리에스테르 퀼트 제품, 납 성분이 든 페인트로 칠한 가짜 스타벅스 이어폰 충전기, 가짜 에어 조던 운동화, 납이 든(사탕 자체가 아닌 막대에) 거대한 플라스틱 막대 사탕, 인화성 테스트를 거친 후 주의 해제된 침대 매트리스, 안전성에 문제가 있는 승마용 헬멧, 끔찍한 모양의 광대 장식이 달린 물담뱃대 등 미국 땅 안으로 들어올 수 없는 물건들이었다. 중국산 제품을 보관한 캐비닛에는 가짜 구찌, 버킨, 샤넬 백과 가짜 향수들이 가득했다.

이런 물건들을 보자 이미 알고 있는 사실이 떠올랐다. 소비자제품안전위원회는 어린이용 제품에 대해서만 독성 물질 검사를 하며, 이때 단 세 가지, 납과 카드뮴과 프탈레이트만을 확인한다.

2012년에서 2022년에 이르는 기간 동안의 소비자제품안전위원회 서류를 검토해 보니 패션업체들이 규제 명령을 비교적 충실히 따르고 있음을 알 수 있었다. 2010년대 중반에는 문제가 많았다. 특히 납의 경우, 어린이용 신발과 옷에서 6000피피엠에 이르는 양이 검출되기도 했다. 하지만 2018년이 되자 제조업자들이 공급선을 정비한 듯, 납이 거의 검출되지 않았다. 이런 감소 추세는 강제력 있는 정책이 어떤 성과를 내는지 보여 준다.

이는 티루푸르 의류 공장 노동자의 집에서도 확인한 사실이었다. 그때 만난 판매 담당자는 의류 공장과 실험실 들이 어린이용 옷에서 납, 카드뮴, 프탈레이트가 발견되는 일이 없도록 노력한다고 말했다. 선적해 보낸 옷들이 항만에서 입항을 거부당해 되돌아오면 엄청난 경제적 손실을 입기 때문이다.

"시스템이 확립되어 있다 보니, 모든 어린이용 옷에서 어떻게 소비자제품안전개선법의 요구를 충족시킬 수 있는지 관련 업계는 다 알고 있지요." ZDHC의 스콧 에콜스가 말했다. 2018년 발효된 소비자제품안전개선법은 특별히 어린이 안전을 목표로 한다. "실제적인 법안이 등장하기 전까지는 업체들도 관심을 보이지 않았어요. 내부 규제가 필요하다고 보는 브랜드도 있었지만, 강제적인 무언가가 없었다면 이런 결과는 나타나지 않았을 겁니다."

배송물이 미국 소매상점을 통해 시장에 선보이고 나서 리콜되는 경우는 드문 편이다. 지난 10년 동안 독성 화학물질과 관련한 소비자제품안전위원회의 패션 제품 리콜 사례는 얼마 되지 않는다. 2021년에는 니켈이 다량 함유된 프리마크Primark의 코 피어싱, 2020년에는 납 성분이 포함된 주릴리Zulily의 아동용 겨울 부츠, 2014년에는 역시 납 성분이 함유된 아동용 선글라스와 **9000건**의 알레르기 반응이 보고된 핏빗Fitbit 손목시계(어쨌건 자발적으로 리콜을 시행했다)가 그 대상이었다. 닥터마틴은 2017년 신발 설포의 안감에서 벤지딘(염료 공장 노동자들의 암 발생과 관련 있는 화학물질)이 발견되어 리콜을 진행했다. 그게 다였다.

패션 제품에 문제가 없었다는 이야기를 하려는 것이 아니다. 소비자제품안전위원회는 SaferProducts.gov라는 편리한 웹사이트를 운영하고 있는데, 여기에서 제품의 이상 반응에 대한 모든 공개

보고서를 열람할 수 있다. 불과 2년 전으로 거슬러 올라가면 쉬인 청바지를 입은 많은 소비자가 백선처럼 보이는 상처 때문에 불만을 표시했다는 사실을 알 수 있다.[4] 그 밖에도 여성의 목, 귀, 손목, 손가락 전체에 두드러기를 유발한 싸구려 보석,[5] 발에 화학적 화상을 입힌 모카신[6]과 스케쳐스의 슬립온 운동화,[7] 며칠간이나 착용자를 아프게 만든 3.99달러짜리 검은색 스타킹,[8] 레인 브라이언트Lane Bryant의 브래지어, 월마트 샌들(여러 번), 플란넬 셔츠, 세정제, 건조기용 시트, 세제와 관련해 불만이 접수되었다.

에콜스와의 인터뷰 녹취 파일을 다시 들으면서 브랜드들이 **서류**를 제대로 준비했다는 말에 놀랐다. 관료주의 게임 규칙이나 익힌 브랜드들이 실제로 제품을 제대로 만들고 관리했을까?

그때 온화한 우크라이나 억양의 감독관 알렉세이가 다가와 직원들이 식품으로 추정되었던 선적물에서 스웨트 셔츠 상자를 방금 발견했다고 말했다. 선적물을 보여 주려고 창고 내 냉장 구역으로 안내하는 길에, 그는 진행하는 검사의 25~40퍼센트가 소비자제품안전위원회의 요청으로 이루어진다는 사실을 알려 주었다.

서늘한 식료품 구역에서 우리는 서투른 글씨로 뉴저지주 칼스타트라고 주소를 쓴 상자를 조사했다. 상자 안에서 미네소타 와일드 하키팀 로고가 수놓아진 녹색 스웨터가 나왔다. 분명히 가짜 제품이었다.

이 항구에서는 엄청난 양의 위조품이 목격된다. 가짜 장난감과 아동복이 특히 위험하다. 가연성이거나 질식 위험이 있거나 납 성

9장 신뢰하되 검증하라

분으로 가득 차 있어서다. 테러 등에 자금을 조달하는 수단이 되기 때문에 미국 국토안보부도 위조품에 큰 관심을 보인다. 물론 마약이 수익성은 더 높겠지만 잡히면 지옥이다. 그러니 가짜 구찌 제품을 판매하다가 걸리는 편이 낫다고 여기는 것이다.

대외협력 담당자 부치와 처음 통화했을 때, 그는 제한된 화학 물질에 대해 전혀 모른다고 했다. 현장에서도 나는 담당자들에게 이 핵심 질문을 계속 던졌다. 위조품뿐만 아니라 유명 브랜드 패션 제품의 선적물에서도 제한 물질을 검사하고 있느냐고. 하지만 그들은 대답하지 않았다. "여러분은 할 일이 많을 거예요. 내가 이렇게 묻는 것은 그래서 여러분의 답이 '네, 물론이죠, 그게 우리가 하는 일인 걸요'인지, 아니면 '신경 써야 할 다른 일들이 많답니다'인지 궁금하기 때문입니다." 의도를 분명하게 전달하려고 이렇게 설명했다.

그랬더니 그들 모두 이 이야기에 관심을 보였다. "그런 문제에 신경 쓰고 있습니다. 정말 많이 신경 쓰고 있어요." 시릴로가 말했다.

"납 성분이 들어간 페인트 문제에 대해 잘 알고 있어요. 치약에 납 성분이 들어 있기도 했으니까요." 폭스가 덧붙였다.

"납이 든 핸드백도 있었지요. 저는 아이들을 키우고 있어요. 그 아이들이 저가 생활용품 매장의 선반에서 무얼 집어 들지 신경이 쓰입니다." 시릴로가 다시 덧붙였다.

"캐널 스트리트에는 가지 마세요." 일하면서 목격한 것을 바탕으로 일반 시민들에게 어떤 조언을 해 줄 수 있냐고 물었더니 폭스가 이렇게 대답했다(뉴욕의 캐널 스트리트에는 위조품과 조악한 물건을 파는 상점이 많다—옮긴이).

"시릴로가 말한 것처럼 우리도 가족이 있고 지역사회에 뿌리를 내리고 살아가지요. 이웃뿐 아니라 우리 가족을 지키기 위해 할 수 있는 모든 일을 할 겁니다." 부치가 말했다.

그 순간 나는 이들을 모든 것을 아는 연방 공무원이 아닌, 일반 시민으로 바라보게 되었다. 이민자의 후손이고, 아이가 있고, 아메리칸 드림을 달성하려고 애쓰며 엄청나게 밀려 들어오는 온갖 **물건들** 속에 숨겨진 독성 제품으로부터 동료 시민을 보호하려고 노력하는 사람들 말이다.

엄청난 양의 상품이 항구로 들어오는 상황에서, 그들은 '합법적 거래', 즉 대형 브랜드에서 수입한 제품은 모든 법적 요구 사항을 충족한다고 믿어야 한다. 코카인, 위조품, 도난 차량의 적발을 책임지는 것만으로도 벅차기 때문이다. "거래의 99.9퍼센트가 합법적이라고 가정해 봅시다. 우리가 찾고 있는 것은 바로 그 나머지 0.1퍼센트입니다. 우리는 미국의 경제 엔진에 제동을 걸 수는 없지만 법을 집행해야 하는 책임은 있으니까요." 부치의 말이었다.

항공 화물 검수는 해상 화물 검수보다 더 정신이 없다고 한다. 항공 화물 검사 시설은 가 보지 못했는데, 그곳 조사관들은 보송보송한 양말 한 켤레 같은 별로 중요하지 않은 물건을 3일 안에 배송하겠다고 약속한 페덱스와 DHL의 화물을 조사하고 출하하느라 밤새 일한다. 공항을 통해 쏟아져 들어온 미끄러운 비닐봉지의 홍수를 처리하느라 항공 화물 창고에서는 일이 훨씬 촉박하게 돌아간다.

2016년 의회가 선적 화물에 대한 **최소** 면세 한도 기준을 200달러에서 800달러로 인상한 이후 소형 항공 화물이 폭발적으로 증가했다.[9] 기본적으로 800달러 미만에 해당하는 물건은 통관 조사를 거치지 않으며 수입 관세도 부과되지 않는다. 이렇게 울트라 패스트패션 브랜드가 미국 시장에 진출해 5달러짜리 상의를 고객에게 바로 배송할 수 있게 되면서 큰 허점이 생겼다. 상상해 보자. 하나의 동일한 품목으로 채워진 선적 컨테이너가 받는 기본적인 검사를 거치지도 않고, 상자 하나에만 쉬인의 패션 아이템을 80개 이상 넣을 수 있다. "이 말은 예전이라면 받아야 했던 규제를 거치지 않고 물건을 미국으로 배송할 수 있다는 의미입니다. 이런 일은 우리에게 일종의 도전이지요. 시민을 보호하는 방식을 바꾸는 동시에, 전자상거래가 번창할 수 있도록 보장해야 하니까요." 폭스가 말했다.

팬데믹 이후 모든 사람이 온라인으로 향하고, 인스타그램 피드를 통해 쇼핑을 하게 되면서 문제가 심각해졌다. 부치조차도 이탈리아로 온 가족이 여행을 가기 전에 페이스북 광고를 보고 여행용 의류를 구입했다고 한다. 도착한 옷은 품질이 형편없었다. 그는 그 옷을 입지 않고 굿윌 상점에 기부했다.

나중에 시릴로가 내게 물었다. "저도 궁금한 게 하나 있는데, 지금까지 조사를 통해 **당신이** 알아낸, **내가** 조심해야 할 것이 있나요?"

자기 분야의 전문가이자 어머니이기도 한 시릴로를 위해 내가 그동안 알게 된 것을 요약해서 전하려는데 말을 자꾸 더듬게 되었다. 솔직히 말하자면, 조심해야 할 것들이 너무 많으니까.

규제는 대체 어디에

이쯤 되니 자유의 여신상이 입고 있는 드레스에 "유독 물질 가득한, 꼬깃꼬깃한 싸구려 옷들과 정신없이 돌아가는 공장의 끔찍한 쓰레기를 저에게 보내 주세요"라는 태그가 달려 있는 것은 아닌가 싶기도 했다. 선진국 중 미국은 특히 의류나 장신구에 든 독성 화학 물질에 대해 매우 느슨한 태도를 취하기 때문이다.

"다들 이런 문제를 규제하는 법이 있을 거라고 생각하겠지요. 하지만 그런 법은 없습니다." ZDHC의 스콧 에콜스가 말했다.

소비자제품안전위원회가 테스트하고 리콜한 제품의 빈약한 목록을 보고 나면 소비자가 아무리 요구해도 제대로 보호받지 못하고 있다는 사실이 분명해진다. 요즘 위원회가 제역할을 다하지 못한다고 생각하는 사람이 나만은 아니다. 2021년 6월, 미국의류신발협회, 미국화학협회, 유방암예방파트너, 컨슈머리포트Consumer Report, 어스 저스티스Earth Justice, 천연자원보호협회를 비롯해 연관이 별로 없어 보이는 많은 단체가 소비자제품안전위원회에 더 많은 예산을 지원하라고 의회에 요청하기 위해 모였다.[10]

"이 기관은 기금이 충분하지 못해 다른 연방 보건 및 안전 규제 기관보다 인력이 부족하다"라며, 소비자제품안전위원회 예산이 "연방 보건 및 안전 규제 기관 중에서 가장 적고" 1만 5000가지 종류의 소비자 제품을 감독하느라 고생하고 있다고 요청서에 적혀 있었다. 미국화학협회(화학 기업들의 이익 단체—옮긴이)와 어스 저스티스(환경 관련 법 제정과 소송, 법률 대항을 맡는 비영리단체—옮긴이)가 어떤 일에 대해 동의할 수 있다니 놀라운 일이 아닐 수 없다. 그만큼 상황이 나쁜 것이 확실했다.

상황은 애초부터 불리하게 시작되었다. 1976년 발표된 독성물질통제법은 약 6만 4000종의 화학물질 사용을 테스트 없이 허용했고,[11] 1980년대 이후 환경보호국은 그 어떤 화학물질에 대해서도 완전한 사용 금지를 시도한 적이 없다.[12] 예를 들어, 석면은 여전히 기술적으로 일부 공장에서, 그리고 일부 소비자 제품에도 사용될 수 있다. 석면과 중피종의 연관성이 명확하게 입증되면서 기업들이 값비싼 합의금 지불을 두려워했기 때문에 매장 진열대에서는 사라졌지만 말이다.

패션 화학물질의 경우, 옷에 든 과불화화합물 또는 아조염료가 암이나 불임과 연결된다는 사실을 입증하지 못할 수도 있다. 따라서 개인적 소송은 아마도 해결책이 되지 못할 것이다.

버락 오바마 대통령이 환경보호국에 이런 사용 허가된 화학물질을 조사하도록 지시하는 법안에 서명한 후에도 기능적으로 크게 달라진 것은 없다. 오히려 환경보호국이 화학 산업과 점점 더 긴밀하게 결탁하고 있다는 비난이 늘고 있다. 〈인터셉트The Intercept〉는 상업용 화학물질의 심사와 평가를 맡은 환경보호국 신물질 담당 부서의 내부 고발자들에 대해 소개했다. 이들은 2021년 다른 직원들과 관리자들이 화학업계에 무릎을 꿇고 서둘러 문제 물질을 승인해 주었다고 비난했다. 불리한 자료는 숨기고 유리한 자료는 공개하는 식으로 해당 물질이 안전하게 보이도록 평가했다는 것이다.[13] 2022년 초에 나온 후속 내부 설문조사에서 환경보호국 직원들은 기관의 업무 문화를 "유독하다" "극도로 유독하다" "믿을 수 없이 유독하다"라는 말로 설명했다. 직원들은 이런 표현을 비유적으로 사용했겠지만 그 아이러니함은 잊히지 않았다.

익명의 한 직원은 이렇게 적었다. "[신물질 부서에] 합류했을 때 미국 시민과 환경을 보호하는 핵심 부문에서 일하게 되어서 기대가 매우 컸다. 그러나 이제는 환경보호국에 대한 열정, 담당하는 직무, 시민을 위한 환경 보호는 말할 것도 없고, 심지어 한 인간으로서도 실패한 느낌이다."

아마존과 인스타그램은 책임이 없다

이런 논란의 근저에는 화학물질 안전과 관련해 **유해성**과 **위험성**이라는 접근법을 둘러싼 인식 차이가 있다. **유해성**hazard이란 화학물질이 지닌 고유한 위험을 말하며, **위험성**risk이란 화학물질 자체의 위험과 이 물질에 대한 노출 가능성을 조합한 것이다.

예를 들어, 순수한 수은이 엄청난 독성을 지닌다는 것은 다들 알고 있다. 수은을 섭취하면 신체 능력이 심각하게 손상되는 것을 넘어서 생명이 위태로울 수도 있다. 유해성에 기반한 접근 방식은 수은이 들어간 모든 소비자 제품을 금지한다. 반면, 위험성에 기반한 접근 방식은 온도계를 제대로 만들고 어린이의 손이 닿지 않는 곳에 보관하는 한, 온도계에 수은을 사용해도 괜찮다고 말한다. 언뜻 합리적으로 들리지 않는가?

그러나 의류의 화학물질에 관해서는 위험성을 측정하는 데 문제가 있다. 깨지지 않는 용기에 안전하게 싸여 있기는커녕 화학물질들이 옷에 느슨하게 붙어 있는 경우가 많기 때문이다. 이런 물질은 대기 중으로 방출되고 세탁을 통해 물에 녹아들며 피부에 묻어난다.

"시간이 지나면서 각종 소재로부터 화학물질이 지속적으로 떨어져 나온다고 알려져 있습니다." 토론토대학의 미리엄 다이아몬드 Miriam Diamond 교수가 말했다. 그와 학생들은 모든 최신 연구를 찾아보며 이런 현상을 구체적으로 살피려 노력했지만 관련 자료는 그다지 많지 않았다. "땀이 나든 나지 않든 화학물질이 옷에서 피부로 이동하는 것은 물리적 현실입니다. 옷이 몸에 꼭 맞을 때나, 공기 장벽이 없을 때에는 가속화됩니다. 앉아 있을 때는 더욱 그렇지요. 천을 바로 피부에 대고 누르는 것이니까요." (이 말을 듣고 운동 후 요가용 레깅스를 입은 채 휴대폰을 들고 소파에 뒹굴 때마다 엉덩이에 뭔가 나던 것이 생각났다.) "잘 때는 어떨까요? 옷에 포함된 온갖 화학물질을 담아놓은 봉투 안에서 잠이 드는 것과 마찬가지지요. 숨 쉴 때마다 옷에서 방출되는 유독 가스를 들이마시기 때문에 문제 물질에 노출됩니다. 옷에서 떨어지는 미세 섬유를 흡입하기도 하지요."

이외에도 아직 알려지지 않은 것이 많은데, 업계에서는 그 빈

틈을 이용한다. 너무 서둘러 이런 독성 화학물질을 의류에서 완전히 금지하면 안 된다고 설득해댄다.

또한 소비자에게 가해지는 위험성 외에도, 제품을 만들고 판매하는 회사에 미치는 경제적 영향을 고려하는 것이 미국 정부의 접근 방식이다.[14] 뉴욕주 의회가 '일반 의류'(예를 들어 유니폼이나 극한의 야외 환경용으로 제작되지 않은 셔츠, 바지, 레저웨어, 속옷 및 기타 의류) 관련해 2023년 이후 잔류성이 높고 독성이 강한 방오, 방수용 과불화화합물의 전면 사용 금지를 제안했을 때, 미국의류신발협회가 기댄 것도 이런 점이었다.[15] 협회는 부당하다고 외치며 2027년까지 과불화화합물 사용을 허가해야 한다고 주장했다. 다시 말하지만 이것은 블라우스와 브래지어 같은 일반 의류에 대한 조치였다. 에베레스트 등반 베이스캠프용 장비를 대상으로 하는 것이 아니었다.

반면에 유럽은 문제 상황을 통제하기 시작했다. 2007년 EU는 화학물질의 등록, 평가, 허가 및 제한 제도인 REACH를 도입했고, 위험 파악의 책임을 화학물 제조업체와 수입업체(소비자나 과로에 시달리는 공무원이 아니라)에 넘겼다. 이 제도에 따라 화학물질을 미터톤 이상으로 제조하거나 수입하는 업체는 각각의 물질이 건강에 미치는 영향을 직접 중앙 데이터베이스에 등록해야 한다.

REACH는 성공적이었다. 심지어 유럽 화학 회사의 직원들도 그렇게 말했다. 예를 들자면 다이옥신, 퓨란, 폴리염화바이페닐의 산업 배출량은 단 7년 만에 80퍼센트 줄었다.[16]

EU는 소비재를 통해 유럽 대륙에 잠입하는 독성 화학물질에 대해서도 강한 조치를 취했다. 이제 기업들은 화학물질 함량이 제품 전체 구성비의 0.1퍼센트를 초과하는 경우, 소매점을 포함한 공급망의 모든 사람에게 '우려되는 화학물질'이 들어 있다고 공개해야 한다. 또한 소비자는 제품에 '매우 우려되는 화학물질'이 들었는지 묻고 45일 이내에 그 답변을 받을 권리가 있다.

2018년 EU는 특히 섬유 제품에 초점을 맞춰 발암성, 돌연변이성, 생식 독성(합해서 CMR 물질이라고 부른다)으로 분류한 33가지 사용 제한 화학물질을 발표했다. 여기에는 중금속 카드뮴, 크로뮴, 비소, 납, 벤젠, 포름알데히드, 프탈레이트, 아조염료 및 관련 아릴아민, 퀴놀린 염료가 포함되었다.

EU는 이제 매주 입고되는 패션 제품을 확인해 리콜하거나 파기한다. 2020년 5월 독성 제품 공지를 확인했더니 육가 크로뮴이 과도하게 든 푹신한 아기 신발, 사용 제한된 아조염료가 포함된 붉은 깃털 장식 스웨터, 염소화 파라핀과 납과 세 가지 프탈레이트 등 화학물질이 잔뜩 든 파란색과 노란색 슬리퍼가 등장했다. 이들 중 대부분은 값싼 소규모 브랜드 제품이었지만, EU는 과도한 니켈이 들었다며 불가리, 버버리, 캘빈 클라인의 선글라스를 회수하기도 했다. 발암 물질로 의심되는 성분을 포함한 언더아머의 안면 마스크,[17] 크로뮴을 지나치게 사용한 스카치 앤드 소다Scotch & Soda 스웨이드 재킷[18]도 이 공지에 이름을 올렸다.

하지만 많은 회사가 여전히 규제를 무시한다. 2021년 유럽화학물질청이 온라인 판매용 소비자 제품 약 6000개를 테스트한 결과, 카드뮴이 함유된 장신구와 프탈레이트가 함유된 어린이 장난감 등을 포함해 78퍼센트가 REACH 규정을 준수하지 않은 것으로 나타났다.[19]

실제로 독성 의류를 금지하고 엄격한 테스트를 실시하는 곳에서 벌어지는 일이 이 정도다. 그렇다면 미국의 부두와 국제 공항에서는 어떤 일들이 일어나고 있을까?

캘리포니아주의 사례를 보면 이해의 실마리를 얻을 수 있다.

캘리포니아 법령 65(캘리포니아 주민 투표로 가결된 법률로, 정식 명칭은 Safe Water and Toxic Enforcement Act of 1986이다—옮긴이)에 따라 각 브랜드는 포름알데히드, 납, 카드뮴, 일부 프탈레이트, 비스페놀 A와 같은 독성 화학물질이 든 모든 제품에 경고 라벨을 부착해야 한다. 테스트를 통해 제품에 이런 물질이 포함된 것으로 밝혀졌는데 발암성 또는 생식 독성 표시 라벨이 부착되어 있지 않았다면 캘리포니아 주정부에 통지서를 제출한 후 소송을 제기할 수 있다.

내분비 교란 프탈레이트가 포함된 어린이용 배낭과 우산 등의 품목을 판매한 혐의로 2022년 봄에만 파이브 빌로우Five Below, 타겟, 로스 스토어스Ross Stores, 리볼브Revolve, 노드스트롬Nordstrom, 월마트, 벌링턴Burlington, 티제이맥스TJMaxx, 조앤Jo-Ann, 아마존, 메이시스Macy's 등의 소매업체에 대한 통지서가 제출되었다. 어떤 업체는 6차례나 위반 통지서를 받기도 했다. 스티브 매든Steve Madden과 베라 브래들리Vera Bradley 같은 브랜드도 프탈레이트가 함유된 제품을 판매한 혐의를 받았다. 아이러니하게도 피엘라벤Fjallraven의 '에코' 여행용 배낭에서도 문제가 발견되었다.

렉싱턴 법률회사의 호위 허쉬Howie Hirsch는 "법령 65 때문에 화학물의 제조 공식이 자주 변경된다는 사실을 사람들이 간과하는 것 같습니다"라고 말했다. 오클랜드에 기반을 둔 소비자 옹호 단체인 환경보건센터를 대리하는 그의 회사는 타겟, 케이마트Kmart, 게스, 마이클 코어스, 캘빈 클라인, 포에버 21, JC 페니, 콜스Kohl's, 케이트 스페이드, 메이시스, 삭스 피프스 에비뉴Sacks Fifth Avenue, 빅토리아 시크릿, 월마트 등 캘리포니아에서 사업하는 약 100개 소매업체를 상대로 2009년과 2010년에 두 건의 소송을 제기하여 합의를 이끌어 냈다. 소매업체들은 제품에서 납 성분의 사용을 금지하기로 동의했다.

"안타깝게도 이 법에서 가장 눈에 띄는 부분은 경고입니다. [경고 표시는] 때때로 쓸모없고 어리석은 장치이지요." 허쉬는 법령 65를 빙산에 비유했다. 라벨은 물 밖으로 튀어나온 부분이라는 것이다. "법령 65와 관련해 발생하는 대부분의 문제는 수면 아래에 자리 잡고 있습니다."

법령 65에는 몇 가지 눈에 띄는 허점이 있다. 규제 대상이 되려면 캘리포니아에 본사를 두고 최소 10명의 직원이 일하는 사업체여야 한다. 소규모 브랜드에 부담을 주지 않으려는 의도로 이렇게 정한 것이다. 그러나 쉬인처럼 제조업체가 소매점을 거치지 않고 소비자에게 직접 제품을 광고하고 배송할 수 있게 되면서 이 허점은 점점 더 큰 문제가 되고 있다. 회사들 대부분은 자신들이 독성 제품에 대해 법적으로나 금전적으로 책임을 지지 않을 것을 알고 있기 때문이다.

"안타깝게도, 잘못된 행위에 대해 답변하라고 중국 공장을 캘리포니아 법원에 소환할 수는 없습니다." 허쉬가 말했다.

최근까지는 이 법령으로 아마존을 법정에 세울 수도 없었다. 아마존은 제3자 판매자가 수은이 함유된 미백 크림을 판매 목록에 포함한 일로 법령 65 규정에 따라 소송을 당했다.[20] 2019년 내려진 판결은 아마존이 타겟보다 페이스북에 더 가까운 기업이라는 입장을 지지했다. 웹사이트에서 사람들이 어떤 일을 하거나 무언가 파는 것에 대해 아마존이 책임을 질 수 없다는 의견이었다. 그러나 2022년 3월, 항소 법원은 아마존이 캘리포니아 법에 따라 소비자를 안전하게 보호할 실질적 책임이 있다면서 이전 판결을 뒤집었다.

"여기까지 오는 데 너무 오랜 시간이 걸렸지만, 제품을 사고 파는 방식과 소비자 기대와 관련해 현실을 인식시켜 준 중요한 일이라고 생각합니다." 비영리단체 '애즈 유 소우As You Sow'의 회장 겸 기업 책임 수석 고문인 다니엘 푸게레Danielle Fugere가 법정 조언자(소송에 소견을 제출해 재판부 판단에 도움을 주는 전문가—옮긴이) 의견에서 이렇게 밝혔다.

아마존은 페이스 크림이나 패션뿐만 아니라 **모든** 판매 제품군의 목록을 정비해야 할 수도 있다. 그러나 하룻밤 사이에 이런 변화가 일어나지 않을 것이다. 10년 전 두 번의 큰 조정 합의가 이루어진 후에도 환경보건센터는 계속해서 제품을 테스트했고, 여전히 라벨이 없는 채로 독성 제품을 판매하는 회사를 적발했다. 아마존은 제3자 판매자의 제품을 소개할 뿐만 아니라 배송도 한다는 사실을 떠올리면, 독성 제품에 대해 책임이 없다는 그들의 주장은 비논리적일 수 있다. 하지만 광고주가 해당 플랫폼에서 판매하는 제품 때문에 인스타그램이나 틱톡이 법령 65에 따라 고소당할 가능성은 낮다.

나는 직접 이런 제품들을 테스트하고 싶어서 대화 중에 허쉬에게 조언을 구했다. 그는 이렇게 답했다.

"내가 당신이라면 걱정이 될 겁니다. 테스트는 까다로우니까요. 돈은 썼는데 아무것도 찾지 못하고 끝나는 일이 많답니다."

친환경 보증수표, 오코텍스

혼란에 빠진 회계사가 연락을 해 왔다. 누군가 에코컬트의 페이팔 계정을 해킹해 쇼핑을 계속하는 건 아닌지 조심스럽게 물었다. 내가 전혀 관심 없어 한다고 생각하는 브랜드에서 12건의 구매가 이루어졌기 때문이다. "걱정하지 마세요. 내가 쓴 돈이 맞아요. 이 제품들의 독성 검사를 진행할 예정이거든요."

얼마 후 친한 친구가 놀러 왔다. 화이트 와인 잔을 들고 소파에 앉아 이야기를 나누다가 책이 어떻게 되어 가고 있는지 내게 물었다. 나는 근처에 놓여 있던 가방과 상자 더미에서 반짝이는 옷과 액세서리를 꺼내어 친구에게 보여 주기 시작했다.

"우리가 어릴 때 쇼핑몰에서 사곤 했던 것들이지. 이제 이런 브랜드들 모두 지주 회사와 헤지 펀드가 소유하고 있어. 금융계 인사들은 제품에는 아무런 관심도 없을 거야. 정말 슬픈 일이지." 포장을 뒤적이며 내가 말했다.

1990년대 인기 브랜드의 신발 상자를 보고 고개를 끄덕이며 친구가 말했다. "유행이 돌아왔나 봐. 이 업계에서 가장 멋진 여자가 이 신발을 신곤 했었는데." 내가 미국 국기를 상징하는 빨강과 파랑, 흰색으로 물결치는 고무 샌들 한 켤레를 꺼냈더니 "그건 너무 흉측하게 생겼다!"라며 친구가 웃었다.

그다음엔 배송 라벨에 중국어가 적힌 상자를 열었다. 조끼가 하나 들어 있다고 했는데 거짓말이었다(관세국경보호청에서는 이를 '적하 목록 오류'라고 부를 것이다). 실제로는 반짝이는 민소매 티셔츠 두 개와 인조가죽 미니스커트 두 개가 배송되었다. 나는 비닐 포장의 지퍼를 열어 더러운 기저귀를 확인하는 것처럼 냄새를 들이마셨다. "우웩!" 하고 외치고 나서 친구에게 비닐 포장을 건넸다. "음, 비닐쯤은 괜찮을 듯한데." 냄새를 맡고 움찔한 친구가 입을 가린 채 가볍게 기침을 했다. "뭔가 문제가 있는 것 같아. 가슴이 답답하고 가래가 나오려 해."

그제야 기억이 났다. 패션 화학에 관한 책을 쓰고 있다고 처음 이 친구에게 말했더니 자신은 화학물질에 민감해서 강한 향이 나는 공간에 있을 수 없다고 했던 것 말이다.

　　　　　　　　　9장 신뢰하되 검증하라

"미안해!" 나는 놀라서 서둘러 상자들을 모아 침실에 던지고 문을 쾅 닫았다. "아니야, 그 비닐 백에 코를 쑤셔 넣지 말았어야 했어. 너는 이런 물건들에 아무 반응이 없는 거야?" 서둘러 창문을 열고 선풍기를 켰지만 여전히 기침을 하며 친구가 물었다.

"난 괜찮아. 연구에 따르면 약 20퍼센트의 사람들에게서 화학 물질 민감증이 발견된다고 해. 적지 않은 수치지. 하지만 모두가 그런 건 아니니까." 나는 연신 사과했고, 친구의 기침은 15분 동안이나 계속되었다. "괜찮아. 지나갈 거야." 그리고 다행히 괜찮아졌다.

시중에 유통되는 가장 부주의한 브랜드의 가장 유독성 높은 제품을 가지고 작은 실험을 해 보려고 했더니 시작부터 이런 결과가 나타났다는 사실에 놀랐다. 하지만 이보다 더 과학적인 방식으로 문제를 확인하고 싶었다. 항공승무원협회의 주디스 앤더슨이 알래스카항공 유니폼을 테스트했던 바로 그 실험실, 가장 명성 높은 패션 화학 실험실에서 제품들을 테스트하고 싶었다. 아메리칸항공, 델타항공, 알래스카항공의 대체 유니폼뿐만 아니라 지역 대형 마트에서 구입할 수 있는 수천 가지 소비재에 대한 안전 증명과 인증을 진행하는 곳. 티루푸르에서 방문했던 거대한 염색 공장에 대한 인증을 진행한 곳도 이곳이었다.

20년 전 독일이 특정 아조염료의 사용 금지 조치를 취할 무렵, 호헨슈타인과 테스텍스Testex라는 두 개의 유럽 연구소를 통합해 만들어진 것이 오코텍스다. 브랜드와 공급업체, 제품이 안전한지 인증하는 독립 비영리단체인데, 이 분야에는 다른 많은 인증 기관이 존재한다. 브랜드와 제조업체에 화학물질 관리 교육을 제공하는 스위스 회사인 블루사인bluesign, 국제유기농섬유표준GOTS, 의류의 재활용 가능성과 생분해성 관련한 모든 과정을 확인하는 요람에서 요람으로Cradle to Cradle(유독성 마감 처리가 된 경우 재활용과 생분해가 모두 어렵다), 화학 또는 패션 제품의 전 성분을 검사하여 브랜드에 독성 보고서를 제공하는 사이베라Scivera 등이 대표적이다.

유료로 제품을 테스트해 주는 상업용 실험실도 최소 20군데 정도 있다. 렉싱턴 법률회사의 호위 허쉬는 이렇게 말했다. "테스트를 직접 수행하지는 않지만 테스트를 해석해 주는 컨설턴트도 있습니다. 위험 평가를 진행하고 거기서 전혀 문제를 발견하지 못한 것처럼 행동하는 청부업자라고 할까요."

허쉬는 내 의뢰를 받아 줄 실험실을 찾기가 쉽지 않을 거라고 경고했다. "짐작하겠지만, 많은 실험실이 업계와 손잡고 일하고 있지요. 이런 검사를 진행해 준다는 건 이해 상충이나 마찬가지랍니다."

"정말 그렇더라고요. 어떤 식으로든 이 업계를 위해 일하지 않는 전문가를 찾기란 정말, 정말, 정말 어렵네요."

"이 힘든 세계에 발을 들여놓은 것을 환영합니다!"

그의 말이 맞았다. 뷰로 베리타스Bureau Veritas는 정책상 일반인이나 언론과는 일하지 않는다고 말했다. 티루푸르에서 몇 번이나 지나쳤던 고층 건물의 주인인 인터텍Intertek에는 연락 시도조차 하지 않았다. 어쨌든 내 테스트 결과가 진지하게 받아들여지기를 정말로 원한다면 호헨슈타인 실험실에서 오코텍스 표준에 따라 테스트를 수행해야 한다는 말을 들었다.

전적으로 독일 기관인 오코텍스는 자사의 엄격한 테스트에 자부심을 지니고 있다. 수백 가지 물질을 검사한다는 점에서 유럽과 미국의 규정보다 훨씬 엄격하다. 어떤 테스트에서는 소재를 용액에 완전히 녹여서 얼마나 많은 화학물질이 존재하는지 확인한다. 또 땀과 비슷한 용액에 재료를 넣은 다음 그 액체를 검사해 얼마나 많은 유해 물질이 침출되었는지 살피기도 한다.

내가 인터뷰했던 일반 여성들은 이 기관의 이름을 어떻게 발음해야 할지조차 몰랐지만, 2만 1000명의 고객을 보유한 오코텍스는 각계각층으로부터 인정받고 있다. 매년 수십만 개의 물질이 이 실험실을 거쳐 간다. 베드 배스 앤드 비욘드Bed Bath & Beyond나 타겟 같은 대형 소매점에서 파는 침대 시트와 수건뿐만 아니라 지속 가능성을 강조하는 소규모 신생 브랜드의 웹사이트에서도 오코텍스 라벨을 볼 수 있다.

안타깝게도 호헨슈타인 미국 지사 대표와의 통화는 기대만큼 순조롭지 않았다. 그는 괴짜 화학자(내가 일하고 싶은 유형의 사람들)와는 거리가 먼 영업 전문가였다. 브랜드에 제안할 때 사용하는 프레젠테이션 자료를 내게 보여 주고 싶어 했다. 오코텍스 웹사이트에서 재료 공급업체 찾는 법에 대해 긴 설명을 늘어놓는 것을 내가 쇼핑객 관점의 성가신 질문으로 방해하자 그는 좀 짜증이 난 듯했다(내 변명을 하자면, 주어진 시간은 겨우 한 시간밖에 없는데 이런저런 궁금증이 많았기 때문이다). 더 큰 문제는 몇 가지 사항에 대해 기본적인 동의가 이루어지지 않았다는 점이다. 그중 가장 중요한 것은 과불화화합물에 관한 의견이었다.

나는 그에게 씽스Thinx 생리 팬티 같은 오코텍스 인증 제품이 어떻게 과불화화합물 관련한 그레이엄 피슬리 교수의 실험을 통과하지 못했는지 물었다. "그 실험실에서는 불소를 감지하기 위한 테스트를 진행하고 있는 것 같은데, 그 불소가 어떻게 사용되었는지는 말하지 않지요." 그는 불소가 많이 검출되었다고 해서 반드시 과불화화합물은 아니라고 주장했다. 불소는 치약과 식수에도 들어가는 기본 성분이라는 것이다.

나중에 토론토대학의 미리엄 다이아몬드 교수에게 이 이야기를 했더니 그는 동의하지 않았다. "패션 감각을 자랑하려고 일부러 불소 코팅된 널빤지를 입고 다니는 사람이 있는지는 모르겠지만, 옷에 고용량의 무기 불소가 들어가는 일은 없습니다. 패션에 광물질을 채워 넣지는 않으니까요." 반짝거리는 효과를 내기 위해 화장품에 운모와 같은 광물을 사용할 수는 있지만, 옷에서 고함량의 불소가 발견되는 이유는 단 하나뿐이다. 즉, 의류에 불소가 100피피엠 이상 포함되어 있다면 섬유 제조업체에서 의도적으로 이 성분을 넣었다는 말이다. 그리고 그 성분은 과불화화합물을 의미한다.

나는 씽스 팬티에 오코텍스가 검사 대상으로 삼지 않은 과불화화합물이 포함되었을 가능성에 대해 호헨슈타인 대표에게 물었다. 환경보호국에서 식별한 불소 화합물의 유형은 1만 2000개가 넘으니 말이다(현재까지 그 숫자는 계속 증가하고 있다).[21] 전부 패션에 사용되는 화학제품은 아니고 대부분은 다른 제품들이 환경에서 분해된 결과지만, 오코텍스는 그중 48개만 확인할 수 있다.[22]

그해 초, 나는 사이베라의 창립자인 조 린케비치Joe Rinkevich와 이 문제를 논의했다. 사이베라는 나이키 같은 브랜드를 위해 의류와 액세서리에 사용된 화학제품의 독성 보고서를 제공한다. "화학물질을 조제하는 전문가인 포뮬레이터는 똑똑합니다. 오코텍스만큼 사용 규제 목록에 대해 잘 알고 있지요. 그들은 제한 물질과 정확히 같은 방식으로 기능하는 대체물을 찾을 겁니다. 이런 물질은 동일한 발암성을 가지고 있거나 다른 문제가 있을 수도 있습니다."

그러나 호헨슈타인 대표는 계속해서 자신의 입장을 고수했다. 그는 탄소 사슬에 대해 이야기하고 새로운 유형의 과불화화학물을 찾아내는 것이 어렵다면서 다양한 과학적 근거를 제시했다. "아주 쉽게 들리겠지만 절대 그렇지 않아요."

전화로 논쟁을 벌이고 나니 그가 여전히 내 실험 프로젝트를 돕고 싶어 할지 확신할 수 없었다. 그러나 그는 테스트에서 문제가 있는 것으로 밝혀진 브랜드를 직접 언급하거나 망신 주지 않겠다고 서면으로 약속한다면, 내 프로젝트에 협력하겠다고 했다. "우리는 브랜드들과 함께 일하고 싶습니다. 우리와 함께 일하는 브랜드가 망신당하는 것을 원치 않습니다."

내 돈 주고 내가 의뢰한 테스트

／

나는 제한물질목록을 보유하지 않으며, 책임감 있는 화학을 장려하는 단체에 가입되어 있지 않은 브랜드를 선택해 테스트 목록을 만들었다. 인터넷에서 싸구려 배너 광고로 나를 따라다니는 모조품과 울트라 패스트패션 브랜드를 위한 자리도 두어 개 추가했다. 내 목표는 평범한 여성들이 쉽게 접근할 수 있고 고객의 건강에 전혀 관심 없는 브랜드의 제품을 구하는 것이었다. 커다랗게 글자가 인쇄된 티셔츠, 형광색 옷가지들, 투명 플라스틱류, 값싼 액세서리, 비건 가죽과 진짜 가죽 제품, 얼룩 방지 기능이 있는 제품 등 위험도가 높은 제품을 찾았다. 이렇게 패션 아이템 12개를 구입했는데, 테스트하기에 충분한 재료를 확보하려고 일부는 두 개씩 사느라 총 700달러 정도를 썼다.

어느 날 아침, 이 물건들을 식탁에 올려놓고 하나하나 살펴보았다. 쇼핑몰에서 산 어떤 물건에는 무료 사은품으로 가방이 딸려왔다. 코를 찌르고 재채기를 일으키는, 사향이 뒤섞인 자극적인 냄새가 나는 가방이었다. 섹시드레스닷컴이라는 온라인 상점에서 온 반짝이는 가운과 팬티를 꺼냈더니 남편이 단호한 표정으로 말했다. "그 물건을 절대 내 눈앞에서 흔들어 대지 마." (그는 반짝이는 것을 싫어한다.) 조심스럽게 포장을 풀고 나서 폴란드산이라는 꼬리표를 확인한 후 상자에 다시 넣었다. 유럽의 REACH 지침에 따라 만들어졌으므로 테스트할 필요는 없을 것 같았다. 서핑용 긴팔 상의에서는

9장 신뢰하되 검증하라

구역질 나는 냄새가 풍겼다. '캄보디아산' 태그가 붙어 있었고 "화기 가까이 두지 마시오"라고도 적혀 있었다.

금박 글자가 박힌 USC 트로전스(미국 서던캘리포니아대학의 스 포츠팀들 이름—옮긴이)의 '100퍼센트 면' 셔츠는 엘살바도르에서 제 작되었다. 유명 여성 디자이너가 창업했다가 2000년대 초 지주회 사에 매각한 한 브랜드의 가죽장갑에서는 자동차 내부 같은 냄새가 풍겼다. 펑키한(냄새와 스타일 모두) 반투명 오렌지색 구두에는 '모두 인공 소재'라는 라벨이 붙어 있었다. PVC? PU? 누가 알겠는가! 남 학생용 교복 바지는 방글라데시에서 만들어졌는데 마치 시처럼 보 이는 태그가 달려 있었다. "오염물이 구슬 모양으로 굴러떨어지도 록 오염 방지 처리한 원단/깔끔한 차림을 만들어 주는 구김 방지 가 공/편안함을 선사하는 100퍼센트 면직물."

호헨슈타인 대표에게 테스트 대상 목록을 보내자, 그는 "예산 을 어느 정도로 생각하는지 모르겠지만, 상당한 비용이 나올 겁니 다" 하고 경고했다. 예산이 제한적이라면 샌들, 서핑용 상의, 남학생 용 교복 바지, 장갑 등 대형 쇼핑몰 브랜드 제품을 먼저 제외해야 한 다고 했다. 이런 브랜드는 화학물질을 잘 관리하고 있으며 실험을 통해 별문제를 찾지 못할 거라고 확신하는 듯했다. 대형 브랜드가 화학물질 관리를 잘하고 있다는 어떤 표식도 없었지만, 내가 모르 는 무언가를 그는 알고 있겠거니 했다.

이후 몇 주 동안 그와 나는 스프레드시트와 이메일을 주고받았 고, 테스트 대상의 검토를 위해 몇 번이나 통화했다. 나는 실제 구매한 제품 대신 사은품으로 딸려 온 가방을 테스트하기로 결정했다. "프로모션용 제품은 항상 문제"라고 대표도 동의했다. 그는 포름알데히드, 중금속, 제한된 염료 및 용제 등 아이템마다 몇 가지 화학물질에 대해서만 테스트할 것을 권장했다. 스탠더드 100 인증이 훨씬 더 포괄적이겠지만, 그조차도 현재의 방법으로는 가능한 모든 물질을 테스트할 수는 없다(헤더 스테이플턴과 리 퍼거슨의 질량분석법은 상업용 실험실에서 사용하기에는 아직 너무 앞섰거나, 아니면 지나치게 좋은 방법일 수도 있다).

오코텍스 대표가 보낸 최종 비용 청구서를 보니 입이 딱 벌어졌다. 총 1만 7000달러. 테스트할 물건 구매 비용의 24배였다. 내가 애초에 생각했던 목록에서 많은 것을 제외했는데도 이런 비용이 나온 것이다.

"실험 대상을 줄여야 한다면 우선 플라스틱이 포함된 것을 제외해야겠죠. 내가 몇 가지 더 빼 볼게요." 며칠 후 그가 새로 정리한 목록을 보내 왔다. 비용은 1만 3000달러로 좀 줄어 있었다. 여기서 몇 가지를 더 줄여 소소하고 슬픈 테스트 목록을 만들었다.

- 쇼핑몰 브랜드 제품 구매 시 무료 사은품으로 받은 가방 ▸ 1288달러
- 온라인 스포츠 매장에서 산 금박 프린트의 빨간색과 흰색 면 소재 학생 셔츠 ▸ 2163달러
- 쇼핑몰 브랜드의 네온 오렌지색 반투명 하이힐 ▸ 2242달러
- 중국 대형 브랜드의 핑크색 인조가죽 미니스커트 ▸ 1579달러

9장 신뢰하되 검증하라

– 캐널 스트리트에서 산 가짜 '롱샴' 가방 ▸ 2366달러

합계 ▸ 9638달러

목록과 숫자를 한참 동안 응시했다. 뉴욕시 기준으로 두 달치 생활비였다. 우스꽝스럽기도 했고 마음이 상했다. 이만한 지출을 어떻게 스스로 정당화할 수 있을까? 이 실험으로 전문가와 브랜드와 많은 사람에게 온라인 쇼핑과 길거리 상점에서 사들인 패션용품에 독성 물질이 들어 있다는 증거를 보여 줄 수 있을까?

맥신 베다Maxine Bédat의 《옷의 탄생과 죽음을 밝히다Unraveled: The Life and Death of a Garment》에 따르면 스웨덴 화학물질청은 섬유와 관련된 2400가지 물질을 확인한 결과, 그중 10퍼센트가 인체에 잠재적 위험이 있는 것으로 추정했다. 내가 진행할 실험은 '예산' 문제로 항목당 몇 가지 계열의 화학물질만 대상으로 삼다 보니 그 절반 정도만 살펴볼 수 있는 상황이었다. 따라서 모든 항목이 테스트를 통과하더라도 실제로 독성 화학물질이 전혀 없다고 단언할 수는 없었다. 내 친구에게 문제를 일으킨 핑크색 인조가죽 스커트가 관련 물질에 대한 테스트를 거치지 않아서 문제없다는 인증을 받게 된다면? 엄청난 도박이었다.

게다가 우리가 입는 옷에 독성 물질이 들어 있다는 증거는 이미 충분했다. 사용 제한된 다양한 물질들이 온갖 종류의 패션 아이템에서 발견되었다는 비영리단체의 실험 결과가 점점 더 많이 등장하고 있었다.

하지만 이런 인증 방식이 어떻게 작동하는지 알고 싶었다. 거의 1만 달러에 가까운 돈을 쓰고 얻어 낸 것이, 이 시스템은 일반인들이 접근하기에 터무니없이 어려운 영역이라는 사실뿐이라도 말이다. 그래서 책의 선인세를 여기에 쓰기로 결정해 버렸다.

나는 "해 봅시다"라고 답신을 보냈다. 호헨슈타인 대표의 비서가 보낸 청구서에 움찔했지만, 바로 비용을 송금했다.

그런데 테스트할 제품들을 페덱스로 연구소에 보내기도 전에 미국의류및신발협회가 가짜 롱샴 토트백에 대한 검사를 불필요하게 만드는 보고서를 내놓았다.[23] 이 협회에서 테스트한 47개의 위조 제품 중 17개가 비소, 납, 프탈레이트 같은 항목에서 문제가 있는 것으로 나타났다. 어떤 제품에서는 한도의 6000배나 되는 카드뮴이 검출되었다. 모조품에 독성 물질이 들어 있다는 증거가 더 이상 필요하지 않은 것 같아, 가짜 롱샴 토트백 대신 가죽장갑을 포함시켜 독일로 배송했다.

어느 쪽을 믿어야 할까

"제품들이 얼마나 규제 조건을 잘 지키고 있는지 놀랐습니다." 호헨슈타인 대표가 3주 후 결과 파일을 첨부하면서 이렇게 메일에 썼다. 실험 결과, 공식적으로 문제가 될 만한 것은 두 건뿐이었다. 금박 프린트를 한 USC 셔츠는 잔류성과 독성이 있고 생물에 축적되는 알킬페놀의 일종인 펜틸페놀[24]이 10피피엠 한도를 6.8피피엠 초과해 검사를 통과하지 못했다. 이 성분은 종종 페인트와 코팅에 사용된다. 그가 테스트할 가치가 없다고 말했던 장갑의 경우도 크로뮴(III) 335.9피피엠(오코텍스의 제한 한도를 136피피엠 초과), 니켈 0.29피피엠, 환경호르몬인 노닐페놀 41.8피피엠 검출로 기준을 넘어 버렸다. 글로버스빌의 데비가 생각났다.

악취가 나는 사은품 가방은 테스트를 통과했지만 프탈레이트의 일종이며 내분비교란물질인 DEHP 0.027피피엠과 니켈 0.2피피엠이 검출되었다. 악취를 풍긴 또 다른 실험 대상인 오렌지색 하이힐에는 포름알데히드와 두 가지 용제인 디메틸아세트아미드DMAc, 디메틸포름아미드DMF가 포함되어 있었다. 둘 다 생식 독소로 분류되며, 질병통제예방센터에서는 DMF가 피부를 통해 흡수될 수 있고 간에 해를 끼친다고 말한다. DMF 증기를 내뿜는 공장에서 일하는 노동자에게서 암이 나타났다. 또한 센터는 "DMF가 일부 물질의 흡수를 가속화하는 것으로 알려져 있다"라고도 말했다. 즉, 다른 독성 화학물질과 상호작용하여 노출을 악화시킬 수 있다는 것이다. DMAc에 관한 뉴저지주의 화학물질 자료표에는 "이 물질에 다량 혹은 반복적으로 노출되면 뇌에 영향을 주어 우울증, 환각 및 성격 변화를 일으킬 수 있으며 간을 손상시킬 수 있다"라고 나와 있다. 그러나 두 물질 모두 공식적인 제한 한도 미만이었으므로 검사를 통과할 수 있었다.

내 친구에게 문제를 일으킨 미니스커트에서는 한계치에 가까운 포름알데히드, 안티몬 9피피엠, 테트라에틸주석 0.07피피엠, DMF 0.01피피엠이 검출되었다. 그러나 기술적으로는 검사를 통과했다. 친구가 보인 신체 반응과 실험 결과는 서로 다른 이야기를 했다. 어느 쪽을 믿어야 할까?

"어떤 물질이 악취를 풍기고 그 냄새를 맡은 친구에게 이상 반응을 일으킨 걸까요?" 나는 호헨슈타인 대표에게 메일을 보냈다. "테트라에틸주석이 아닐까 추측하고 있습니다. 이 성분이 호흡 문제를 일으킬 수 있다는 것을 위험 물질 자료표에서 보았고, 산업안전보건관리법 한도는 하루 근무 시간당 0.1피피엠인데, 이는 미니스커트에 들어 있는 양보다 아주 약간 높은 수치거든요." (유기주석에 반복적으로 노출되면 뇌 손상을 일으킬 수도 있다.) 오코텍스가 어떻게 이런 한계선을 정하는지에 대해서도 질문했다.

그는 나를 진정시키려고 답장을 보냈다. 한도 미만으로 검출된 화학물질에 대해 알아내려고 하거나, 이상한 냄새가 어떤 물질에서 나는 것인지 추적해서는 안 된다는 것이었다.

"스탠더드 100(그리고 다른 기준들도)이 지정한 한도는 그 근거가 각기 다릅니다. 때로는 화학물질이 사람에게 유해하거나 유해할 수 있다는 사실을 보여 주는 데이터를 바탕으로 결정합니다. 때로는 직접적인 피부 접촉, 때로는 흡입의 경우를 고려해 지정하기도 하고, 또 때로는 비인간 연구 또는 구조적으로 다른 분자와의 유사성을 기반으로 한계선을 정하기도 합니다."

실제로 실험실에서 안전하다고 말하는 유해 물질의 한계선은 종종 최선의 추측이나 오랜 전통에 따라 정해진다. 화학물질에 대한 거의 모든 연구는 공장에서 장기간에 걸쳐 화학물질에 노출된 사람들을 따로 구분해 검사한 다음, 중증의 발병 비율을 살펴보는 방식으로 진행된다. 이렇게 해서 우리는 포름알데히드가 암과 관련 있다는 것을 알게 되었다. 상당량의 포름알데히드 가스가 발생하는 섬유 공장의 노동자들이 평균적인 미국인보다 백혈병에 걸릴 가능성이 훨씬 높은 것으로 나타났기 때문이다.

그러나 내가 아는 한 아조염료, 포름알데히드, 과불화화합물 또는 실제로 우리가 알고 있는 독성 물질이 포함된 의류를 착용할 경우 건강에 어떤 영향을 미치는지에 대한 연구는 없다. 내 친구가 그 핑크색 인조가죽 미니스커트를 사서 주말마다 춤추러 갈 때 입는다면 어떤 일이 일어날지 아무런 정보나 조사가 없는 것이다.

더구나 각각의 패션 아이템에 든 화학물질이 서로 결합하면 어떤 일이 일어날까? 최첨단 과학에 대해 말하는 것이 아니다. 레이첼 카슨은《침묵의 봄》에서 1962년 독성 살충제 DDT의 금지와 환경 보호청 설립에 관해 다음과 같이 썼다. "엄격하게 통제된 상황에 놓인 실험실 동물들과 달리, 인간은 여러 가지 유독 물질에 복합적으로 노출되기 때문에 문제가 더욱 심각해진다. (…) 토양이나 물이나 인간의 핏속으로 유입된 화학물질들은 독자적으로 존재하지 않는다. 서로 섞이게 되면 그렇지 않던 물질조차 유독 성분으로 바뀌는, 알 수 없는 변화가 일어나는 것이다." 카슨은 '안전한' 제품의 위험한 화학적 조합에 대한 몇 가지 끔찍한 사례를 설명하기도 했다.

게다가 의학 연구는 최근 들어서야 연구 대상에 여성과 동물을 포함시키게 되었다. 그동안 과학자들은 여성의 호르몬 주기가 연구 결과를 복잡하고 왜곡되게 만들까 봐 실험 대상에서 배제했다. 그 결과, 일부 의약품은 의사가 제안한 적정 복용량이 여성에게는 너무 높은 것으로 밝혀지기도 했다.

테스트를 진행하던 무렵, 델타항공 승무원들이 새로운 오코텍스 인증 유니폼에 대해 여전히 이상 반응을 보이고 있다는 뉴스를 접했다. 오코텍스 인증에서 문제없다는 결과가 나오는 바람에 이들에게 제정신이 아니라거나 지나치게 민감하게 군다는 낙인이 그 어느 때보다 심하게 찍히고 말았다.

내가 진행한 의류 테스트 결과를 보고 나니 독성 물질 과다 노출이 어떻게 소량의 유사 물질에도 민감성 반응을 이끌어 내는지 이해하게 되었다. 승무원들이 이상한 것이 아니었다. 그들은 단지 운이 좋지 않았을 뿐이다. 유전적 요인과 직업상의 문제가 결합되어, 최악의 경우 그들의 건강과 삶을 망치고 있었던 것이다.

부작위에 의한 거짓말

내가 의뢰한 테스트 결과를 받은 지 불과 일주일 만에 비영리 단체인 침묵의 봄 재단Silent Spring Institute에서 보고서를 내놓았다.[25] 얼룩 방지, 방수, 심지어 '무독성' '친환경' 라벨이 붙은 제품을 포함해 이 연구소에서 테스트한 아동용 제품의 18퍼센트에 과불화화합물이 들어 있었다. 랜즈 엔드, 갭, 올드 네이비Old Navy, 칠드런스 플레이스Children's Place, 컬럼비아 등의 브랜드가 여기에 해당했다.

그제야 내가 호헨슈타인 실험실에 보낸 물건 중 어느 것도 과불화화합물에 대해 테스트하지 않았다는 것을 깨달았다. 그해 가을, 미국과 캐나다에서 판매되는 어린이 제품(주로 교복)의 얼룩 방지 기능에 아웃도어 용품과 비슷한 수준의 과불화화합물이 사용되었다는 내용이 미리엄 다이아몬드와 그레이엄 피슬리 두 명의 주요 저자를 통해 《환경과학기술》에 발표되었다.[26] 이 연구는 얼룩 방지 교복을 입은 어린이가 피부를 통해 평균적으로 하루에 체중 1킬로그램당 과불화화합물 1.03피피비에 노출되는 것으로 추정했다.

마지막 순간 테스트 의뢰 목록에서 빼기로 결정했기 때문에, 내가 구입한 얼룩 및 구김 방지 남아용 바지가 랜즈 엔드 제품이라는 것을 밝힐 수 있다. 서핑용 상의는 록시, 샌들은 스케쳐스, 보라색 브래지어는 레인 브라이언트 제품이었다. 테스트를 하지 않았으므로 이 제품 중 어떤 것에 제한 물질이 들었는지는 알 수 없다.

그 후 몇 주 동안 이 문제를 곰곰이 생각했다. 호헨슈타인 담당자가 짧은 테스트 목록에서 대형 쇼핑몰 브랜드를 제외시킨 이유는 무엇이었을까? 그가 위험하지 않다고 생각했던 장갑은 엄청난 문제 성분 수치로 테스트를 통과하지 못했다.

어느 날 밤 잠자리에 들다가, 오코텍스 인증이 엄격할수록 궁극적으로는 **브랜드**에 도움이 된다는 생각이 떠올랐다. 이 브랜드들은 인증에 수십만 달러를 쓰고 있다. 그러니 거기서 어떤 가치를 얻어야 한다. 성실하고 친환경적인 회사라는 이미지를 만들고 싶거나, 제품에 포함된 독성 화학물질에 대한 재정적, 법적 책임으로부터 보호받기를 원하거나. 아마 둘 다일 것이다. 누군가 자신들이 만든 옷에 문제 반응을 보이거나 옷에서 유독 물질이 발견된다면 오코텍스 인증을 가리키며 씽스의 CEO와 델타항공, 랜즈 엔드가 그랬던 것처럼 이렇게 말할 것이다. **개인의 민감성이 문제입니다. 당사 제품은 업계에서 최고로 엄격한 테스트를 통과했습니다.**

하지만 이런 모든 결함을 감안하고도 오코텍스는 현재 우리가 보유한 최선의 수단이다. 여기서 '우리'란 더 안전한 패션 제품을 찾는 데 필요한 시간, 돈, 교육 수준을 지닌 사람들을 의미한다. 여기에 속하는 것은 일종의 특권이다. 내가 보낸 패션 아이템의 과불화화합물 테스트를 진행하지 않은 것은 이 테스트가 비싸고 예산이 부족하기 때문이라고 했다. 내가 가진 겨우 1만 달러 예산으로는 말 그대로 턱없이 부족했다.

"유감스럽게도, 기업에서 이런 테스트를 진행하려면 비용이 많이 듭니다. 일반적인 브랜드 입장에서는 쉽게 인증을 받을 수 없는 상황이지요." 사이베라의 조 린케비치가 말했다. 물론 사이베라는 다른 인증 기관의 경쟁자이기도 하다. 그러나 린케비치가 한 말은 진실성 있게 다가왔다. "모든 제품의 모든 화학물을 다 측정할 수는 없습니다. 세상에는 너무나 많은 패션 제품이 존재하는데, 전 세계적으로 오코텍스, 블루사인, 또는 다른 대여섯 개 정도의 친환경 라벨에 전적으로 의지하고 있으니까요. 일반 소비자… 아, 이 표현은 취소해야겠네요. 일반 소비자가 아니라, 오코텍스 인증 제품을 구매한 소비자는 자신이 산 물건에 만족스러울 겁니다. 하지만 그런 제품은 시장에 나와 있는 전체 의류의 0.1퍼센트 정도에 지나지 않습니다. 나는 인증 업계에 대해 잘 알고 있어요. 지난 20년 동안 이런 인증 제도는 완제품은 물론 원료 구매와 생산 과정에서 독성 화학물질에 대한 인식을 높이는 데 큰 역할을 해 왔습니다. 그러나 동시에 잘못된 안전감을 만들어 내기도 했지요. 모든 사람을 위해 더 안전한 해결책을 찾으려 한다면, 화학적 관점에 볼 때 전혀 다른 패러다임의 해법이 필요합니다."

모든 사람에게 자신의 옷에 어떤 성분이 들었는지 알고, 독성 없는 대안을 선택할 권리가 있다면 얼마나 좋을까! 그러나 모든 유독물 테스트는 일반 대중, 연구자, 소비자의 시야에서 벗어나 무대 뒤에서 진행된다. 자발적인 테스트를 통과하지 못한 제품은 인증서를 받지 못할 것이다. 하지만 이는 브랜드와 공급업체와 실험실 간의 사적인 문제이고, 기밀 유지 계약과 상업적 관계에 의해 보호받는다. 관련 자료나 정보는 공적인 영역, 정부, 소비자 또는 연구자에게 공개되지 않을 가능성이 높다. 그리고 원칙적으로 보자면, 자유의 땅에서 과도한 크로뮴이 함유된 성인용 장갑이나 빨간색 아조염료로 만든 스웨터를 판매하는 것은 불법이 아니다.

유럽환경국의 섬유 정책 담당관인 에밀리 맥킨토시Emily Macintosh는 이렇게 말했다. "업계는 자체적으로 평가를 실시하고, 현재 존재하는 인증 제도와 관련 규제를 만드는 사람들은 이를 활용한 비즈니스 모델로 돈을 벌고 있습니다. 기업들에게 적절한 행동을 강제하지 않고, 그저 자발적 선의에 맡겨 놓는다면 빠른 변화가 불가능하다는 것을 이미 목격했습니다. EU나 전 세계적인 차원에서 강력한 구속력을 지닌 규제를 실행하는 것이, 이른바 '그나마 나은' 기업이 업계를 이끌어 가기를 기다리는 것보다 효과가 훨씬 빠를 겁니다."

5부

나 자신을
지키는 방법

10장

해독의
시간

더 깨끗한 옷장과 세상을 위해
우리가 할 수 있는 일

독성 없는 옷을 고르고 관리하는 법

/

이 책을 쓰면서 알게 된 무서운 사실들을 친구나 지인에게 공유할 때마다 그들은 내게 가장 먼저 이렇게 묻는다. "그래서 뭘 사라는 이야기야?" 여기에 그 대답을 정리했다. 패션 산업에서 사용하는 독성 화학물질에 노출되지 않고 자신과 가족을 보호할 수 있도록 건강한 의류, 신발, 액세서리를 선택하고 관리하는 방법과 전문가의 조언을 소개하려 한다.

물론 기업들이 제품을 만들 때 독성 물질을 확실하게 제거하고, 또 안전한 구매 결정을 내리는 데 필요한 정보를 의무적으로 제공해 준다면 훨씬 더 좋을 것이다. 하지만 지금 소개하는 내용을 참고해 신경 쓰면 집을 깨끗이 관리하고, 유해 물질을 걸러내고, 세탁기에서 지역 수로로 유입되는 독성 화학물을 줄일 수 있다. 화학 관련 학위가 필요한 일은 아니다. 약간의 고민과 관심만 있으면 된다.

① 모조품, 알려지지 않은 브랜드 및 울트라 패스트패션 브랜드를 피한다.

"소비자로서 글로벌 브랜드에서 무언가 구매한다면 크게 걱정하지 않아도 됩니다. 하지만 캐널 스트리트에서 조악한 모조품을 산다면 그 안에 들어 있을 프탈레이트에 대해 걱정해야 할 겁니다." ZDHC의 스콧 에콜스는 이렇게 말했다.

패션업계 공급망의 이면에서 무슨 일이 일어나는지 아는 그의 말은 일리가 있다. 소비자에게 싸구려 모조품을 팔려고 생겨난 말도 안 되는 이름의 수천 개 '브랜드'가 있다(재미있는 사실인데, 쉬인 Shein은 영문 모를 이름의 쉬인사이드SheInside라는 직송 회사로 시작했다).

주문을 받은 후 공장에서 신속하게 제품을 생산해 전 세계로 배송하는 21세기형 전략을 **생산자 직송**drop-shipping이라고 부른다. 제품이 도착하는 데 보통 2주 이상 걸리므로 주문 즉시 만들어져 배송된다는 것을 알 수 있다(그렇게 받게 되는 상품은 대개 사진에서 본 것과 똑같지는 않다).

신진 디자이너가 만든 제품을 선보이는 소규모 온라인 마켓플레이스를 말하는 것이 아니다. 지킬 만한 명성이 아예 없거나 그런게 필요하지 않기 때문에 품질이나 평판에 신경 쓰지 않는 사기성 브랜드를 이야기하는 것이다. 그들이 하는 일이라고는 다른 브랜드나 인플루언서의 귀여운 이미지 몇 개를 훔쳐 배너 광고나 아마존,

인스타그램, 페이스북, 포시마크Poshmark 등 쇼핑 관련 플랫폼에 올리는 것뿐이다. 예를 들면 2022년 9월, 사업 등록을 한 지 불과 2년밖에 되지 않은 콜란Kolan이라는 브랜드가 제작해 아마존을 통해 판매한 두 종류의 아동용 신발은 위험한 수준의 납이 포함되어 리콜을 진행해야 했다.[1]

이런 제조업체는 고객에게 직접 배송하기 때문에 소매업체나 정부 기관의 책임 있는 관리 감독을 받지 않는다. 포장의 크기가 작고 비용이 낮기 때문에 일반적인 화물 컨테이너가 받는 정밀 조사도 피할 수 있다. 환불 요청에 응하지 않는 경우가 많으며, 위험한 제품을 판매한다고 해도 법원에 고소할 수도 없다. 본사가 해외에 있고 쉽게 자취를 감출 수 있기 때문이다.

이런 브랜드는 전부 피하는 것이 건강은 물론이고 지갑 사정에도 좋다.

② 신뢰할 수 있는 회사를 찾는다.

많은 소비자가 천연 소재 제품을 사면 안전할 거라고 믿고 있다. 그러나 반드시 그렇지는 않다. 흰색 면 블라우스를 만들 때에는 얼룩 방지용 과불화화합물이나 구김 방지 마감 처리 등 매우 많은 화학물질을 사용한다. 만일 이 블라우스를 뒤뜰에 파묻는다면 유기농 정원에 유독 물질을 뿌리는 꼴이 될 것이다.

따라서 모든 생산 및 공급 과정에서 유독 물질 사용 여부를 확인하고 그런 물질을 제거하는 데 신경 쓰는 브랜드를 찾아야 한다. 이런 노력은 결코 일반적인 것이 아니다. 세계에서 가장 규모가 큰 250개 패션 브랜드를 살펴볼 때, 2021년에는 그중 32퍼센트가 제한물질목록을 발표했고, 27퍼센트만이 유해 화학물질 사용 중단을 위한 진행 상황을 공개했다.[2]

다행스럽게도 합리적인 가격대의 브랜드 중에서 안전한 의류를 찾을 수 있는데, 그중 상당수가 패스트패션 브랜드다. 해마다 상황이 바뀔 수 있고 최고의 브랜드도 100퍼센트 안전하다고 보장할 수 없기 때문에 이름을 밝히는 일은 조심스럽다. 하지만 H&M, 나이키, 리바이스, 파타고니아, 에일린 피셔Eileen Fisher 같은 브랜드는 적어도 지난 10년 동안 이 문제를 깊이 고민해 왔다고 말할 수 있다.

물론 완벽하다는 말은 아니다. 이 회사들 모두 분산염료로 염색한 합성섬유 제품을 판매하고 있으며, 파타고니아는 2022년 기준으로 볼 때 모든 제품에서 과불화화합물을 제거하지 못했다. 그러나 이 브랜드들은 우리가 알고 있는 다른 많은 대규모 중저가 브랜드보다 더 많은 약속을 했고 상당한 발전을 이루어 냈다.

③ 제3자 인증 라벨을 확인한다.

안전한 화학물질 사용과 관련해 아래 같은 단체들과 연계되어 있거나 파트너십을 맺고 있는 브랜드인지 확인해 본다.

- …… AFIRM 그룹: 여기에 소속된 브랜드는 일반 제품에 대한 제한물질 목록을 발표하고 일부 제품에 대해서는 유해 화학물질 테스트를 진행한다. 그룹 웹사이트(Afirm-Group.com) 상단에서 협력 브랜드 목록을 확인할 수 있다.

- …… 블루사인: 많은 패션 브랜드가 안전한 화학물질을 사용하는 블루사인 협력 시설에서 원료를 사들이거나 블루사인 인증 소재를 구매하곤 한다. 브랜드 웹사이트를 방문해 제품 설명이나 '브랜드 소개' 또는 '지속 가능성' 페이지에서 블루사인 로고나 이름을 찾아보자.

- …… GOTS: 유기농 원칙에 따라 승인받은 화학물질을 사용하는 공장을 감사하고 인증을 진행한다. 패션 브랜드 웹사이트에서 제품 설명이나 '브랜드 소개' 또는 '지속 가능성' 페이지를 통해 이 인증 라벨을 확인할 수 있다.

- …… 오코텍스: 잠재적인 허점을 보여 주기는 했지만 여전히 우리가 확인할 수 있는 최상의 인증 라벨 중 하나다. 화학물질 사용 안전을 위해 시설을 검증하고 최종 제품을 테스트해 300여 종의 유해 물질 포함 여부를 확인한다. 패션 브랜드 웹사이트에서 제품 설명이나 '브랜드 소개' 또는 '지속 가능성' 페이지에 등장하는 라벨을 확인하도록 한다.

- …… ZDHC: 제조제한물질목록에 동의하며 폐수 처리 시설을 갖춘 공급

업체와 일하는 브랜드들이다. RoadmapToZero.com에서 회원사 목록을 확인할 수 있다.

이외에도 여러 실험실, 인증 단체, 컨설팅 및 업계 그룹을 참고하면 좋을 것이다. 위에서 소개한 단체는 패션업계의 화학물질 관리와 관련해서 가장 높이 평가받는 곳들이며, 우리 같은 평범한 소비자들에게 훨씬 투명한 태도를 취한다. 모두 자발적으로 진행되고 정부 규제를 받지 않기에 인증 브랜드라고 해도 모든 제품이 무독성이라는 뜻은 아니다. 적절한 제품을 알아보기 위한 출발점으로 삼는 것이 좋다. 이런 조직이나 인증과 전혀 접점이 없는 브랜드라면, 나는 구매와 사용을 피하는 편이다.

④ 가능하면 천연 소재를 이용한다.

폴리염화비닐, 폴리에스테르, 폴리아미드, 폴리우레탄처럼 폴리poly로 시작하는 모든 재료와 나일론, 아크릴, 접착제, 플라스틱 인쇄 및 코팅, 반짝이, 스팽글은 피하는 것이 좋다. 이러한 재료는 가스나 독성 물질을 배출하고 염색, 인쇄 및 마무리 공정 중에 감작성, 독성 화학물질을 사용했을 가능성이 매우 높다.

대신 면, 실크, 대마, 캐시미어, 리넨, 양모, 알파카, 레이온, 리오셀(텐셀), 모달 등의 소재와 천연 자수나 유리 비즈 장식을 사용한 옷을 선택하도록 한다. 대나무로 만든 레이온의 경우는 생산 과정에서 심각한 독성 화학물질을 사용하기 때문에 추천이 망설여지긴 하지만, 부드럽고 안전한 최종 제품 상태에서는 이런 화학물질이 거의 남아 있지 않다. 대나무 레이온은 화학적 내성이 약한 사람들이 사랑하는 직물이기도 하다. 민감한 피부라 사용해 보고 싶다면 앞서 언급한 라벨이 붙어 있는 브랜드를 찾도록 한다.

⑤ '기능성 소재'를 피한다.

발수성, 얼룩 방지, 구김 방지, 손쉬운 관리 등의 기능은 과불화화합물 같은 독성 화학물질이나 코팅 덕분에 가능하다. 옷에서 떨어져 나온 이런 유해 성분들이 집 먼지나 피부를 통해 우리 몸에 흡수될 가능성이 높다. 나는 집에 다리미를 구비해 두고 필요할 때마다 사용하는데, 이때 팟캐스트를 듣거나 전화기와 떨어져 조용히 사색하는 기회로 삼곤 한다(여행에 가져갈 휴대용 스팀 다리미도 갖고 있다).

배낭이나 재킷 같은 아웃도어 제품을 오래 사용할 때 생기는 얼룩은 명예의 증표로 받아들이는 편이다. 이런 제품을 깨끗하고 보송보송하게 유지하고 싶다면 닉왁스Nikwax처럼 과불화화합물 없는 오염 방지 스프레이를 사용하면 된다.

파라모Paramo, 디드릭슨스Didriksons, 바우데Vaude, 잭 울프스킨Jack Wolfskin, 아이스브레이커Icebreaker, 킨Keen, 룬닥스Lundhags 같은 일부

아웃도어 브랜드는 섬유 공학과 수성 및 친환경 코팅을 활용해서 과불화화합물 기반 코팅제를 대체하고 있다. 이런 일도 가능하다!

나노 은을 사용한 냄새 방지 제품도 피하는 것이 좋다. 아직 아무런 규제가 없다 보니 연구자들은 인간과 환경에 미치는 나노 은의 유해성을 불안하게 바라보고 있다. 수생 식물과 동물에 독성을 보이기 때문에 환경보호청은 은을 환경 유해 물질로 분류했으며, 2005년 연구에서는 나노 은이 일반 은보다 45배 더 독성이 높다는 사실을 발견했다. 연구는 여전히 진행 중이지만, 피부를 통해 흡수된 나노 은이 전신의 다양한 기관으로 퍼져 독성을 보일 수 있다는 연구 결과도 있다.[3] 경구 노출(식품 포장의 은 나노 사용 등) 연구에 따르면 은이 우리 몸속에서 대부분 제거되려면 2주에서 4개월 정도 걸리는데, 뇌와 고환 같은 기관에는 축적되어 장기적으로는 문제를 일으킬 수 있다.[4] 물론 우리가 옷을 먹지는 않겠지만, 2장에서 살펴본 것처럼 옷에서 떨어져 나오는 온갖 유해 물질이 포함된 집 먼지를 삼키거나 들이마시곤 한다.

다시 말하지만, 나노 기술처럼 이제 막 시작된 연구들은 더 많은 검토가 필요하다. 그러나 지금껏 알려진 것들을 종합해 보면, 냄새 방지 운동복을 입고 체육관에서 땀을 흘리고 싶지는 않을 것 같다.

해충을 억제한다는 퍼메트린permethrin 함유 패션 제품이나 스프레이도 피해야 한다.[5] 몸에 뿌리는 살충제는 위험하다! 열대성 유행병이 만연한 지역에 가거나 자신이 모기를 끌어들이는 인간 자석이 아닌 한, 리넨이나 면으로 촘촘하게 짠 긴 소매와 긴 바지, 양말 등을 착용해 모기와 진드기를 막는 물리적 장벽을 만드는 것이 좋다.

⑥ 채도가 높은 색, 지나치게 밝은색, 형광색을 피한다.

지루한 옷을 입으라고 말하기는 싫다! 화사한 색을 좋아하고 피부 트러블이 없다면 소방차처럼 새빨간 실크 드레스나 핫핑크 면 스커트를 입어도 괜찮을 것이다.

하지만 피부가 예민한 사람은 형광색이나 파란색, 검정색을 피하는 것이 도움이 된다. 대신 흰색과 크림색, 차분하고 부드러운 갈색을 찾아 입자. 천연염료나 식물성 염료를 사용하는 브랜드라면 더 좋을 것이다! 폭스파이버Foxfibre라고 불리는 천연 색상의 전통 방식 면직물을 사용해 양말과 티셔츠를 만드는 소규모 브랜드도 몇 곳 있다. 이런 제품은 대부분 옅은 갈색, 분홍색, 또는 녹색이다.

개인적으로 나는 요가용 레깅스를 살 때 적어도 95퍼센트 면 제품을 고르려 노력한다. 합성섬유 제품이 꼭 필요한 경우(커다란 배낭을 메고 다니며 가벼운 하이킹 장비가 필요한 여행자처럼)에도 얼룩 방지 또는 발수 처리가 되지 않은 흰색 제품을 찾는 편이 좋다. 연구에 따르면 합성 소재에서 특히 독성이 우려되는 부분은 원단 자체가 아니라 염료와 마감재일 가능성이 높아서다. 염색되지 않은 상태의 폴리에스테르는 흰색 계열이다.

'원액 착색'이라고도 불리는 도프 염색을 사용한 합성섬유도

권할 만하다. 합성섬유 생산 과정에서 바로 안료를 집어넣기 때문에 2장에서 논의한 피부 민감제인 분산염료가 필요하지 않다. 도프 염색 섬유는 물을 덜 사용하고 폐수 배출도 적으며 착용 시 염료가 방출될 가능성도 적다. 파타고니아, 데카트론, 짐샤크Gymshark는 일부 제품 라인을 도프 염색으로 전환하기 시작했다.

⑦ 옷을 입기 전에 무향 세제로 세탁한다.

살진균제, 살생물제, 살충제, 매장 방향제, 섬유 유연제, 옷감 표면에서 묻어 나오는 염료 등 생산과 배송 중에 의도적으로 추가되거나 우연히 오염된 일부 화학물질은 한두 번 정도 세탁하면 씻어 낼 수 있다. 새로 산 옷이 어디서 어떻게 왔는지 알 수 없으니 위험을 감수하지 말고 빨아서 입자!

옷을 세탁기에 넣을 때도 조심해야 한다. 향이 든 세탁 세제, 건조기용 시트, 섬유 유연제 및 탈취제는 옷에 유독 물질과 민감성 유도 화학물을 남긴다.

2008년 워싱턴대학이 가장 많이 팔리는 세탁 세제 6종을 테스트해 그 결과를 발표했다.[6] 모든 제품이 아세톤(페인트 희석제 및 매니큐어 제거제의 활성 성분), 감귤 향이 나는 리모넨, 아세트알데히드, 클로로메탄, 1, 4-디옥산을 포함해 연방법상 유해성을 판정받아 사용이 규제된 화학물질을 최소 하나 이상 방출한다는 사실이 드러났다. 그러나 제품 라벨에는 이런 화학물질이 하나도 표시되지 않았다. '향'이라는 단어 안에 영업 비밀로 숨겨졌다고 추정할 수 있다.

"이 6개 제품에서 거의 100가지 휘발성 유기 화합물이 방출되었는데 제품 라벨에는 아무 표시가 없었습니다. 또한 6개 중 5개 제품은 환경보호국에서 안전한 노출 수준이 존재하지 않는다고 밝힌 발암성 '대기 오염 유해 물질'을 한 가지 이상 방출했습니다." 논문의 제1 저자인 앤 스타인먼Anne Steinemann은 당시 이렇게 말했다. 스타인먼이 2011년에 진행한 후속 연구는 소비자들이 가정용 세탁기와 건조기에 향이 나는 세제를 사용할 때 건조기 통풍구에서 발암 물질인 아세트알데히드와 벤젠 등 25가지 이상의 휘발성 유기 화합물이 발생할 수 있음을 보여 주었다.[7]

이것만으로 충분하지 않다는 듯, 서로 다른 향이 나는 세탁용품을 혼합하면 문제가 더 심각해질 수 있다. 2002년 연구에 따르면, 알레르기를 유발하는 방향제 여러 종을 함께 사용할 경우 습진 환자에게 **상가** 효과 이상의 **상승**synergistic 효과가 나타나는 것으로 밝혀졌다.[8] 상가 효과가 5+5=10라면, 상승 효과는 5×5=25라고 생각해 볼 수 있다. 연구자들은 피부접촉검사에서 서로 다른 두 가지 향을 함께 사용했을 때 실제로 사용된 것보다 3~4배 더 많은 양을 투여한 것처럼 강한 알레르기 반응을 일으킨다는 사실을 발견했다.

그러니 무향 세제를 구입하고, 필요하다면 건조기용 시트 대신 양모 볼을 사용하는 것이 좋다. 개인적으로 나는 성인이 된 이후 건조기 시트나 섬유 유연제를 사용한 적이 없는데도 큰 차이를 느끼지 못했다!

나프탈렌이나 파라디클로로벤젠이 들어 있을 수 있는 좀약을 사용하는 대신, 삼나무 조각을 서랍에 넣거나 라벤더 향낭을 이용해 스웨터를 보호하는 것을 권한다.

---

⑧ 드라이클리닝을 피한다.

드라이클리닝 업소에서는 퍼클로로에틸렌 또는 일반적으로 PERC로 알려진 테트라클로로에틸렌이라는 화학물질을 사용한다. 이 물질은 독성이 매우 강해서 환경보호국에서는 드라이클리닝 업체가 영업하던 곳에 다른 건물을 지을 경우, 미리 독성 정화 작업을 요구할 정도다.

드라이클리닝을 하거나 PERC가 함유된 얼룩 제거 제품을 사용하면 유독가스가 집 안 공기 중으로 배출될 수 있다. PERC는 중추신경계, 간, 신장, 혈액 및 면역계에 영향을 미치는 것으로 밝혀졌으며, 생식계에도 영향을 미치는 것으로 의심된다.[9]

'드라이클리닝 전용' 라벨은 필수 사항이 아니라 제안인 경우가 많다. 브랜드는 만약의 경우에 대비해 모든 옷에 이런 라벨을 붙이곤 한다. 드라이클리닝을 피하려면 세탁기 사용이 가능한 옷을 선택해야 한다. 지나치게 장식이 많은 옷도 피하는 것이 좋은데, 그 장식이 플라스틱 소재라면 더욱 신경 써서 피해야 한다.

드라이클리닝이 필요한 옷이 있다면, 착용 후에 부분 세탁한 다음 통풍이 잘되도록 걸어 두는 것을 추천한다. 실크의 경우 손세탁한 뒤 바람에 말리도록 한다. 양모, 캐시미어, 알파카 제품은 손세탁해서 탁자 위에 널어 말린다. 면과 리넨은 찬물에 기계 세탁하는 것이 좋다. 건조기를 사용할 수도 있지만 공중에 걸어 자연 건조하면 옷의 수명이 늘어나고 전기 요금도 절약할 수 있다. (수건은 예외다. 뜨거운 회전식 건조기에서 갓 나온 수건들은 너무 사랑스럽고 보송보송하다. 인정할 수밖에 없다.) 일부 레이온이나 비스코스는 세탁기 사용후 변형될 수 있는데, 이런 옷은 손세탁을 해 보거나 찬물에 섬세한 세탁 모드를 사용하는 것이 좋다.

반드시 드라이클리닝을 해야 한다면, 액체 이산화탄소를 사용하는 '친환경' 드라이클리닝 업체를 찾아보자. 그런 곳을 찾을 수 없다면, 드라이클리닝한 옷을 바로 입지 말고 비닐 커버를 벗겨 낸 후옷걸이에 걸어서 베란다나 차고처럼 천장이 있는 실외 공간에 하루나 이틀 정도 걸어 두도록 한다.

⑨ 중고품을 사거나 교환한다.

차고 세일이나 마당 세일 등을 통해 중고 의류를 사 입거나, '아무것도 사지 않기Buy Nothing' 그룹에 가입하거나, 친구들과 옷을 바꿔 입는 것은 이미 여러 번 세탁해서 오염된 물질을 제거한, 지속 가능하고 독성 없는 의류를 구할 수 있는 경제적인 해결책들이다. 게다가 지역사회와 어울릴 수 있는 훌륭한 방법이기도 하다. 중고품 가게에서 방향제나 향이 나는 세제를 쓰는 경우가 많으며, 이런 향이 중고품에 꽤 오래 배어 있을 수 있다는 점도 고려하자.

⑩ 자신의 코를 믿는다.

화학물질 냄새가 나는 경우라면 굳이 위험을 감수할 필요가 없다. 다시 포장해 상자에 넣어 보내고 환불을 요청하자.

누구에게나 안전한 패션을 위한 제안

이러한 전략도 완벽한 안전장치는 아니다. 패션 산업은 화학물질과 관련해 규제가 별로 없고 불투명하기 때문에, 유독 물질로 마감 처리가 된 천연섬유나 책임 있는 브랜드에서 만들었지만 민감성 유발 분산염료, 과불화화합물 기반의 얼룩 방지제가 든 제품을 구입할 가능성도 피할 수 없다.

그래서 이제부터는 관련 **책임자들**에게 부탁을 하려고 한다.

이 책이 출간된 후, 구매 결정을 내릴 때마다 죄책감에 시달리는 여성들을 중심으로 또 다른 사회 운동이 일어나기를 바라지는 않는다. 음식을 준비할 때마다 유기농 식품을 선택하고, 아이들을 위해 나무 장난감을 구하고, 출퇴근용 전기 자동차를 사는 사람들을 존경하지만, 우리가 이 문제를 벗어나기 위해서는 문제없는 물건을 구매하는 것이 전부가 아니라는 사실도 알고 있다.

앞서 여러 번 말했듯이, 이렇게 불리한 시스템에서 '좋은' 소비자가 되려면 충분한 시간, 교육, 돈, 감정적 에너지가 필요하다. 패션과 관련해 충분한 정보에 입각한 선택을 할 수 있다면 정말 특권을 지닌 사람일 것이다. 이 책을 통해 살펴보았듯이, 꾸준한 수입이 있고 자기 자신 혹은 자녀의 신체가 유독한 패션을 감당할 수 없다고 직감적으로 아는 여성조차도 쇼핑과 패션 습관을 정비하는 데 어려움을 겪는다. 2장에서 칼리가 아들을 위해 했던 것처럼 모든 사람이 화학물질 없는 식물성, 무독성 속옷을 직접 바느질해 만들기를 기대할 수는 없다(그의 사업을 후원할 수는 있겠지만!).

무독성 운동은 포괄적이어야 한다. 의류, 신발 또는 액세서리를 가리지 않고, 싸거나 비싸거나, 중국 혹은 유럽에서 제조되거나 인도 혹은 미국에서 판매되거나, 기능을 위해서든 그저 편하게 입기 위해서든, 어린이용이든 어른용이든 상관없이 독성 화학물질이 허용되지 않도록 시스템을 바꿔야 한다.

누구나 안전한 패션을 누릴 자격이 있다. 우리는 기업의 이익보다 건강을 우선시하는 글로벌 시스템을 누릴 자격이 있다.

그래서 내가 요구하는 대담하지만 꼭 필요한 변화는 다음과 같다.

① 연구 자금 지원을 위해, 테스트받지 않은 화학물질에 세금 및 관세를 부가한다.

현재 4만에서 35만 종의 화학물질과 중합체가 사용 등록되어 있는데,[10] 그중 대다수는 안전성 테스트를 거치지 않았다. 이 밀려 있는 과제를 처리해야 한다. 또한 옷과 우리 몸에서 일어나는 화학적 상호작용, 독성 잔류물과 마감재가 든 패션 제품을 착용하고 만질 때 발생하는 유독 물질 노출에 관한 이해의 격차를 메워야 한다.

이런 문제를 풀려면 대학에 기반을 둔 연구 기관과 독립적인 연구자들에게 수백만 달러를 더 쏟아야 할 것이다. 이 자금을 마련하기 위해 정부는 충분히 연구되지 않은 화학물질을 판매하거나 수입하는 경우에, 혹은 그런 화학물질이 든 패션 제품에 무거운 세금이나 관세를 부과할 수 있다.

이렇게 해서 얻을 수 있는 결과에 대해, 컬럼비아 스포츠웨어가 '관세 설계'라고 부르는 것을 참고로 해서 생각해 보자.[11] 이 회사는 관세를 줄이려고 디자이너와 무역 전문가가 짝을 지어 디자인에 필요한 사항을 결정한다. 《뉴욕타임스》가 소개한 기사에 따르면, "방수 재킷에는 7.1퍼센트의 관세가 부과되는 반면, 방수 처리되지 않은 재킷은 27.7퍼센트의 관세가 부과된다." 2022년 가을을 기준으로 컬럼비아는 자사 제품에서 과불화화합물 기반 내구성 발수 마감재를 제거할 의사를 아직 밝히지 않고 있다. 그렇게 하는 데 엄청난 비용이 들기 때문일 것이다!

한편 쉬인과 같은 브랜드는 800달러가 넘는 물건을 미국으로 배송하지 않으려고 멕시코나 캐나다 국경 바로 너머에 주문 처리 창고를 지었다.[12] 800달러 미만의 모든 배송품은 '최소 허용 기준' 범위로 간주되어 검수나 수입 관세 부과의 대상이 되지 않는다. 이런 정책은 싸고 유독성 강한 의류 생산을 장려하는 결과를 낳는다. 하루에 최소 200만 개 이상의 패션 아이템이 미국으로 선적되는 것으로 알려졌다. 중국의 최소 허용 기준은 7달러로 미국보다 100배 이상 낮다.

---

② 화학 회사가 사용 중인 모든 화학물질을 등록하고 관련 연구를 공유하도록 요구한다.

REACH 규정을 따르는 유럽처럼, 미국의 화학 회사도 1톤 이상의 양으로 제조 및 수입되는 모든 화학 물질 및 제품에 대한 정보를 등록하도록 해야 한다. 알려진 모든 건강 위험 요소는 물론 각각의 물질 및 제품과 관련한 연구도 여기에 포함시켜야 한다.

또한 제품에 사용된 모든 화학물질의 분석 표준품(실험 가능한 품질의 샘플)을 화학 회사가 연구 기관 및 정부 실험실에 보내도록 법적으로 요구해야 한다. 이런 정책이 있었더라면 커스틴 오버달이 염료를 직접 정제하느라 보낸 1년 반의 연구 시간을 절약할 수 있었을 것이다. 지금 실행한다고 해도 여전히 몇 년의 연구 시간을 절약해 줄 수 있다. 테스트해야 할 패션 화학물질이 수천 개는 더 있기 때문이다.

③ 소비자제품안전위원회의 독성 패션 검사 및 리콜 권한을 확대한다.

화학물질 안전 관리가 기업의 자발적인 노력으로 이루어지다 보니 브랜드가 고객의 건강보다 사업 이익을 우선시하는 문제가 생긴다. 앞서 살펴본 것처럼 소비자제품안전위원회가 어린이 제품에 대한 유해 물질 검사 권한을 제한적으로나마 부여받자, 브랜드와 공장은 납, 카드뮴, 프탈레이트가 없는 제품을 만들기 위해 노력하게 되었다.

의회는 위원회가 검사할 수 있는 독성 물질의 수를 확대해야 하며, 아동복뿐만 아니라 성인용 패션 제품에도 이런 검사를 적용해야 한다(캘리포니아주 혹은 EU의 제한물질목록으로 시작하는 것이 좋을 듯하다). 모든 항만 및 항공 시설에 도착하는 패션 선적물은 최소한 샘플 검사라도 이루어져야 한다.

소비자제품안전위원회와 항만·항공 실험실은 그레이엄 피슬리가 제품에 든 불소 총량를 확인하는 데 사용하는 PIGE 테스트를 도입해야 한다. 그런 다음 추가 테스트가 필요한 항목을 표시해, 듀크대학 통합독성학 및 환경건강학과 연구원들이 검사 대상에 든 모든 물질을 식별하는 데 사용했던 최신 고분해능 질량분석 기술을 통해 확인해야 한다. 위원회 실험실이 화학 회사에서 제공하는 모든 분석표준품 목록을 보유하게 되면, 제품에 든 모든 성분을 쉽게 식별할 수 있다.

아울러 독성이 있고 소비자의 민감성을 자극하는 제품을 강제로 리콜할 수 있도록 소비자제품안전위원회에 더 많은 권한을 부여해야 한다. 위원회에 이상 반응을 신고하는 소비자가 자신이 입은 화학적 화상이 진지하게 받아들여질 것이라는 확신을 가질 수 있어야 하고, 문제가 된 제품을 이를 판매한 브랜드로부터 돈을 받지 않는 실험실에 보내서 테스트받을 수 있어야 한다.

이는 서구 소비자뿐만 아니라 개발도상국의 소비자와 노동자에게도 도움이 된다. 국경 관리 정책을 더 엄격하게 운영한다면 위원회의 관할권 밖에 있는 생산 국가로도 그 영향이 확대될 것이다. 제품에 독성 물질이 들어 있지 않도록 하는 가장 좋은 방법은 처음부터 사용하지 않는 것이다.

이런 일이 가능하려면 소비자제품안전위원회에 훨씬 더 많은 예산이 필요하다. 모든 사람, 심지어 화학업계도 이 문제에 동의하는 것 같다. 그러니 이제 의회가 서둘러야 할 때다.

④ 모든 화학물질을 개별이 아닌 계열별로 규제한다.

전 세계적으로 최소 4만 개의 화학물질이 유통되고 있기 때문에, 아무리 자금을 지원한다고 해도 연구실에서 모든 화학물질을 철저하게 테스트해 사용 제한선을 정하는 것은 불가능하다. 앞서 살펴본 것처럼 일단 특정 화학물질이 유해한 것으로 판명되면 관련 업계는 연구와 규제가 덜한 다른 유사 화학물질로 생산을 전환해 버릴 것이다. 'BPA 프리'라고 적힌 물병들이 많지만 그 안에 BPS 같은 다른 종류의 호르몬 교란 물질이 들어 있는지는 정확히 알 수 없다.

그러나 우리는 비스페놀, 프탈레이트, 과불화화합물 등 같은 계열에 포함되는 여러 화학물질들이 유사한 유해성을 지닌다는 사실을 알고 있다.

"세상에 나와 있는 모든 단일 과불화화합물을 연구하고 테스트할 수 없습니다. 그것들을 전부 연구하려면 아마도 수백 년이 걸릴 겁니다." 독성 없는 미래Toxic-Free Future의 마이클 셰이드Michael Schade가 말했다. "지금처럼 문제가 되는 화학물질을 **한 번에 하나씩** 규제한다면, 전 세계 수백만 명 사람들의 몸속에 극도로 위험한 화학물이 계속 쌓여서 위험 수준에 이르게 될 것입니다."

독립적인 연구를 통해 특정 화학물질이 안전하다고 입증되지 않는 한, 유사 구조의 모든 화학물질은 해당 계열에서 가장 많이 연구된 유해 화학물질과 동일하게 취급되어야 한다.

어린이용 제품에서 BPA가 금지된다면 BPS도 금지되어야 한다. DEHP의 사용을 제한한다면 다른 유형의 프탈레이트도 제한하는 것이 맞다. PFOA와 PFOS뿐만 아니라 모든 과불화화합물은 생산되어서도 안 되고 소비재에 사용되어서도 안 된다. 연구를 통해 발암성 아민으로 분해되는 것이 입증된 경우뿐 아니라 모든 아조벤젠 분산염료의 사용을 제한해야 한다.

우리 몸의 비만세포가 구조적으로 유사한 화학물질에 어떻게 반응하는지 기억하는가? 같은 계열의 화학물질 중 하나만 금지하는 것이 섬유 알레르기를 완화하는 데 도움이 된다고 누가 장담할 수 있을까?

⑤ 소비재에 내분비교란물질 사용을 금지한다.

5장에서 소개한 것처럼 과학자들은 내분비교란물질에 '안전한' 사용량이 없다는 데 동의한다. 생식능력 및 생태 위기를 초래하고 적은 양으로도 건강에 영향을 미치는 내분비교란물질 사용을 섬유 제품과 패션 액세서리를 포함한 소비재에서 완전히 금지해야 한다. 여기에는 납, 수은, 비소, 프탈레이트, BPA와 그 사촌인 BPS, BPF, 알킬페놀 에톡실레이트, 그리고 무엇보다도 과불화화합물이 포함되어야 한다.[13]

⑥ 환경오염과 근로자 건강에 대한 책임을 패션 기업에 부과하는 공급망 실사법을 통과시킨다.

패션 브랜드와 글로벌 공급업체는 법률 규제와 집행이 느슨한 국가들로 공장을 이전함으로써 너무나 오랫동안 노동자 건강에 대한 책임을 회피해 왔다.

우리는 포름알데히드, 합성 극세사, 산업용 표백제 등의 물질에 노출되는 노동자가 어떤 위험에 놓이는지 알고 있다. 그러나 중국과 인도 같은 국가의 많은 노동자는 적절한 교육이나 보호 장비를 제공받지 못한 채 계속해서 유독 물질에 불필요하게 노출되고 있다. 또 공장 주변 지역은 독성 폐수와 슬러지로 오염되고 있다.

대부분의 경우 브랜드가 더 빨리 더 싼 가격에 제품을 만들라고 요구하기 때문에 문제가 생긴다. 예를 들어 장비를 착용하면 작업 속도가 느려지므로, 할당량을 맞춰야 하는 작업자는 보호 장비를 착용하지 않는다. 물건이 안전한 환경에서 만들어졌다고 해서 비용을 더 받는 것은 아니므로, 공급업체는 폐수 처리 시설 같은 새로운 장비에 투자할 여유가 없다. 아웃소싱 정책이 불러온 이 같은 결과를 브랜드에서 알게 되는 경우, 자신들은 그동안 전혀 몰랐으며 앞으로 이런 행위를 묵인하지 않겠다고 말한다.

"이 문제를 해결할 수 있는 유일한 방법은 해당 기업에게 조치를 취하도록 강제하거나, 미루고 있는 비용을 어떻게든 치르게 하는 법안을 마련하는 것입니다. 여기에는 공장 주변 수로 오염이나 근로자 건강과 관련한 비용도 포함되겠죠. 이를 단순히 의류 생산 비용만이 아니라 트리플 보텀 라인Triple Bottom Line(영국의 존 엘킹턴이 주장한 비즈니스 원칙으로, 기업 이익, 환경 지속성, 사회적 책임이라는 세 가지 기준으로 기업 실적을 측정한다)을 고려한 비용에 포함시켜야 합니다." ZDHC의 스콧 에콜스가 말했다.

몇몇 유럽 국가, 그리고 최근에는 EU가 공급망 실사법을 제안했다. 이에 따르면 대형 패션 브랜드는 자사의 비즈니스가 공급망에 끼치는 부정적 영향을 확인한 다음, 이를 예방하거나 종식하고 완화하기 위해 노력해야 한다. 피해가 EU 밖의 국가에서 일어나더라도 말이다. 여기에는 근로자의 건강과 안전 및 환경오염이 포함된다.

예를 들어, 청소를 위해 염료 폐기물 저장 탱크에 올라가라는 지시에 따르던 염료 공장 노동자가 사망한 경우, 가족은 해당 염료 공장은 물론 제품을 주문한 브랜드에게도 책임을 물을 수 있다. 이렇게 되면 안전 시설을 설치하느라 비용이 약간 오른다는 이유로 제조 공장을 옮기려는 기업이 다시 한번 생각하게 될 것이다. 브랜드가 공급망에 포함된 염색 공장이 제대로 된 자동 저장 탱크 청소 장비를 갖추고 있는지 확인하고, 그렇지 않은 공장에 필요한 대출을 주선하거나 자금을 제공할 수도 있다.

EU가 이런 종류의 법안을 추구하고 있다는 것은 대단한 일이다. 미국도 이런 일에 동참할 할 때가 되었다.

⑦ 위장환경주의에 속지 않는다.

"수년 동안 많은 회사가 자신들은 **장쇄 과불화화합물 사용을 중단해 왔고 더 이상 어디에서도 이를 사용하지 않는다**고 말했습니다." 마이클 셰이드의 이야기다. 그러나 그가 운영하는 단체인 독성 없는 미래가 2021년 초 아마존, 베드 배스 앤드 비욘드, 코스트코, 딕스 스포팅 굿즈Dick's Sporting Goods, 콜스, 메이시스, REI, 타겟, 월마트, 그리고 티제이맥스, 마샬스, 홈굿즈HomeGoods 등의 소유주인 TJX가 선보인 방수, 방오 제품을 검사했더니 놀라운 결과가 나타났다.[14]

"대부분의 과불화화합물 함유 품목이 장쇄 과불화화합물에 대해 양성 반응을 보였습니다. 어떤 경우에는 검출된 과불화화합물 중 가장 많은 부분을 차지하기도 했습니다." 다시 말해, 그 당시 원칙적으로 합법이었는지 여부를 떠나서, 자사 제품의 건전성과 안전에 대해 거짓말을 해 왔던 것이다.

한편, 고어텍스는 '환경 문제가 있는 과불화탄소'를 제거하기 위해 노력해 왔다(앞서 언급했듯이 일부 회사에서는 여전히 과불화화합물 대신 과불화탄소라는 용어를 사용한다). 그러나 이런 것도 다 의미 없는 일이다. "환경에 문제 되지 않는 과불화화합물은 없습니다. 이 물질은 근본적으로 영원히 사라지지 않으니까요." 셰이드가 말했다.

연방통상위원회는 제품에 대해 부정확한 지속 가능성 주장을 하는 기업을 처벌할 권한을 갖고 있다. 대나무 섬유를 친환경 제품으로 마케팅한 소매업체에 벌금을 부과한 사례도 있는데, 대나무를 부드러운 레이온 천으로 바꾸려면 극도로 위험한 화학물질을 투입해야 하기 때문이다(이런 화학물질은 소비자에게 도달하기 훨씬 전에 사라지지만).

일부 유해 물질에 대해서만 테스트를 진행하고 이 인증을 근거로 자사 제품이 무독성이라고 주장하는 브랜드에 대해서도 연방통상위원회가 동일한 조치를 취해야 한다. 그리고 의도적으로 헷갈리는 설명을 하지 않도록 엄격한 제재를 가해야 한다. 예를 들어, 모든 유형의 비스페놀에 대해 테스트를 거치지 않은 브랜드는 'BPA 프리' 같은 혼동의 여지가 있는 문구를 사용해서는 안 되며, 다른 유형의 과불화합물로 교체해 놓고 독성 없는 내구성 발수제를 우비에 사용했다고 주장해서도 안 된다.

---

⑧ 패션 제품에 성분 목록을 요구한다.

식품과 청소용품, 미용용품 산업은 모두 제품의 성분 목록을 공개하면서도 수익을 낸다. 건축 자재 산업에서 건축가, 설계 전문가, 건설 시공사와 소비자는 800개 이상의 제조업체가 생산한 4만 개 이상의 건축 관련 제품에 대한 '건강 제품 선언'을 www.HPD-Collaborative.org에서 조회할 수 있다. 소비자 친화적 방식으로 정보를 소개한다고는 볼 수 없지만, 합성섬유로 된 카펫 등 기능성 섬유 제품에 대해서도 자세한 성분 정보를 제공한다.

"나는 1990년대 초부터 소재와 의류를 포함한 제품에 사용된 모든 화학물질을 공개하자는 이야기를 해 왔습니다. 제품을 생산하는 데 사용한 물질을 밝히지 않는 것이 어떻게 독점 소유권 보장인지 이해할 수 없습니다." 스웨덴의 환경 독성학자 오케 베리만이 말했다.

두드러기나 발진을 일으키고 만성질환을 악화시키는 물질을 피할 수 있도록 소비자들은 자신이 입는 옷에 어떤 성분이 들어 있는지 알아야 한다. 모든 패션 제품에 지금까지 밝혀진 발암성, 돌연변이성, 생식 독성, 생체 축적성, 잔류성, 알레르기성, 감작성 화학물질의 포함 여부를 라벨 또는 QR 코드로 부착하도록 법적으로 요구해야 한다.

"우리는 소매업체와 브랜드에게 섬유 등에 들어 있는 화학 성분을 공개하라고 촉구하고 있습니다." 독성 없는 미래 재단에서 진행하는 '가게 지키기Mind the Store' 캠페인 총책임자인 마이클 셰이드가 이렇게 말했다. "자신들이 파는 제품에 어떤 성분이 들었는지도 모르면서 **기업으로서 우리는 모든 공급망에서 유해 화학물질을 규제하고 제한할 것입니다** 하고 말할 수는 없습니다."

"변화에 대한 책임을 소비자에게 전가해서는 안 됩니다. **사람들이 주시하고 있다, 무슨 일이 일어나는지 지켜보고 있다**는 식으로 압박을 가해야 합니다. 가족이나 연인을 위해 구입한 물건에 문제 성분이 들어 있기를 바라는 사람은 없을 테니까요." 유럽환경국의 섬유 정책 책임자인 에밀리 매킨토시Emily Macintosh의 이야기다.

이 문제를 공급업체와 화학 엔지니어들에게 이야기했더니, 다들 지금의 기술을 기반으로 최종 제품에 든 성분을 공개하는 것이 가능하다고 말했다. 브랜드가 저렴한 가격을 좇아 이 공장에서 저 공장으로 옮겨 다니지 않는다면 말이다.

"제품에 인증을 받기 위해 '요람에서 요람으로'에 의뢰하면 해당 제품에 대해 100퍼센트 투명성을 요구할 겁니다. 이렇게 제공한 내용은 계약과 법률에 의해 보호됩니다. 그래서 제3자 인증 기관과 협약을 맺습니다. 모두가 서로에게 책임이 있는 것이지요." 이탈리아 화학물 공급업체 오피시나Officina+39의 임원인 안드레아 베니에르Andrea Venier가 말했다.

"나 또한 옷 속에 무엇이 들어 있는지 알고 싶습니다. 유일한 방법은 입법을 통해 위에서부터 바꿔 가는 것입니다." 대화를 나눌 당시 튀르키예 블루 매터스Blue Matters의 데님 세탁조 화학 엔지니어이자 지속 가능성 관리자였던 카안 쉔Kaan Şen이 말했다(그는 현재 아디다스의 지속 가능성 책임자다).

내 이런 계획에 동의한다면 여러분들도 지역을 대표하는 의회 의원에게 연락해 독성물질관리법 개정을 요청하길 바란다. 위에 소개한 실행 가능한 단계 중 가장 필요하다고 생각하는 것을 국회의원에게 알릴 수 있다.

아마도 쉽지 않을 것이다. 그러나 나는 변화를 요구하는 우리의 힘을 믿는다. 특히 서로를 보살피고 다음 세대를 돌봐야 한다고 주장하는 여성의 힘을, 어머니와 교사, 교수와 연구자, 디자이너와 기업가로 활동하는 여성들의 힘을 믿는다.

불붙은 강, 독성 물질 투기, DDT 무차별 살포와 그로 인해 야생 동물 새끼들이 겪는 어려움 같은 문제에 대응해 행동하기 위해 지구의 날이 제정되었음을 기억하자. 보다 최근인 2007년에는 캐나다 어머니들이 젖병 등에 BPA 사용을 제한하라고 요구하면서 아기를 유모차에 태우고 토론토 주 의회에서 행진했다.

우리가 이런 문제를 마감재와 염료, 플라스틱을 둘러싼 제각각의 논란이 아니라 자가면역질환, 불임, 만성 중독과의 전쟁이라는 상호 연결되고 총체적인 시각으로 다루기 시작한다면, 패션이라는 이름으로 계속되는 지구 환경의 파괴를 막을 수 있을 뿐 아니라 건강 문제에도 혁신적인 해결책을 찾을 수 있을 것이다. 우리 자녀들과 손주들이 이 시대를 되돌아보며 우리가 입어 왔던 옷에 대해 적절한 경이로움과 공포를 느낄 수 있기를 바란다.

에필로그

무언가 승리를 입증할 수 있기를 바랐다. 성공적 합의, 명확한 진실의 인정, 패션 및 화학 회사의 책임 확인. 하지만 아니었다. 내가 확인한 것은 슬픔이고 분노였다.

2012년 봄이 되자 알래스카항공의 존은 병가를 다 써서 일주일에 두 번 비행을 하게 되었다. "이 시점에서 할 수 있는 일이 뭘까요? 앞으로 어떻게 해야 할지 막막합니다." 존은 항공승무원협회의 주디스 앤더슨에게 메일을 보냈다. 그해 봄에 응급실에 가게 되었고, 7월에 다시 입원해야 했다. 8월에는 이런 메일을 썼다고 한다. "순간적으로 기억을 잃는 일이 네 차례나 있었습니다. 얼마나 긴 시간이었는지, 얼마나 심각했는지 잘 모르겠어요. 갑자기 멍해지더니 한참 후 정신이 돌아왔는데, 내가 잠시 존재하지 않았던 것 같았어요." 최근 비행에서 호흡 곤란을 겪었지만 불평하느라 일을 중단하고 싶지 않다고 했다. 그는 캘리포니아주의 장애 수당과 산업재해 보험으로 간신히 살아가고 있었다.

유니폼을 빨았던 세탁기를 사용한 후 가족도 이상 반응을 보였다고 알래스카항공 승무원들이 노조에 보고했다. 유니폼에 든 어떤 내분비교란물질이 승무원의 갑상선과 호르몬에 영향을 미치기 시작한 것 같았다. 많은 승무원이 불규칙한 생리와 피로로 고생했다. 일부는 머리카락이 뭉텅뭉텅 빠져나갔고, 여성 두 명은 머리가 완전히 다 빠지고 말았다.

오리건보건과학대학이 승무원들에게 피부접촉검사를 제안했고, 메리와 존 두 사람이 참여했다. 존에게서는 아무런 반응이 나타나지 않았다. 메리도 처음에는 마찬가지였다. 그러나 일주일 후 메리의 피부에 불에 덴 것 같은 상처가 생겼다. 피부과 의사는 이상 반응이 늦게 나타난 것일 수도 있으니 후속 조치를 취해야 한다고 말했다. 메리가 오리건보건과학대학 진료실에 연락했지만 전화를 받은 간호사는 파일에 이 환자가 결과 수정을 원한다고만 기록했다. 이 상처가 낫는 데 6개월이 걸렸다.

앤더슨과 승무원들에게는 도움을 요청할 조직이나 단체가 부족했다. "무력감에 빠져들었어요. 할 수 있는 일이 아무것도 없습니다. 내가 할 수 있는 일은 노조가 더 많은 권한을 갖게 되어 항공사가 잘못했다고 인정하기를 바라는 것뿐이었어요. 하지만 그런 일은 절대 일어나지 않았습니다. 항공사는 모든 것을 부인했으니까요." 나중에 메리가 이렇게 말했다.

남은 선택은 하나뿐이었다. 2012년 11월, 캘리포니아주에서 트윈 힐을 상대로 유니폼 전량 회수를 요구하는 집단 소송에 164명

의 승무원이 참여했다.[1]

2013년 4월까지, 당시 전체 인력의 26퍼센트인 650명 이상의 승무원이 의사 소견서를 준비했다. 이들이 겪는 증상이 유니폼과 관련된 듯하다는 내용이었다. 7월에 알래스카항공은 마침내 랜즈 엔드로부터 새로운 임시 유니폼을 조달하기로 합의했지만, 유니폼이 문제를 일으켰다는 사실은 인정하지 않았다. 새로운 디자인의 유니폼은 2014년 3월이 되어서야 도착했다. 승무원들이 아프기 시작한 지 3년 후였다. 그동안 알래스카항공은 승무원이 의사 소견서를 제출하는 경우에만 대체 유니폼 구입과 착용을 허용했다. 근로자 산재 보상 담당 의사는 존이 유니폼에 접촉하면 안 된다는 제한 조건을 달고 그를 직장으로 복귀시켰다. 대다수의 승무원이 여전히 유니폼을 입고 있는 상황에서 이런 제한 조건에 맞춰 일하는 것은 불가능했다.

랜즈 엔드의 새 유니폼을 입고 나서 이상 반응 보고가 줄어들었고, 앤더슨은 안도와 약간의 성취감을 느꼈다.

그러나 존은 이미 육체적으로나 감정적으로나 영구적인 상처를 입었다. 무술 유단자였던 그는 쑤시는 관절을 신경 쓰며 조심스럽게 천천히 걸어야 했다. 병변이 생긴 팔에 매일 붕대를 감았으며 재정적으로는 파산에 이르게 되었다. 마르코는 샌프란시스코에서의 삶을 포기한 채 존을 돌보고 집이 압류당하지 않도록 돕느라 롱비치로 이사했다. 이 모든 상황에도 불구하고 존은 자신의 삶이 병 때문에 무너지도록 내버려두지 않았다. 당시 사진에는 존이 명절이나 생일에 우스꽝스러운 모자를 쓰고 동료들과 함께 웃는 모습이 담겨 있다. 머리는 온통 하얗게 세었고, 상처 난 손은 장갑으로 가려 손님에게 음료를 건넬 때 문제가 생기지 않도록 했다.

메리의 다중화학물질과민증은 더 심해졌다. 페인트에서 발생하는 가스, 청소용품, 배기가스, 특히 항공기에 사용되는 제빙액 냄새를 맡으면 편두통을 호소하곤 했다. 비행기에 올라탔을 때 눈이 화끈거리기 시작해 알아보니, 동료 승무원이 낡은 트윈 힐 겨울 코트를 기내 옷장에 보관해 두고 있었다. 그 후 몇 주 동안 눈이 부은 채로 지내야 했다.

2016년 10월 3일, 트윈 힐은 판사가 알래스카항공 승무원들의 소송을 기각했다고 발표했다.[2] "전문가의 증언을 통한 철저한 검사를 거쳐, 우리가 만든 항공사 유니폼이 안전하며 승무원들이 주장하는 건강 문제를 일으킬 수 없다는 사실을 법정에서 확인했다." 트윈 힐은 보도자료를 내고 이렇게 이야기했다. 법원 판결에서 산업안전보건연구원의 보고서가 인용되었다. 승무원들에게는 증언할 기회조차 주어지지 않았다.

"일이 너무 빨리 진행되어서 무엇을 해야 할지 몰랐어요." 메리가 나중에 말했다. 판사가 집단 소송을 인정하지 않자 트윈 힐은 개별 사건으로 전환해 승무원들에게 보잘것없는 합의금을 제안했고, 합의금을 받고 소송을 끝내지 않으면 천문학적 비용이 드는 법적 싸움을 이어가야 한다고 위협했다. 겨우 6명만이 이 제안을 거부했다. (트윈 힐은 내 논평 요청에 응답하지 않았다.)

판사는 트윈 힐에게 유리한 판결을 내리고 6명의 승무원에게 트윈 힐의 변호사 비용을 지불하라고 명령했는데, 메리에 따르면 그 비용은 수십만 달러에 이르렀다. 새로운 변호사가 이들을 불리한 판결에서 벗어나게 하려고 이전 변호사를 상대로 소송을 제기했다. 이전 변호사가 사건을 적절하게 준비하지 않고 전문가 증언도 구하지 않았기 때문이다. 변호사 과실 소송에 대한 재판일이 잡혔지만 팬데믹이 심해지며 법원에서 일정을 취소했다. 법정에 제대로 출석도 못한 승무원들에게 판사는 다시 불리한 판결을 내렸다.

정의를 요구하는 그들의 싸움은 이렇게 끝나고 말았다.

* * *

이 문제에 대해 아메리칸항공 경영진이 관심을 갖게 된 것은 한 남성 덕분이었다. 2017년 5월 직원과 경영진이 함께한 공개 회의에서 아메리칸항공 조종사 조 케이탄은 사장인 로버트 이솜에게 유니폼이 호흡 곤란, 두통, 발진을 유발한다며 "조종석은 절대 안전한 환경이 아닙니다"라고 말했다.[3] 힘든 상황에서도 잘 버텨 내는 것으로 알려진 존경받는 남성 직원(히스테리가 심하고 사소한 문제를 과장하는 경향이 있다고 이야기되는 수많은 여성 및 게이 승무원이 아니라) 이 문제를 지적하자 사장은 회사가 양보할 수 있음을 암시했다.

다음 달 아메리칸항공은 유니폼 교체를 발표했다. 세계에서 가장 큰 항공사가 새로 출시한 유니폼의 대실패를 1년도 채 안 되어 인정한 것이다.

이전까지 위험 신호가 없었던 것은 아니다. 아메리칸항공 승무원을 대리하는 변호사 스튜어트 웰트먼에 따르면, 아메리칸항공이 2016년 초 새로운 트윈 힐 유니폼에 대한 시착 테스트를 진행했을 때 몇몇 승무원이 알래스카항공 승무원과 유사한 증상을 보고했다고 한다.[4]

"항공사에서는 그대로 밀고 나갔습니다." 웰트먼이 말했다. (아메리칸항공도 내 논평 요청에 응답하지 않았다.) 새 유니폼이 담긴 상자가 승무원들과 조종사들에게 도착했을 때만 해도 가는 물줄기 같던 불만이 9월 공식 유니폼이 출시되고 며칠 만에 거대한 홍수처럼 휘몰아쳤다.[5]

항공승무원협회는 전문항공승무원협회APFA라는 자체 노조가 있는 아메리칸항공 승무원들을 대변하지 않으며, APFA는 당시 소송 중이어서 나와 이야기를 나눌 수 없었다. 그러나 항공승무원협회의 주디스 앤더슨은 1년 전 합병을 마치고 아메리칸항공에 흡수된 US항공 직원들과 여전히 연락을 취하고 있었다. 항공승무원협회는 또한 아메리칸항공 소유로 동일한 유니폼을 입는 세 곳의 지역 항공사 PSA, 피드몬트Piedmont, 엔보이Envoy의 승무원들도 대변하고 있었다.

앤더슨이 아메리칸항공 유니폼 14벌에 대한 테스트를 요청한 결과, 크로뮴, 니켈, 포름알데히드, 내분비교란물질인 노닐페놀과 옥티페놀 에톡실레이트, 발암 추정 살생물제 펜타클로로페놀, 테트라클로로페놀, 트리클로로페놀 성분이 발견되었다. 1980년대 후반 환경보호국이 미국 내 사용을 전면 금지한 극소수 물질 중 하나일 정도로 독성이 강한 살충제인 클로르덴도 검출되었다.[6]

5월까지 아메리칸항공 승무원 5명 중 1명이 이상 반응을 보고했다.[7] 항공사는 트윈 힐 유니폼에서 문제가 된 화학물질을 파악하려고 100만 달러 이상을 썼지만 원인으로 지목할 수 있는 독성 물질을 찾아내지 못했다고 불평했다. 안티몬, 비소, 코발트, 분산 빨강 60, 분산 오렌지 30은 물론이고 벤조페논, 벤질 벤조에이트, 4-비페닐 에스테르 벤조산, 9, 10-디메틸안트라센처럼 화학자만 알아차릴 수 있는 이름의 다양한 사용 제한 합성 물질이 테스트한 유니폼 한 벌 이상에서 발견되었고, 일부는 EU와 오코텍스의 제한선을 초과했다. 그러나 여러 증상과 문제의 심각성에 대해 온전하게 책임을 물을 수 있는 화학물질은 하나도 없었다.

아메리칸항공이 마침내 문제를 인정했지만 싸움이 완전히 끝난 것은 아니었다. 불행하게도 승무원들은 2020년이 되어야 더 안전한 오코텍스 인증 새 유니폼을 입게 될 상황이었다. 2017년 가을, 40명의 승무원들이 트윈 힐을 상대로 소송을 제기했다. 2022년 10월 기준으로 이 소송은 여전히 진행 중이다.

* * *

설문조사 데이터를 수집한 지 3년 후인 2018년 1월, 하버드대학이 마침내 알래스카항공 유니폼에 대한 조사 결과를 발표했다.[8] 새 유니폼이 도입된 이후 다중화학물질과민증, 인후통, 기침, 호흡 곤란, 피부 가려움증, 발진 및 두드러기, 눈 가려움증, 목소리 상실, 시야 흐림 등의 문제를 호소하는 승무원의 수가 두 배로 늘어난 것이 확실해졌다. "연구를 통해 건강 문제와 새 유니폼 도입 사이에 상관관계가 있는 것을 발견했다."

보고서 작성자 중 한 명인 이리나 모르두코비치Irina Mordukhovich 박사는 주디스 앤더슨과 동일한 결론을 내렸다. "테스트 결과, 유니폼 속 각각의 화학물질은 건강과 안전에 영향을 미치는 수준 이하인 것으로 밝혀졌습니다. 그러나 이러한 기준치 자체에 논란의 여지가 있습니다. 직접적인 문제를 일으키는 것으로 간주되는 임계값 미만으로 들어 있더라도 수백 가지 화학물질이 뒤섞여 작용하면 어떤 영향을 미칠지 알 수 없습니다." 2018년 말 모르두코비치 박사가 이렇게 말했다.

불행하게도 이 연구 결과는 알래스카항공 승무원들이 패소한 지 2년이 지나서야 나왔고, 즉각적인 증상만 유니폼과 연결 지어 설명할 수 있었다. 암이나 갑상선 질환처럼 더 심각하고 장기적인 질병과 관련한 데이터는 없었다. 또한 이 연구는 아메리칸, 델타, 사우스웨스트 같은 항공사의 유니폼 리콜을 강제할 만한 충분한 증거가 되지 못했다. 대체 복장을 한 승무원이 유니폼과 가까이 있는 것만으로도 건강 문제를 겪게 된다는 사실을 확실하게 증명하지 못했던 것이다.

하버드대학 연구가 발표된 후에도 항공사와 패션 브랜드는 고통을 호소하는 수천 명의 승무원과 조종사에게 여전히 가스라이팅을 하고 있다.

"독성 화학물질에 오랫동안 지속적으로 노출된다는 점에서 승무원들은 탄광 속의 카나리아 같은 존재라고 할 수 있습니다. 이들은 공기가 끊임없이 재순환되고 습도가 매우 낮은 폐쇄된 환경에서 일합니다. 기내 대기 중에 다른 잠재적 오염 물질이 들어 있을 수도 있고, 생체 리듬 장애를 비롯해 여러 가지 문제 요소가 동시에 작용하기도 합니다. 그렇다고 해서 승무원이 아닌 일반인은 어떤 식으로든 아무 영향을 받지 않는다는 것은 아닙니다. 일반인이 동일한 문제 물질이 든 옷을 입는다고 가정해 봅시다. 이 경우에는 아예 문제를 눈치채지 못할 수도 있습니다. 보통 사람들은 그런 옷을 매일 계속 입지는 않으니까요." 모르두코비치 박사의 말이다.

2020년 1월, 알래스카항공은 오코텍스 인증 유니폼의 출시를 발표했다. 존은 이 새 유니폼을 거의 입어 보지 못했다. 팬데믹이 발생하자 모든 항공사는 위기 관리 모드로 전환해 비행을 중단하고 직원을 해고했다. 주디스 앤더슨은 급여 삭감은 물론이고, 코로나바이러스와 마스크 착용을 거부하는 화난 승객으로부터 승무원을 보호해야 하는 급박한 상황에 놓이게 되었다. 치명적인 전염병이 전 세계를 휩쓸고 있는 상황에서 유니폼의 독성 문제에 관심을 촉구하려는 앤더슨과 노조, 승무원들의 의지와 동력은 증발해 버리고 말았다.

2020년 5월, 항공승무원협회가 델타항공 유니폼의 테스트 결과를 발표했는데 3개 옷에 모두 크로뮴이 포함되어 있었다. 그러나 그중 빨간색 코트에는 H&M이 정한 허용량보다 10배 더 많은 크로뮴이 들었다는 이야기에 아무도 관심을 기울이지 않았다.[9]

존은 앤더슨에게 전화를 걸어 알래스카항공에서 제공하는 조기 퇴직 위로금을 받게 되었다고 알렸다. 35년 경력의 끝이었다. 그는 눈물을 흘리며 "함께해 줘서 고마워요. 앞으로도 계속 연락할게요" 하고 말했다.

하지만 이것은 존과 앤더슨이 나눈 마지막 대화였다. 2021년 2월 22일, 존은 마르코가 누워 있는 침대로 다가가 그의 팔을 잡고 "숨을 쉴 수가 없어"라고 말했다. 마르코가 흡입 치료기를 존의 입에 갖다 대었지만 존은 쓰러져 버렸다. 이 모든 일이 장난이길 간절히 바랐던 마르코는 흡입기에 대고 숨을 몰아쉬는 존을 흔들며 "제발 이러지 마!" 하고 외쳤다. 911에 전화를 걸고 존에게 에피펜 주사를 놓았다. 그러나 구급대원이 도착했을 때 존은 숨이 멎어 있었다. 25분 동안 심폐소생술을 해도 소용없었다. 공식적 사인은 2차성 천식으로 인한 심폐 정지. 이때 존의 나이 예순여섯 살이었다.

나는 존과 직접 이야기를 나누지 못했다. 이전 담당 변호사를 업무 과실로 고소한 승무원 명단에 그의 이름이 올라 있었지만, 이 평범한 이름을 인터넷에 검색하면 아무것도 나오지 않았다. 그러다가 2021년 여름, 페이스북에서 존을 위한 추모 페이지와 마르코가 올린 작별 인사 게시물을 발견했다. 나는 마르코에게 메시지를 보냈고, 전화기 너머로 그가 떠나보낸 연인에 대해 이야기를 나누었다. 그에게서 슬픔과 외로움과 분노가 느껴졌다.

마르코는 유니폼을 만든 트윈 힐에, 존을 가스라이팅한 알래스카항공에, 매번 존의 요청을 거부한 알래스카항공 복리후생 관리회사에 분노했다. 존의 증상을 무시하거나 병의 원인과 해결책을 찾지 못한 의사들에게, 장례식에서 함께 밤을 새겠다고 약속해 놓고 나타나지 않은 동료 승무원들에게도 분노했다. 그는 아무도 들어 본 적도 없고 이해할 수도 없는 이유로 사랑하는 사람을 잃는 쓰라린 고통을 겪었다.

마르코는 말했다. "이제 이 문제에 신경 쓰는 사람조차 없습니다. 지난 6~7년 사이 알래스카항공에 입사한 신입 승무원과 이야기를 나누면 그들은 이렇게 말합니다. **아, 들어 본 적 있어요. 하지만 이미 오래전 일인 걸요.** 다들 입을 다물고 그저 문제를 감춰 버렸어요. 심각한 일을 겪은 사람들이 여전히 남아 있는지, 일을 그만두었는지, 아예 이런 상황을 포기해 버렸는지 나 역시 알지 못합니다."

* * *

메리는 여전히 알래스카항공에서 일하고 있다(그는 해고당하지 않도록 신원 정보 보호를 요청했다). "한 달에 며칠 정도 비행을 합니다. 그게 다지요." 메리가 말했다. 문제를 자극하는 상황에서 완전히 벗어난다면 건강이 훨씬 나아질 것이다. 하지만 직장을 그만둘 수는 없다. 돈이 필요하니까. "건강이 좋지 않아서인지 기운이 없어요. 하루 일하면 다음 날은 아무 것도 하지 않고 쉬어야 합니다. 은행 계좌는 텅 비었어고, 모아 놓은 돈도 다 사라져 버렸지요."

불가사의하게도 2021년 한 해에만 몸무게가 20킬로그램 정도 늘었다고 했다. 그해 10월에 나와 이야기를 나누던 메리는 체중 변화의 이유를 확인하기 위해 의사와 진료 약속을 잡은 상태였다. 검사 결과, 염증 지표가 높았지만 갑상선 수치는 정상이라고 했다.

2022년 여름 메리에게 다시 전화를 걸어 책이 어떻게 진행되고 있는지 알렸다. 책 내용을 설명하다가 자가면역질환에 관한 대목에 이르자 그가 깜짝 놀라 했다. "와! 지난번 우리가 통화한 후에 무슨 일이 있었는지 아세요? 제가 자가면역질환 진단을 받았답니다. 그것도 여러 종류로 말이지요."

몇 달 동안 백인 남성 의사들에게 진료를 받았지만 별 효과가 없었던 메리는 새로운 담당 의사로 흑인 여성을 만나게 되었다. 이 의사는 차트를 보고 즉시 패턴을 파악한 후 몇 가지 검사를 진행했다. 메리는 혼합결합조직병, 루푸스, 쇼그렌증후군 진단을 받았다.

이런 이야기들은 여전히 일화적 증거에 불과하지만, 슬프게도 예측 가능한 일이었다. 자신의 고통이 과장이 아닌 사실이며, 이 모든 것이 유니폼 때문이라는 사실을 주변 사람들에게 납득시키지 못한 승무원들이 얼마나 많이 침묵 속에서 고통받고 있을까. 그리고 얼마나 더 많은 사람이 자가면역질환 진단을 받게 될까. 이런 이야기는 오랫동안 끝나지 않고 계속될 것이다.

                        * * *

    토냐 오스본은 2020년 8월 신타스를 상대로 제기한 소송에 주요 원고로 참여했다. 사우스웨스트항공 승무원들은 최고의 법률회사인 지라르디 앤드 키스Girardi & Keese를 선임했는데, 영화 〈에린 브로코비치〉로 유명해진 톰 지라르디는 화학물질과 오염물에 노출되어 피해 입은 사람들을 변호하는 대규모 집단 소송에서 긴 역사를 자랑한다. 싸구려 유니폼 때문에 인생에 심각한 문제를 겪게 된 승무원들을 위해 신타스로부터 배상을 받아낼 수 있는 곳이라면 그의 회사가 적격일 터였다.

    하지만 문제가 생겼다. 2020년 말 지라르디가 인도네시아 보잉 제트기 추락 사고 사망자의 유족에게 지불된 보상금에서 최소 200만 달러를 유용했고, 그 돈이 지라르디의 젊은 아내이자 텔레비전 시리즈 〈베벌리힐스의 진짜 주부들〉의 스타 에리카 제인의 옷값으로 쓰였다는 사실이 밝혀졌다.[10] 지라르디는 변호사 자격을 박탈당했고 회사는 혼란에 빠졌다. 다른 소규모 법률회사에서 사건을 인계받아 진행하게 되었다. 이 사건은 2021년 3월 신타스 본사가 위치한 오하이오 법정에 다시 회부되어 등급 인증을 기다리고 있다. 이 소송에는 토냐의 이름 철자가 잘못 기재되어 있다.[11]

    2022년 여름, 아메리칸항공의 헤더 풀은 유니폼 때문에 아픈 승무원들을 위해 개설한 페이스북 그룹의 참여자가 점점 늘어나는 것을 발견했다. 아메리칸항공과 델타항공이 유니폼을 새로 만들어

지급한 후 잠잠했던 이 그룹에 이제 사우스웨스트항공 승무원들이 몰려들고 있었다. 대부분 대체 유니폼에 대한 조언을 구하는 글이었다. 몇몇 참여자들의 이야기로는, 사우스웨스트항공에서 승무원들을 돕기 위해 합의조정팀을 만들었지만 랜즈 엔드, 올드 네이비, 메이시스 등 인증 받은 업체의 대체 가능한 유니폼은 모두 매진되었거나 적절한 사이즈를 찾을 수 없다는 것이다. 2022년 10월 기준으로 사우스웨스트항공은 유니폼 교체를 발표하지 않았으며, 내 질문에 응답하지 않고 있다.

내가 토냐를 다시 만난 것은 2022년 10월이었다. 토냐는 또 다른 수술을 받고 막 퇴원한 상태였는데, 그 전 주에는 장폐색으로 병원에 다녀왔다고 했다. 의사는 이미 치료 중인 세 가지 자가면역질환에 더해 루푸스와 크론병 진단도 내렸다. 토냐는 한 달에 1300달러의 사회보장금으로 연명하고 있었다.

"이제 너무 지쳤어요. 직장을 구해야 하는데 몸이 아파서 쉽지 않아요." 토냐가 보낸 문자를 받고 나는 위로의 말을 전했다.

토냐가 다시 답장을 보내 왔다. "아마… 괜찮아지겠죠."

* * *

2021년 12월 24일, 나는 JFK공항에서 셀프 체크인 단말기를 관리하는 델타항공 직원에게 백신 접종 카드를 내밀었다. 확인을 마치고 게이트에 도착했다가 밝은 빨간색 코트와 보라색 바지를 입은 여성 두 명이 서 있는 모습에 놀라고 말했다. 비행기에 탑승하면서 회색 옷을 입고 손소독제 물티슈를 나눠 주는 남성 승무원에게 새 유니폼이 아직 배포되지 않았느냐고 물었다. 깜짝 놀란 그가 나를 쳐다보았다. 분명히 내가 어떻게 이 일을 알고 있는지 의아했을 것이다.

"보라색은 아니겠죠." 내가 콕 집어 말했다.

"새 유니폼은 아직 도착하지 않았습니다. 치마 같은 몇 가지만 도착했어요."

"공급망 문제인가요?"

"네, 코로나와 기타 등등의 문제라네요." 그는 어깨를 으쓱했다.

나중에 검은 양복을 입은 다른 남자 승무원이 내게 프레즐을 권했다. 나는 그에게 유니폼과 관련해 이상 반응을 경험했는지 물었다. 조종사의 비행 안내 방송이 나오는 동안 그가 몸을 숙이더니 유니폼 때문에 끔찍한 발진과 코피를 경험했다고 나직이 말했다. 동료들이 입은 유니폼에 반응을 보였던 걸까? 그랬다. 그는 브레인 포그와 편두통을 의미하듯 손을 들어 관자놀이에 댔다.

칭이 웡과 내가 헬렌이라고 부르는 나이 많은 델타 승무원에게 문자를 보냈다. 헬렌은 유독 성분이 든 유니폼을 더 이상 입지 않겠다고 해서 해고당한 상황이었다. 터널 끝에 빛이 있을 거라 생각하며 보라색 지옥에서 기다리고 있던 두 사람 모두 실망이 컸을 터였다. 몇몇 승무원들은 오코텍스 인증을 받은 새 유니폼도 이상 반응을 유발한다고 페이스북에 글을 올리고 있었다.

항공승무원협회는 델타항공의 새로운 오코텍스 인증 유니폼에 대한 테스트 결과를 그해 9월에 발표했다. 새 유니폼은 이전 것보다 훨씬 나았지만, '화학 처리하지 않은' 남성 승무원용의 모직이 아닌 바지는 테트라클로로에틸렌 함량이 오코텍스 지정 한도보다 약간 높았다. 테스트를 거친 여성 승무원용 스카프 두 개에서는 각각 허용량보다 약 2배와 7배 높은 크로뮴이 발견되었다. 여성용 바지와 스커트에는 테트라클로로에틸렌, 스티렌, 톨루엔이 포함되어 있었는데 "전부 옷감에 허용되는 한계 이하 또는 약간 초과한 수준"이었다.

'보통' 사람이라면 이 유니폼을 입어도 괜찮을 것이다. 그러나 내가 책을 쓰기 위해 취재하면서 알아낸 사실을 고려하면, 그동안 과도한 화학물질에 노출된 탓에 이제는 소량의 일반 패션 화학물질에도 민감하게 반응하는 '독성 물질로 인한 내성 저하' 증상이 있는 사람이라면 이런 옷에도 이상 반응을 나타낼 수 있다.

델타항공은 2022년 10월에 다음과 같은 성명서를 내게 이메일로 보냈다.

"델타항공은 직원과 고객의 안전과 복지를 최우선 순위에 두고 있으며 앞으로도 그럴 것입니다. 우리는 화학 처리하지 않고 오코텍스의 스탠더드 100 인증을 받은 유니폼을 승무원들에게 제공하게 되어 자랑스럽습니다. 동시에 우리는 의학적 제한 사항이 확인된 승무원에게 대안을 제공하기 위한 합의 과정을 계속 진행하고 있습니다."

2022년 여름, 헬렌이 유두에 피부암이 생겼다는 문자를 보내왔다. 한 달 후 칭이는 무단결근이 너무 많다는 이유로 델타로부터 해고당했다며 이메일로 알려 왔다.

속이 시원하다고 할 법한데, 나는 칭이가 왜 서운해하는지 혼란스러웠다. 그동안 심리 치료, 기능의학 치료, 건강 문제의 원인으로 밝혀진 화학물질 노출 차단 등을 통해 증상을 잘 관리하고 있었는데 말이다. 병원에서 일하면서 간호사가 되기 위해 시간을 쪼개어 학교에도 다니고 있었다. 약혼까지 했다! 모든 것이 잘되어 가는 것 같았는데 왜 이 일을 다시 하고 싶어한 걸까?

칭이는 이렇게 말했다. "그들이 나한테 한 일에 대해 보상을 받고 싶어요. 이상 반응이 나타날 때마다 델타항공이 생각나고, 너무 화가 나요. 예전의 난 건강했지만 지금은 그렇지 않죠. 병은 이제 내 일부가 되었어요. 치료를 받고는 있지만 이 상황을 받아들이고 용서하기가 너무 힘들어요. 가끔 예전에 하던 일에서 좋았던 부분을 떠올리는데, 그럴수록 과거에 대한 생각을 놓을 수가 없어요."

* * *

재클린은 팬데믹 기간 동안 실업 수당을 받으며, 뉴욕패션공과대학에서 패션의 지속 가능성에 대한 몇 가지 수업을 들었다. "개인적으로 너무 힘든 시간을 보냈어요. 내 삶의 목적은 뭘까? 다시 일자리를 찾을 수 있을까? 스스로 질문했죠. 인생에서 정말 어두운 순간이었어요. 일자리는 못 구하고 머리카락은 계속 빠지고… 자신이 없었지요." 그러다 한 요가 강사가 재클린에게 말했다. "예전처럼 패션 제조업체에서 일하지는 못할 거예요. 당신은 패션의 어떤 점을 좋아했나요? 당신에게 기쁨을 주는 것은 무엇인가요?"

그렇게 찾은 답이 빈티지 패션이었다. 재클린은 벼룩시장에서 물건을 팔 수 있는 허가를 받아서, 브루클린 최대의 벼룩시장인 '브루클린 플리'에서 판매를 시작했다. 머리카락도 다시 자라게 되었다. 2022년 10월에 이야기를 나눌 때, 몇 년 만에 처음으로 머리를 잘랐다고 했다. "지금 건강 상태는 아주 좋아요. 완전히 회복하고 있어요."

재클린을 처음 만난 것이 1년 전이었는데, 그동안 내가 알아낸 것을 그와 공유하지 않았다는 사실을 깨달았다. 그래서 재클린이 피부접촉검사에서 알레르기 반응을 보였던 분산염료와 관련해 듀크대학 연구팀이 발견한 내용을 전하고, 패션 관련 일을 하지 않는 사람들이 어떻게 집 먼지를 통해 염료를 흡입하게 되는지 설명했다. 비만세포의 작동 방식과 화학물질 민감증을 일으키는 생물학적 메커니즘에 대한 클라우디아 밀러의 이론도 소개했다. 특정 질병에 취약한 유전적 요인도 중요하지만, 연구에 따르면 자가면역질환은 주로 화학물질을 포함한 환경적 요인과 관련이 있다고 설명했다.

내가 말을 끝내기도 전에 재클린이 "저는 18년 동안 패션업계에서 일했잖아요"라며 자신의 상태를 상기시켜 주었다. 그는 소화기 문제와 함께 자가면역질환의 일종인 심각한 두피 건선을 앓았다. 강렬한 향수 냄새를 맡으면 구역질을 한다고도 했다. 어떤 성분을 조심해야 하는지 알고 있었다면, 재클린은 이런 증상들을 표지판 삼아 문제를 해결할 수 있었을 것이다.

"당신이 하는 말을 들으니 전부 이해가 되네요. 결국 모든 것이 연결되어 있었던 거예요. 2년 반 전에 내 건강은 무너지고 있었지요. 다른 자가면역질환과 마찬가지로, 왜 이런 일이 일어나는지 원인조차 알지 못했어요. 문제를 정확히 파악하고 어떤 치료법이 효과가 있을지 알아내는 것은 너무도 힘든 일이고 시간도 오래 걸립니다. 아시다시피 요즘 나는 화학물질에 둘러싸여 생산 관리 일을 하며 스트레스를 받지 않아요. 하루 종일, 매일 옷을 만지고 있는데도⋯ 더 이상 증상이 없습니다."

몇 달 전에 재클린이 이런 이야기를 해 주었다. "이 모든 문제를 통해 내가 배운 가장 큰 교훈은 몸이 신호를 보낼 때 제대로 귀를 기울여야 했다는 겁니다. 예를 들어, 피부에 문제 반응이 나타났는데 아무 대응도 하지 않고 계속 일을 했죠. 그러다 누군가 칼로 찌르는 것 같은 느낌이 들었어요. 간신히 걸을 수 있게 되어 조치를 취하는 데 나흘이 걸렸습니다. 크론병도 마찬가지예요. **장기에 문제가 생기고 있어. 죽을지도 몰라.** 분명 이런 징후가 있었는데 몇 달 동안 무시했어요. 팬데믹 속에서 일시 해고 상태로 지내는 동안 머리카락이 전부 빠졌고, 세상에 나가고 싶지도 않았어요. 내가 누군지조차 도무지 알 수 없었으니까요. 한 걸음 뒤로 물러서서 **이 일이 정말 나를 행복하게 하나?** 생각하게 되었습니다.

언젠가 좋아하는 일을 하기 위해 수년간 정해진 월급을 받고 사는 것이 두려운 일이라면, 경제적 안정이나 파트너, 기댈 수 있는 사람 없이 생활하는 것은 위험한 일일지도 모릅니다. 하지만 지금보다 행복했던 적은 없어요. 드디어 내가 좋아하는 일을 하고 있는 것 같아요."

재클린의 사례는 감동적인 일화이긴 하지만, 결정적 증거라 할 수는 없다. 지금까지 알아낸 최첨단 연구를 바탕으로 나의 철저히 비과학적인 직감을 확인해 줄 연구자를 찾아 나섰으나, 결국 얻은 것은 **아마 그럴지도 모른다**는 추측뿐이었다.

"일반적으로 받아들여지는 견해가 아니라는 사실을 알고 있어야 합니다. 아마 그래서 당신이 이 문제에 대한 책을 쓰게 된 것이겠지만요." 내가 전화를 걸었을 때 신시내티아동병원 알레르기 및 면역학 과장이자 소아과 교수인 마크 E. 로텐버그Marc E. Rothenberg는 이렇게 말했다. "의학계에서는 신경도 쓰지 않겠지만, 일반인들은 화학물질 같은 환경적 요소가 문제를 일으킨다는 의견에 크게 관심을 가질 것입니다. 대부분의 사람은 이와 관련한 직접적인 증거가 없다고 말하겠지요. 아마도 더 많은 연구가 필요한 이론일 겁니다."

맞는 말이다. 절실히 필요한 추가 연구를 통해 내 의견이 완전히 틀렸다고 입증될 수도 있다. 그렇다 해도, 진실을 확인하고 반복해서 발생하는 문제의 해결에 도움이 되는 많은 아이디어를 얻은 대가로 기꺼이 인정하고 수긍할 것이다.

* * *

2022년 10월, 나는 글로버스빌의 데비에게 이메일을 보내 가족들이 건강한지 물어보았다. 마지막으로 데비와 이야기했을 때, 남동생은 심근경색 위험을 진단받았고, 데비의 어머니는 초기 결장암 판정을 받았으며 유방 낭종을 제거한 상태였기 때문이다. 나는 데비가 좋은 소식을 전해 주기를 바라고 있었다.

데비는 놀랍도록 사실적인 방식으로 답장을 보냈다. "요즘 상황을 말하자면 이렇습니다. 우리가 마지막으로 이야기를 나눈 후 오빠가 심장마비로 세상을 떠났습니다. 오빠에게 심장 질환이 있었다는 것을 몰랐기 때문에 인터뷰 중에는 언급하지 않았네요. 남동생은 검사를 위해 병원을 들락날락했지만 꽤 안정적으로 지내고 있습니다. 확실히 심장 질환이 있는 것 같아요. 건강을 되찾으려고 노력하고 있습니다. 큰 언니는 지난 6개월 동안 최소 두 번의 뇌졸중으로 병원에 입원했다가 퇴원했습니다. 종양 전문의를 몇 번 만났는데 암의 징후는 없습니다. 아버지가 고환암에 걸렸다는 사실도 알게 되었습니다. 아버지가 큰언니에게 말했다네요. 아버지와는 몇 년 동안 대화를 하지 않았기 때문에 직접 확인하지는 못했지만, 자식들에게 다시 연락하는 것을 보니 아마도 사실이겠지요. 어머니 병세에는 별 변화가 없어요."

자신도 계속해서 용종이 생기고 있지만 암은 아니어서 추적 검사를 이어 가고 있다고 했다.

"음식에서 화학물질 맛이 느껴지거나 옷에서 화학물 냄새를 맡을 때마다 당신과 나눈 대화를 떠올립니다. 사람들은 내가 제정신이 아니라고 생각하겠죠. 그럴 때 내가 할 수 있는 건 그냥 웃어넘기는 것입니다. 식습관이 확실히 달라졌어요. 신선한 음식을 더 많이 먹고 가공된 음식과 고기는 덜 먹고 있어요. 올해 집 뒤쪽 데크에 화분으로 정원을 꾸몄어요. 동네 농부들에게서 식재료를 많이 샀습니다. 겨울에 먹을 수 있도록 통조림을 최대한 많이 만들어 두는데, 사 먹는 것과 똑같은 품질이라고는 말할 수 없겠네요."

평정심과 솔직함으로 깔끔하게 포장했지만, 실은 감정의 롤러코스터를 타고 있는 이 이메일을 받고 크게 놀랐다. 지난 한 해 동안 데비는 가족을 잃었고, 다른 가족들도 여러 건강 문제를 겪고 있는 상황이었다. 그럼에도 그는 생활 방식의 변화를 통해 자기 삶에 대한 확신과 통제를 이어 가고 있었다. 상처받고 있을 수만은 없잖아? 작은 정원을 가꾸고 통조림을 직접 만들어 볼까? 이 모든 힘든 일을 이겨 내고 있는 데비의 이야기를 들으니 기분이 좋았다. 적어도 나는 확실히 그를 응원하고 있었다. 언젠가 꼭 다시 만나러 가고 싶다고 데비에게 답장을 보냈다.

* * *

앞으로도 의류에 사용된 화학물질이 문제를 일으켰다는 이야기를 더 많이 듣게 되리란 것은 의심의 여지가 없는 사실이다. 책이 완성되기도 전에 편집자가 원고 여백에 놀라운 이야기를 써 보냈다. 햇빛 노출과 피부암에 늘 신경을 쓰는 그의 시아버지는 2019년에 인터넷을 통해 호주산 가죽 모자를 구입했다. 고국인 프랑스에서 산책을 하거나 자전거를 탈 때 일주일에 한두 번 몇 시간씩 이 모자를 착용했는데, 호주산이라고는 해도 실제로 어디서 만들어졌으며 어디서 가죽을 가공했는지는 알지 못했다.

그가 아내와 며느리의 도움을 받아 이런 내용을 영어로 번역해 메일로 보내 왔다. "호주산 모자 때문에 당황스러울 때가 많습니다. 착용할 때마다 이마에 붉은 띠 자국이 남는다는 것을 알게 되었습니다. 2021년 어느 날, 모자 때문에 생긴 붉은 띠에 뾰루지가 나서 자주 알코올로 소독했는데도 아물지 않더군요. 피부과 의사와 상의하는 게 좋겠다고 결정하고 질소 치료를 받았습니다. 그런데 아무 소용이 없었지요. 얼마 후 병원에 다시 찾아갔더니 검사 결과 암이라는 이야기를 들었습니다."

치료제로 두 가지 크림을 처방받고 나서 잠시 나아진 듯 보였지만, 2022년 2월에 작은 여드름처럼 보이던 것이 암으로 판명되어 치료를 시작했다고 한다. 6개월이 지난 후에도 그는 여전히 불안함을 느꼈다. "암이 퍼질 가능성 때문에 스트레스를 받았고 걱정도 많았습니다. 피부과 의사와 저는 이 종양이 모자 가죽 무두질에 사용된 화학물질 때문에 발생했다고 생각합니다. 내 이야기가 다른 사람들에게 옷과 각종 장비에 포함된 화학물질의 위험성을 경고하는 데 도움이 되기를 바랍니다."

* * *

옷에 든 화학물질에 관한 이야기는 옷장에서 끝나지 않는다. 절대 그렇지 않다. 그 '끝'은 아프리카 해변의 모래 더미, 칠레의 사막, 하수가 줄줄 흐르는 말레이시아의 매립지, 혹은 우리가 사용하는 수돗물에 이르기까지 멀리 이어진다.

'끝'이라는 말을 강조한 것은 이런 화학물질과 플라스틱 소재의 끝이 언제일지, 과연 끝이 오기는 할지 정말 알 수 없기 때문이다.

앞에서 말했듯이 과학자들은 과불화화합물을 '잔류성' 물질이라고 부른다. 이런 물질은 분해되지 않고 영원히 지구를 순환한다. 에코컬트 독자 몇 명이 발수 코팅 처리된 오래된 아웃도어 장비를 어떻게 책임감 있게 폐기할 수 있을지 묻는 이메일을 보냈다. 불행하게도 내 대답은 불가능하다는 것이었다.[12] 매립지에서 새어 나온 과불화화합물은 폐기물을 오염시켜 재활용 소재에도 문제를 일으킨다. 과불화화합물이 든 의류는 전통적인 소각법으로 해결할 수도 없다. 과불화 화학물질이 공기를 통해 주변 지역으로 퍼져 나가기 때문이다.

그런데 2022년 8월에 희소식이 들려 왔다. 과학자들이 잿물이라고도 알려진 수산화나트륨을 사용해 과불화화합물을 분해하는 방법을 찾아낸 것이다.[13] 물에서 과불화화합물을 걸러 내는 몇 가지 입증된 기술과 함께, 이 뉴스는 우리 환경에서 과불화화합물을 제거하는 데 절실히 필요한 희망을 안겨 주었다. 다만 문제는 집 안 전체나 모든 옷에 잿물을 묻힐 수는 없다는 점이다. 브랜드들이 이런 상황을 핑계 삼아 우리가 사용하는 물건들에 화학물질을 뿌려대도록 내버려 두어서는 안 된다.

다행스럽게도 이제 사회 전체가 과불화화합물 없는 미래로 나아가려는 것 같다. 2022년 8월 환경보호국은 문제가 되는 성분 배출을 모니터링하고, 제조업체가 우리 주변 환경에서 해당 물질을 제거하고 관리하는 책임을 지도록 하기 위해 특정 과불화화합물의 유해 물질 지정을 제안했다.[14] 같은 해 9월 ZDHC는 모든 과불화화합물을 제조제한물질목록에 추가한다고 발표했다.[15] 즉, 협회에 가입한 브랜드와 관련 공급업체들은 2023년 11월까지 제조 공정 및 섬유에서 과불화화합물을 제거해야 한다. 2022년 10월 캘리포니아의 게빈 뉴섬 주지사는 화장품, 위생용품과 각종 섬유에 과불화화합물을 금지하는 법안에 서명했다.[16] 대부분의 섬유에 대해서는 2025년부터 효력이 발생하는데, 아웃도어 의류 브랜드는 2028년까지 섬유에서 과불화화합물을 제거해야 한다.

플라스틱도 한동안은 우리 주변에 존재할 것이다. 과학자들은 폴리에스테르나 나일론 같은 플라스틱 소재들이 완전히 분해되는 데 약 400년이 걸릴 것으로 추측하고 있다. 플라스틱이 우리 환경에 존재한다면, 우리 몸 안에도 존재한다는 뜻이기도 하다. 미세 플라스틱과 미세 섬유가 태반,[17] 혈액,[18] 폐[19]에서 발견되었다. 미세 섬유가 건강에 미치는 영향에 대해 훨씬 더 많은 연구가 필요하지만, 2022년의 한 연구는 염증성 장질환이 있는 사람의 대변에서 더 많

은 미세 플라스틱이 발견되는 경향이 있다고 밝혔다.[20]

이뿐만이 아니다. 우리는 낡은 옷을 책임감 있게 폐기하지 못하는 끔찍한 모습을 보여 주고 있다. 2022년 조사에 따르면, 캄보디아에서는 의류 공장에서 나온 폐기물을 가져다 공장 벽돌 가마의 연료로 태우곤 한다.[21] 가마에서 일하는 한 노동자는 자신이 코피를 자주 흘리며, 아버지는 51세에 사망했다고 〈언어스드Unearthed〉(그린피스의 환경 관련 탐사 보도 웹사이트—옮긴이)를 통해 말했다. 연료로 사용된 의류 폐기물에서 나이키, 리복, 마이클 코어스, 디젤, 랄프 로렌의 라벨들이 나왔다.

의식 있는 패션 캠페인을 펼치는 맥신 베다는 《옷의 탄생과 죽음을 밝히다》에서 오래된 나이키와 H&M 옷가지, 가짜 베르사체 가방이 쌓여 있는 가운데 유독성 연기 기둥이 피어오르는 가나의 불타는 쓰레기 매립지에 서 있던 경험을 들려준다.[22]

이런 옷들은 어떻게 가나에 도착했을까? 베다의 연구에 따르면 2017년 미국인들이 버린 쓰레기의 4.8퍼센트는 옷과 신발로, 거의 1280만 톤에 달했다.[23] 옷을 버리지 않고 **기부했다**고 말할지도 모르겠지만, 유감스럽게도 그 기부 물품 중 상당 부분은 관리가 어렵다는 이유로 결국 쓰레기 더미에 버려진다. 지난 10년 넘게 사람들이 기부한 의류의 80퍼센트는 해외로 보내진 것으로 추정된다. 미국인들은 구식 옷에 관심이 없다. 오래된 옷과 비슷하거나 훨씬 싼 가격으로 패스트패션 브랜드에서 새 옷을 사 입는 편이 훨씬 쉽기 때문이다.

구세군 데이터는 훨씬 더 암울하다.[24] 가장 큰 뉴욕 구세군 매장에 기부된 의류의 8퍼센트만이 다시 매장에서 판매된다. "미국은 매년 45만 톤 이상의 중고 의류를 수출한다"라고 베다가 책에 썼다. "2016년 데이터에 따르면 전 세계 중고 의류의 40퍼센트는 미국(15퍼센트), 영국(13퍼센트), 독일(11퍼센트) 이 세 나라에서 온 것으로 나타났다. EU와 미국은 전 세계 중고 의류 수출액의 65퍼센트를 차지한다." 중산층과 상류층이 증가하는 중국이 그 뒤를 따르고 있다.

이렇게 오래된 옷 대부분은 아프리카의 가나로 배송된다. 약 1500만 개 품목이 매주 가나의 수도 아크라에 있는 거대한 칸타만토시장으로 흘러들어 간다.[25] 그 과정에서 우리가 배에 실어 보낸 옷의 품질은 급락을 거듭한다. 가격은 점점 더 내려가는데, 더러워지고 곰팡이가 생기고 찢어져 쓰레기 형태에 이르면 25센트에도 사려는 사람이 없게 된다. 아크라시 의회는 일주일에 6일 동안 약 77톤의 판매되지 않은 중고 의류를 수거해서 주요 매립지로 보낸다. 그러나 이는 칸타만토의 전체 폐기물 중 약 25퍼센트에 불과하다. "또 다른 15퍼센트는 개인 사업자, 비공식 수거업자에 의해 불법적으로 수로에 폐기되거나, 해변에 묻히거나, 공터에서 태워지거나, 단순히 길가에 버려진다"라고 베다는 설명했다.

연기 자욱한 공기를 호흡하고 낡은 옷에서 나온 화학물질로 오염된 물을 마셔서 가나인들이 암이나 자가면역질환에 걸리는 것은 아닌지 확인할 수는 없다. 버려진 염료 공장 가까이 살거나 납으로 오염된 집에 거주하는 미국의 저소득층처럼, 그 연관성을 증명하기에는 너무 많은 변수가 존재하기 때문이다.

인도의 화학 공장에서 시작되어 중국의 염색 공장으로, 뉴저지의 소매상점으로, 그리고 다시 바다를 건너 가나의 시장으로 이어지는 보이지 않는 화학물질의 광대한 연결망은 '하이퍼오브젝트 hyperobject'라고 불린다. 숨겨진 작은 점들을 연결하려고 애쓰며 세계 곳곳을 취재하고 연구하던 한 해가 끝나갈 무렵, 이 새로운 용어를 발견하고 마음속 깊이 공감했다. 하이퍼오브젝트 혹은 초객체란 전체를 한눈에 볼 수 없을 정도로 광대한 대상을 가리키는 용어다. 우리가 영향을 미치기에는 너무나 광범위하고 거대하다. 기후 변화나 세계 경제처럼, 도저히 이해할 수 없지만 때로는 위협적인 방식으로 우리 삶을 통제하는 것처럼 보이기도 한다.

그러나 희망을 잃지 않았으면 한다. 바로 오늘, 지금부터라도 통제력을 행사할 수 있기 때문이다. 틱톡 트렌드와 '손쉬운 관리'를 약속하는 마케팅보다, 자기 자신과 자신의 건강을 더 중요하게 여기기만 하면 된다. 무언가 사기 전에 심호흡을 하자. 동네 중고품 매장에서 살 수 있는지 확인해 보자. 전통적인 천연섬유를 소중히 여기자. 이런 이야기를 널리 퍼트리자.

그러면 아마도, 변화를 시작할 수 있을 것이다.

감사의 말

친절하고 열정적이며 무엇보다도 유능한 여성들로 구성된 팀이 함께해 주어 이 책이 나올 수 있었으니 내게는 정말 큰 행운이었다. 편집자로서, 또 출판 에이전트로서 내 경력에 말 그대로 동화 속 요정 대모 같은 역할을 해 온 조지아 킹은 "그래서 무엇에 관한 책을 쓰려는 건데요?"라는 단순한 질문을 던져 이 모든 것이 시작되도록 도와주었다.

시간을 훨씬 거슬러 올라가, 내가 글을 싣고 싶어 하는 출판물 목록을 줄줄 외울 정도로 내 행복에 큰 관심을 가져 주는 남편에게 고마움을 전한다. 조지아는 이런 출판물 한 곳에서 편집자로 일하고 있었는데, 남편이 내 등을 떠밀어 준 덕에 조지아를 만나 나 자신을 소개할 수 있었다.

늘 내게 많은 신경을 써 주는 유쾌한 에이전트 케이트 맥에게도 감사를 전한다. 빼어난 능력으로 이미 유명한 편집자 미셸 하우리는 늘 나를 안심시켰고, 지나치게 열정적인 보고서를 읽을 수 있는 글로 다듬어 내며 자신의 명성을 증명했다. 이 책의 처음부터 끝까지 세심하게 사실을 확인하고, 그 과정에서 내가 새롭고 복잡한 과학 분야를 더 깊이 이해하고 정확하게 전달하도록 도와준 한나 머피 윈터 역시 고마운 사람이다. 내 글의 한심한 철자법과 문법 문제를 모두 잡아낼 뿐만 아니라 격려 가득한 메모를 남기고, 심지어 취재에 필요한 내용을 더해 주었던 헤더 로디노! 코임바토르와 티루푸르의 아름다운 복합 산업 단지로 나를 이끌어 준 안내자인 수자타 시바그나남과 그를 소개해 준 여러 기자들에게 감사드린다.

몇 년 전 이 책과 관련한 취재를 시작할 때 연구 자료를 공개해 준 비영리단체인 패션 FWD의 알렉산드라 맥네어, 열정적으로 올바른 방향을 알려 주고 지속 가능한 패션에 대한 최상의 뉴스를 전해 준 재스민 말릭 추아, 이 책에 소개한 승무원들과 연결을 주선해 준 헤더 풀에게 고마움을 전하고 싶다. 되돌아보기 힘든 경험에 대해 마음을 열어 준 모든 사람에게 정말 감사한 마음이다. 이 책에서 그분들의 이름을 종종 찾을 수 있을 것이다. 한편 귀중한 시간을 나눠 주었지만, 사생활 보호를 위해 정확한 이름을 밝힐 수 없거나 아예 이름을 언급하지 못한 사람들이 더 많았다. 대면한 문제에 대한 내 이해를 높여 주고, 더 열심히 취재하고 글을 쓰도록 영감을 주었기에 그 어떤 이야기도 낭비되지 않았다고 말하고 싶다.

승무원들을 도울 뿐만 아니라, 모든 내용을 세심하게 정리하고, 그 내용을 내가 세상에 내놓아 사람들과 공유할 수 있도록 허락해 준 주디스 앤더슨과 항공승무원협회의 신뢰에 감사를 전한다.

맥신 베다, 앨리슨 매슈스 데이비드, 댄 파이긴, 사이먼 가필드, 엘리노어 허먼, 도나 잭슨 나카자와, 샤냐 H. 스완, 스테이시 콜리노와 메건 오로크의 책을 통해 독성 패션의 역사와 오늘날의 건강 문제에 대한 광범위한 정보를 접할 수 있었다. 이 저자들의 인상적인 1차 연구가 아니었다면 각각의 사실들을 연결해서 바라볼 수 없었을 것이다.

지역사회의 독성 화학물질 노출 문제를 보도해 온 모든 기자들에게 큰 소리로 감사를 전한다. 이들의 보도가 책의 근간이 되었다. 그러니 오늘 바로 지역 신문을 구독하시길. 지역사회에 기반을 둔 저널리즘은 우리 모두의 관심과 지원을 절실히 필요로 하고 있다.

책을 내기 위해 취재하고 원고를 쓰는 동안 웹사이트를 잘 관리하고 유지해 준 에코컬트의 현재 팀원들과 이전 팀원들에게도 감사를 전하고 싶다.

아침 식사 때, 해변에서, 차 안에서, 언제 어디서든 좋은 논픽션 책에 빠져드는 즐거움을 알려 준 괴짜 애서가 소모임이라 할 수 있는 우리 가족들, 이제는 우리 곁을 떠나간 이들도 포함해 모두에게 고마움을 전한다. 마지막으로 나의 이상하고도 멋진 친구들, 누구인지 자신은 알고 있을 그들에게 깊은 사랑을 보낸다. 우리가 함께 보낸 재미있고, 아름답고, 감동적이고, 창의적인 시간들 덕에 현실을 알아차리고, 늘 깨어 있으며, 중요한 가치에 두 발 딛고 설 수 있었다.

감수자의 글

　화학물질의 안전성에 관한 흥미롭고 유용한 책이 발간되었다. 이 주제는 일반인들에게 익숙하지 않을뿐더러, 일단 수만 개에 이르는 화학물질 이름에서부터 거리감을 느끼게 한다. 그러나 저자는 우리가 늘 입는 옷에 관한 이야기로 자연스럽게 독자의 관심을 집중시킨다. 수많은 화학 용어와 화학물질로 인한 피해 사례가 등장하지만 일상과 밀접한 이야기다 보니 낯설지 않게 읽힌다. 전문적인 내용도 쉽게 설명하고 있어서, 이 책 한 권으로 화학물질 안전에 대한 전반적인 맥락을 파악할 수 있다.

　《우리는 매일 죽음을 입는다》라는 제목이 다소 강렬하게 느껴질 수 있으나, 이 책에는 과거의 안타까운 피해 사례뿐 아니라, 우리가 앞으로 화학물질을 어떻게 받아들이고 사용해야 하는지에 대한 가이드라인이 담겨 있다. 많은 것이 그렇듯, 화학물질도 긍정적인 면과 부정적인 면을 모두 갖고 있다. 덕분에 인류가 수많은 기술 진보를 이루고 그 혜택을 누리지만, 유해성이 있는 것도 사실이다. 지금도 매 순간 어딘가에서 새로운 물질이 개발되고, 옷 외에도 우리 일상 곳곳에서, 일터에서 사용되고 있다.

화학물질이 인간에게 유해하다고 해서 사용하지 않던 시대로 돌아갈 수는 없다. 무작정 기피할 것이 아니라 어떻게 잘 관리하면서 사용할 것인가를 고민해야 하는데, 이 책이 현재까지 알려진 방법들을 잘 정리해서 제시하고 있다.

어떤 사람은 화학물질 때문에 단기간에 사망에 이르기도 하지만, 대다수 피해자는 살아 있는 동안 천천히 오래도록 고통받는다. 이 책에서도 소개하듯이, 다양한 화학물질이 민감증을 유발할 수 있는데, 의학 기술이 발전한 오늘날에도 치료가 쉽지 않다. 최선의 치료는 해당 물질에 대한 노출을 멈추는 것이다.

화학물질이 인간에게 미치는 영향은 어떤 사람들에게는 결코 작지 않다. 알게 모르게 화학물질 때문에 건강을 잃고 고통받는 사람이 있다면, 이 책이 도움이 되리라 믿는다. 방대한 노력이 담긴 책의 저자와 번역자의 노고에 감사를 드린다.

이나루 | 한국산업안전보건공단 산업안전보건연구원 산업화학연구실장

용어 설명

1, 2-디클로로에탄dichloroethane: 에틸렌 디클로라이드라고도 한다. 용매로 사용되며 염화비닐과 PVC를 만들 때도 사용된다. 2017년 스웨덴에서 진행된 연구에 따르면 한 신발 컨테이너에서 직업적 노출 한도의 30배에 달하는 에틸렌 디클로라이드 증기가 발견되었다.

AFIRMThe Apparel and Footwear International RSL Management Group: 제한물질목록을 작성하고, 패션 브랜드를 위한 위기관리와 패션 소비자 제품의 유해 물질 검사 관련 지침을 제공하고자 협력하는 의류 및 신발 제조업체들의 회원 조직.

CASChemical Abstracts Service **등록 번호**: 많은 화학물질이 하나 이상의 명칭을 갖고 있기 때문에, 미국에 기반을 둔 CAS에서는 공개적으로 등재된 모든 화학물질에 고유 번호를 할당해 쉽게 식별할 수 있도록 한다. 일반적으로 화학제품 및 그 성분 목록의 경우, 이 등록 번호가 공장, 패션 브랜드 또는 소비자와 공유되지 않는다. 화학 회사가 이를 독점적 정보로 간주하기 때문이다.

DINCH1, 2-cyclohexane dicarboxylic acid diisononyl ester: 프탈레이트에 대한 안전한 대안으로 홍보되고 있는 가소제. 2022년 미국 여성을 대상으로 한 소변 검사에서 검출되었고, 또 다른 연구에서는 여성의 생식력 저하와 관련 있는 성분으로 지목되기도 했다.

p-페닐렌디아민p-phenylenediamine, PPD: 아조염료를 만들 때 사용되는 방향족 아민으로, 피부에 알레르기를 일으키는 항원 물질인 알레르겐으로 알려져 있다. 검은색 고무 제품, 모발 염색제, 모피 염료에서 종종 발견된다. 고수위로 급성 노출되면 심각한 피부염, 눈 자극, 천식, 위염, 신부전, 현기증, 떨림, 경련, 혼수상태를 일으키기도 한다. 장기간 노출되면 습진 같은 피부 발진이 생길 수 있다.

REACHRegistration, Evaluation, Authorization and Restriction of Chemicals: EU의 화학물질 등록, 평가, 허가, 제한에 관한 규정. 통제되지 않은 화학물질 사용 및 방출로 인한 부정적인 영향으로부터 유럽인의 건강과 환경을 보호하기 위해 2006년 제정되었다. 화학제품 또는 유해 화학물질이 포함된 제품을 수입하거나 판매하는 유럽 회사는 해당 위험을 인식 및 관리하고 관련한 안전 조치를 사용자에게 알려야 한다. 위험성이 제대로 관리되지 않는 화학물질의 경우 사용이 제한된다. 대부분의 유해 물질을 더 안전한 물질로 대체하는 것이 이 규정의 장기적 목표다.

ㄱ

가소제plasticizer: 합성수지를 부드럽게 만드는 화학물질. 대부분은 PVC를 유연하게 하기 위해 첨가되는 프탈레이트다.

간질성폐질환interstitial lung disease: 인조 벨벳 공장에서 자주 발생해 '보풀 작업자의 폐flock worker's lung'라고도 부른다. 위험 성분을 함유한 먼지나 분진 흡입으로 인해 발생한다.

과불화옥탄산PFOA, 과불화옥탄술폰산PFOS: 탄소 원자가 8개 이상인 장쇄 과불화화합물. 암과 확실히 연관되어 있고, 내분비교란물질로 의심되며, 잔류성과 생물농축성이 있다. 이들 물질을 포함하는 일부 제품은 EU에서 금지되었으며, 미국에서는 자발적, 단계적으로 사용이 금지되고 있다.

과불화화합물per-and polyfluoroalkyl substances, PFAS: 20세기 중반에 발명된 인공 화학물질로, 섬유를 포함해 광범위한 소비재에 사용되어 발수 및 오염 방지 기능을 발휘한다. 장쇄 과불화화합물인 PFOA, PFOS와 수천 개의 단쇄 과불화합물이 여기에 포함된다. 널리 알려진 고어텍스와 테플론도 과불화화합물을 사용한다.

국립산업안전보건연구원National Institute for Occupational Safety and Health, NIOSH: 직업 관련 부상과 질병을 연구하고 예방법을 제안하는 정부 조직.

국제유기농섬유표준Global Organic Textile Standard, GOTS: 화학물질 안전성을 포함해 섬유 생산과 관련한 다양한 안전 요소를 살펴 발행하는 인증 및 라벨.

ㄴ

나일론nylone: 석유를 원료로 만든 합성 폴리아미드 섬유에 대한 일반적 명칭. 아웃도어 및 기능성 섬유, 수영복, 카펫 등에 널리 사용된다.

납lead: 많은 국가에서 소비재에 사용을 금지한 독성 중금속. 미국도 아동용품에 사용하는 것을 엄격하게 규제한다. 패션 산업에서는 페인트와 코팅제에서 가장 자주 발견된다. 심각하고 영구적인 신경계 손상을 입히며, 특히 어린이에게 심각한 문제를 일으킨다.

내분비교란물질endocrine disruptor: 면역, 대사, 신경계, 심혈관계 등 모든 신체 시스템에 관여하는 호르몬 활동을 방해하는 물질. 어린이와 임산부에게 특히 심각한 문제를 일으킨다. 과불화화합물, 비스페놀, 프탈레이트가 여기에 해당한다.

노닐페놀 에톡실레이트nonylphenol ethoxylate, NPEs: 알킬페놀 에톡실레이트의 아군亞群. 섬유에서 지방이나 기름을 닦아 내는 데 자주 사용되는 내분비교란물질이다. 2021년부터 공급망 내 사용이 금지되었지만 여전히 양모 제품에서 자주 발견된다.

녹색 화학green chemistry: 화학제품을 설계할 때부터 유해 물질을 줄이거나 전혀 사용하지 않도록 하는 것.

니트로벤젠nitrobenzene: 벤젠으로 만든 독성 화학물질로, 아닐린과 벤지딘의 전구체로 쓰인다. 예전에는 구두약에 사용되었다.

ㄷ

다이크로뮴산칼륨potassium dichromate: 육가 크로뮴의 일종으로 가죽 무두질, 염색, 방수 직물에 사용된다. 독성이 있고 매우 흔한 알레르기 유발 물질이다.

다중화학물질과민증multiple chemical sensitivity: 비만세포활성화증후군과 유사하다. 합성 향료 및 기타 화학물질에 노출되었을 때 우리 신체의 여러 시스템에서 보이는 반응으로 피부 발진, 두드러기, 브레인포그, 피로, 호흡 곤란 등의 증상이 나타난다.

다환방향족탄화수소polycyclic aromatic hydrocarbons, PAHs: 원유에 함유된 천연 성분으로, 아세나프텐acenaphthene에서 파이렌pyrene까지 이름이 모두 -en으로 끝난다. 고무 제품, 플라스틱, 래커 및 코팅, 특히 신발 밑창과 스크린 인쇄에서 발견되며 카본 블랙(화석연료가 불완전 연소할 때 나오는 검정 가루나 그을음)이나 재활용 재료에서도 찾아볼 수 있다. 동물 연구에 따르면 혈액, 면역계, 생식, 신경 및 발달에 영향을 주는 것으로 나타났으며 발암물질이기도 하다.

단쇄 과불화화합물short-chain per- and polyfluoroalkyl: 8개 이상이 아니라 6개의 탄소 원자로 이루어진다. 초창기에는 단쇄 과불화화합물이 장쇄 과불화화합물보다 잔류성이 낮아 소비자 제품에 사용하기에 안전하다고 생각했지만, 새로운 연구에 따르면 단쇄 과불화화합물 역시 장쇄 과불화화합물인 PFOA, PFOS와 유사한 영향을 건강에 미치는 것으로 나타났다. 아직 미국 연방 차원에서 사용이 금지되지는 않았다. 2022년 10월 현재 미국의 몇몇 패션 브랜드에서 자발적으로 폐지에 나서고 있다.

독성물질관리법Toxic Substances Control Act, TSCA: 1976년에 통과된 법안으로, 미국 내 독성 화학물질을 평가하고 통제하기 위한 틀로 마련되었다. 약 6만 4000개 화학물질의 상업적 사용을 허용하고 있어서 많은 사람은 이 법이 너무 느슨하다고 생각한다.

독성 물질로 인한 내성 저하toxicant-induced loss of tolerance, TILT: 종종 다중화학물

질과민증 또는 비만세포활성화증후군으로 진단되는데, 화학물질에 과다 노출되어 민감해진 신체가 극소량의 문제 물질에 다시 노출될 때 여러 반응을 일으키는 것을 말한다. 브레인포그, 두드러기, 피로, 통증 등의 반응이 나타난다.

돌연변이성mutagenic: 유기체의 유전 물질을 영구적으로 변화시켜 잠재적으로 선천성 결함을 유발할 수 있는 화학물질. 모든 돌연변이원은 유전자 독성을 지니지만, 일부 유전자 독성 물질은 돌연변이를 일으키지 않는다.

디메틸아세트아미드dimethylacetamide, DMAc: 신축성 좋은 소재인 엘라스테인(스판덱스)에 사용되는 용매. 고용량 디메틸아세트아미드에 반복적으로 노출되면 신경 문제와 간 손상을 일으킬 수 있다.

디메틸올 디하이드록시에틸렌 우레아dimethylol dihydroxyethylene urea, DMDHEU: 면섬유의 성능을 강화하기 위해 첨가하는 수지. 포름알데히드를 분해하고 방출하기도 한다.

디메틸포름아미드dimethylformamide, DMF: 플라스틱, 고무, 폴리우레탄에 사용되는 용매. 생식 독성 물질로 분류되며 간에 독성을 미칠 수 있다. 일부 브랜드에서는 패션 제품에 사용을 제한하고 있다.

디메틸 푸마레이트dimethyl fumarate: 피부 민감증과 호흡기 자극을 유발하여 EU에서는 소비재에 사용이 금지된 항진균제. 배송 중 곰팡이 발생을 예방하려고 포장에 함께 넣는 작은 주머니sachet를 통해 의류를 오염시킬 수 있다.

ㅂ

베타나프틸아민beta-naphthylamine, BNA: 염료 생산에 사용되는 성분. 염료 공장 근로자의 방광암과 관련이 있다.

벤젠benzene: 염색소와 접착제를 만드는 과정에서 용매로 사용되는 발암성 화학물질.

벤조페논benzophenone: 돌연변이성 및 발암성 내분비교란물질. 미국 전역에서 식품 및 포장재에 사용이 금지되었고, 캘리포니아에서는 개인 위생용품에 사용이 금지되었다. 그럼에도 2022년 연구에 따르면 미국 여성의 소변에서 벤조페논이 발견되었으며, 생산량 상위 20개 화학물질에 포함되어 있다. 패션 관련해서는 드물게 항공사 유니폼에서 발견되었고, 2012년 그린피스의 일상복 테스트에서도 발견되었다.

벤지딘benzidine: 염료 공장 근로자의 방광암과 관련된 발암성 화학물질. 벤지딘에 기반한 아조염료는 발암성 아민으로 분해되기 때문에 여러 국가에서 금지되었다. 미국에서도 상업적 생산과 사용이 금지되었으나 여전히 패션 제품에서 발견되곤 한다.

분산염료disperse dye: 폴리에스테르, 아세테이트, 폴리아미드 같은 합성섬유에 사용되는 염료의 일종. 상당수의 분산염료는 알레르기 유발 물질이므로 사용이 제한되며, 알레르기 피부접촉검사에 자주 포함된다. 듀크대학의 최근 연구에 따르면 집 먼지와 폴리에스테르 아동복에서 분산염료가 다량 발견되었다.

분석 표준품analytical standard: 실험실 테스트에서 기준으로 사용되는 고순도, 농도 표기 화합물.

불소fluorine: 화학 원소의 하나. 섬유에 다량(100피피엠 이상)으로 존재하는 경우는 제조업체가 의도적으로 과불화화합물을 첨가했다는 의미다.

브롬화 난연제brominated flame retardant: 브롬 원소를 포함하는 화학적 난연제. 패션 제품에서 엄격한 규제가 이루어지고 있으며, 단계적으로 사용 금지되었다.

블루사인bluesign: 브랜드와 소매업체, 화학물질 공급업체, 제조업체에 자문 서비스를 제공하는 스위스 기업. 블루사인 라벨은 제품 또는 제조 시설이 심사를 받았고, 화학적 안전 면에서 블루사인이 정한 기준에 부합함을 검증해 준다.

비만세포활성화증후군mast cell activation syndrome: 이 질환을 겪는 환자는 두드러기, 브레인포그, 피로 등 반복적으로 되풀이되며 몸을 허약하게 만드는 알레르기 반응을 경험한다. 비만세포가 면역 조절 화학물질을 과도하게 방출하여 발생한다. 많은 경우 TILT나 다중화학물질과민증과 같은 의미로 사용된다.

비소arsenic: 독성이 강한 자연 발생 화학물. 염료 제조에서는 사용이 단계적으로 금지되었지만, 가끔 패션 제품에서 오염 물질로 발견되는 경우가 있다.

비스페놀 Abisphenol A, BPA: 플라스틱을 만들 때 사용되는 화학물로, 강력한 내분비 교란물질이다. BPA가 포함된 일부 제품은 EU 및 기타 여러 선진국에서 금지되거나 자발적으로 단계적 퇴출되었다. 일부는 BPS나 BPF 같은 동일한 등급의 다른 화학물질로 대체되었는데, 연구에 따르면 이들 물질도 BPA와 비슷하게 건강에 악영향을 미치는 것으로 나타났다.

人

사이베라Scivera: 기업과 브랜드에 소비자 제품에 대한 화학 인증 및 독성 위험 심사를 제공하는 회사.

산업안전보건국Occupational Safety and Health Administration, OSHA: 화학물질 노출에 대한 안전 기준을 포함해, 작업장 안전 표준을 설정하고 시행하는 미국 노동부의 대규모 규제 기관.

산업위생사industrial hygienist: 질병이나 부상으로 이어질 수 있는 작업장 환경을 관리하기 위해 안전 및 보건 조사를 수행하는 전문가 또는 엔지니어.

생산자 직송drop-shipping: 품질이 낮은 제품을 중간 소매점 없이 공장(대개 아시아)에서 고객에게 직접 배송하는 악명 높은 관행. 소셜 미디어 광고를 통해 진행되기도 한다. 주문 상품이 도착하는 데 최대 2주 정도 소요되는데, 일반적인 패션 제품 배송에 필요한 세관 및 국경 안전 검사를 거치지 않는다. 따라서 화학물질 관리 정책을 갖추지 않은 울트라 패스트패션 브랜드에게 매력적인 전략이다.

생식 독성reprotoxic: 선천성 결함을 유발하거나 생식계를 손상시킬 수 있다.

소비자제품안전위원회Consumer Product Safety Commission, CPSC: 안전 표준, 테스트, 연구, 제품 회수(리콜) 등을 통해 소비재 안전을 관리하는 미국 연방 정부의 독립적 기관.

수은mercury: 수백 년 동안 모자를 만드는 데 사용되었던 독성 중금속. 오늘날 패션 분야에서는 페인트에서 가장 자주 발견된다. 심각한 신경 문제와 몸의 떨림을 유발할 수 있다.

○

아닐린 염료aniline dye: 최초의 합성염료로, 콜타르에서 추출한 아민 성분으로 만들어진다. 패션에서는 단계적으로 사용이 금지되었다.

아민amine: 합성 아조염료 같은 화학물질 생산에 사용되는 기본 유기화합물(탄소 함유)의 한 종류. 사람 피부에 닿으면 아조염료에서 아민이 방출될 수 있다. 공장 근로자들을 대상으로 살펴보았을 때, 특정 아릴아민에 노출되면 암 발생에 영향을 주는 것으로 추정된다.

아조염료azo dye: 전체 합성염료에서 큰 비중을 차지하는 염료. 22가지 아조염료가 피부 박테리아와 접촉하여 발암성 및 돌연변이성 아민을 방출하는 것으로 밝혀져 EU에서 사용을 금지했다.

아크릴acrylic: 양모로 만든 니트와 비슷하게 보이도록 할 때 사용하는 합성섬유.

안전보건자료safety data sheet, SDS: 이전에는 물질안전보건자료MSDS로 불렸다. 화학물질 제조업체와 판매자는 화학제품 사용자에게 SDS를 제공한다. 여기에는 화학제품의 특성, 물리적 및 건강상의 위험, 환경적 위험, 안전하게 취급, 보관 및 운송하는 방법이 포함된다. 하지만 화학제품을 구성하는 기본 성분이나 CAS 번호는 포함되지 않는 경우가 많다.

안티몬antimony: 난연제 또는 폴리에스테르 생산 촉매제로 패션에서 자주 사용되는 준금속. 아동복과 항공사 유니폼에서 이 성분이 발견되어 문제가 되었다.

알킬페놀 에톡실레이트alkylphenol ethoxylates, APEOs: 세제, 방적유, 연화제, 염색 및 인쇄용 유화/분산제, 실크 생산을 위한 탈검제, 염료 및 안료 제품, 폴리에스테르와 다운 충전재 등 수십 가지 다양한 패션 제품의 원료와 제조 공정에서 사용된다. 울 제품에서 자주 발견되었으나 EU 규정에 따라 2021년부터 유럽 전역의 패션 공급망에서 사용이 금지되었다.

에틸 아크릴레이트ethyl acrylate: 피부 민감제. 플라스틱과 섬유 코팅용 페인트 제조에 사용된다.

(단쇄) 염소화 파라핀chlorinated paraffin: 잔류성이 강하고, 생물 농축성이 있으며, 저농도에서 수생 생물에 독성을 나타낸다. 캐나다, 유럽 및 일본의 모유 샘플에서 발견되었고 동물에서도 발견되었다. 가죽 생산 시 연화제 또는 난연제로 사용하거나 플라스틱, 인조가죽, 고무 제품 생산 시 가소제로 사용한다. 패션 관련 용도로는 사용이 제한되지만, EU 국가로 수입되는 슬리퍼 같은 제품에서 이 성분이 나오기도 했다.

오코텍스Oeko-Tex: 영리 목적의 호헨슈타인 연구소와 연계된 비영리 조직. 공인된 실험실에서 재료를 테스트했으며, 그 결과 유해 물질이 발견되지 않았음을 일증하는 일련의 라벨을 보유하고 있다.

요람에서 요람으로 Cradle to Cradle, C2C: 소비재의 순환성, 안전, 지속 가능성을 촉진하는 인증 기관.

유감스러운 대체물regrettable substitution: 어떤 화학물질이 소비자 제품에 사용하기에 안전하지 않다고 판명되면, 유사한 구조의 다른 화학물질로 대체된다. 대체물 역시 건강에 유사한 영향을 끼친다는 연구 결과가 나오면, 또 다른 유사한 구조의 화학물질로 대체되는 식으로 반복된다.

유기주석organotin: 유기 화학물과 주석을 결합한 일련의 화합물. 테트라에틸주석 tetraethyltin, 디부틸주석dibutyltin, 디옥틸주석dioctyltin, 모노부틸주석monobutyltin 등 영어 이름이 -yltin으로 끝나는 물질이다. 일부는 내분비교란물질로 알려져 있다. 주로 살생물제와 살충제에 사용되지만, 패션 분야에서 플라스틱, 고무, 잉크, 페인트, 금속 장식물, 폴리우레탄 제품, 열전사 인쇄와 관련해 발견되기도 한다.

유기화학organic chemistry: 살충제를 사용하지 않고 농작물을 재배하는 관행과 혼동하지 말 것. 식물, 동물, 화석 등에 존재하는 탄소를 포함한 화학물질을 다루는 화학의 한 분야다. 유기화학물은 완벽하게 안전한 것부터 매우 독성이 강한 것까지 다양하다.

유전자 독성genotoxic: 유기체의 유전 물질에 손상을 입혀 암을 유발할 수 있는 화학제. 모든 돌연변이원은 유전자 독성을 지니지만, 일부 유전자 독성 물질은 돌연변이를 일으키지 않는다.

유해화학물질무배출협회Zero Discharge of Hazardous Chemicals, ZDHC: ZDHC는 2011년 6개 대형 브랜드가 모여 설립한 업계 단체로, 제조제한물질목록 및 정기적 폐수 검사를 통해 공급망에서 사용할 수 없는 화학물질을 지정함으로써 패션 제조업체의 폐수를 관리한다. 현재 200여 개의 글로벌 브랜드, 공급업체, 화학물질 제조업체, NGO, 무역 협회, 감사 기관, 실험실이 참여하고 있다.

육가 크로뮴hexavalent chromium: 가죽 무두질에 사용되는 발암성 중금속. 양모 제품에 염색제를 고정하고 염색의 내구성을 유지해 주는 첨가제로도 사용된다.

인산트리부틸tributyl phosphate, TBP: 호흡기와 피부 문제를 일으킬 수 있다. 항공 유압유에 존재하며, 패션에서는 습윤제와 용매로 사용된다.

입자유도감마선방출법particle-induced gamma-ray emission, PIGE: 소비자 제품 내 무기화학물의 존재 여부와 그 양을 확인하는 데 사용하는 분석법의 일종. 노트르담대학

물리학과 그레이엄 피슬리 교수의 선구적인 실험에서, PIGE로 측정한 총 불소량은 의도적으로 첨가된 과불화화합물의 존재를 나타낸다.

ㅈ

자가면역질환autoimmune disease: 유해한 침입 세포와 자기 세포를 구분하지 못하는 면역계가 자기 몸을 공격하는 현상. 80가지 이상의 자가면역질환이 존재하는데, 일반적으로 알려진 것으로는 건선, 다발성경화증, 하시모토 갑상선염, 섬유근육통 등이 있다. 연구자들은 자가면역질환이 유전적 요인과 독소 및 바이러스 같은 환경적 요인의 조합에 의해 발생할 수 있다고 생각한다.

제조제한물질목록manufacturing restricted substance list, MRSL: ZDHC에서 만든 것으로, 패션 브랜드 및 유통업체를 위한 생산 시설에서 의도적으로 사용하면 안 되는 화학물질 목록이다.

제한물질목록restricted substance list, RSL: 소비재에 허용하지 않거나 테스트를 통해 검출되는 특정 한도까지만 허용하는 화학물질 목록. 이 한계는 일반적으로 피피엠(백만분율) 또는 μg/g(그램당 마이크로그램)으로 표시되는데 1피피엠=1μg/g로 환산한다.

중금속heavy metal: 밀도나 원자량이 높은 금속. 비소, 납, 수은, 크롬을 포함해 많은 물질이 독성을 지니며 중금속 중독을 일으킨다.

질량분석법mass spectrometry: 입자의 질량 대 전하 비율을 측정하기 위해 분석화학에서 사용하는 기술. 샘플에 존재하는 모든 화학물질과 그 구조를 식별할 때 질량분석법을 사용한다. 각기 다른 화학물질을 하나씩 테스트해야 하고 수천 가지 화학물질 중 어떤 것을 찾고 있는지 사전 지식이 필요했던 기존의 전통적 방식보다 훨씬 전체론적인 접근 방식이다.

코발트cobalt: 동물과 인간의 건강에 소량으로 필요한 비타민 B12의 일종인 천연 원소. 과도하고 만성적인 코발트 노출은 신경 및 내분비계 건강 문제를 일으킬 수 있다. 파란색을 내는 염료와 안료에 사용된다.

퀴놀린 염료quinoline dye: 더 이상 사용되지 않는 분산염료의 일종. 발암물질인 퀴놀린이 여전히 분산염료 제품에서 발견되기도 한다.

크론병Crohn's disease: 심각한 염증성 장질환의 일종. 예전에는 스트레스와 식습관 때문에 발생하는 것으로 알려졌다. 최근 많은 전문가와 의사는 감염으로 인해 알레르겐이 장 내벽으로 유입되면서 장이 문제 물질 및 유사 물질에 내성을 갖게 되어 나타나는 자가 염증성 질환이라는 의견을 지지하고 있다.

테플론Teflon: 화학 코팅의 상표명으로, 학명은 polytetrafluoroethylene(PTFE). 음식이 잘 들러붙지 않는 조리 기구에 주로 사용된다고 알려졌지만, 유니폼과 아웃도어 장비의 내구성을 높이는 방수, 방오제로도 활용된다. 듀폰에서 분사한 회사인 케무어스Chemours는 장쇄 과불화화합물 사용을 중단한 반면, 테플론은 여전히 단쇄 과불화화합물을 사용하고 있다.

톨루엔toluene: 패션 제조에 사용이 제한되는 휘발성 유기화합물VOCs. 폴리우레탄 코팅과 접착제 같은 용매 기반 공정에 사용된다. 선천성 결함, 유산, 간 손상, 중추 신경계 손상과 관련이 있다.

폐사르코이드증pulmonary sarcoidosis: 폐에 생기는 염증. 연구자들은 이 보기 드문 질환이 화학물질 흡입과 관련이 있을 것으로 의심한다.

포름알데히드formaldehyde: 고용량으로 노출되면 암을 유발하는 자연 발생 화합물. 섬유 및 기타 패션 제품, 특히 주름 방지 기능 섬유에서 종종 발견된다.

폴리에스테르polyester: 오늘날 패션에 사용되는 섬유의 절반을 차지하는 합성섬유. 폴리에틸렌 테레프탈레이트polyethylene terephthalate 또는 PET라고도 불리며, 플라스틱 물병을 만드는 데 사용되는 것과 같은 소재다.

폴리염화비닐polyvinyl chloride, PVC: 가죽의 값싼 대체재로 사용되는, 흔히 투명한 플라스틱 소재. 레이노병과 경피증, 다양한 암을 일으키는 염화비닐 가스를 배출하는 것으로 악명이 높다. PVC를 유연하고 부드럽게 만들기 위해 종종 내분비교란물질인 프탈레이트를 첨가한다.

폴리우레탄polyurethane, PU: 패션에서 가죽 대용으로 자주 사용되는 합성 소재.

법령Proposition 65: 포름알데히드, 납, 카드뮴, 일부 프탈레이트, BPA 등의 독성 화학물질을 사용한 모든 제품에 경고 라벨을 부착하도록 요구하는 캘리포니아의 법률. 테스트를 통해 이런 물질이 제품에 포함된 것을 발견할 경우, 발암성 또는 생식 독성 물질이라는 라벨이 붙어 있지 않다면 캘리포니아주에 통지서를 제출한 후 소송을 제기할 수 있다.

프탈레이트phthalate: 폴리에스테르와 PVC 등의 플라스틱에 가소제로 쓰이는 화학물질. 내분비교란물질로 알려져 있으며 일부는 EU과 미국에서 규제 대상이다.

피부접촉검사patch test: 일반적인 알레르기 유발 물질이 포함된 최대 80개의 패치를 환자에게 붙여 알레르기 반응을 일으키는 원인을 확인하는 피부과 검사.

ㅎ

합성섬유synthetic fiber: 폴리에스테르, PVC, 폴리우레탄, 나일론, 아크릴 등 화석연료를 주원료로 생산된 섬유들.

호헨슈타인Hohenstein: 패션 제품과 원료에 유해 및 제한 물질이 함유되어 있는지 테스트하는 명망 높은 독일 연구소. 오코텍스 인증 기준에 따라 테스트를 진행한다.

화학물질chemical: 많은 사람이 위험한 특성을 지닌 합성 물질을 지칭할 때 이 단어를 사용하지만, 화학물질은 H_2O와 CO_2에서 프탈레이트나 과불화옥탄산 같은 인공 화학물질에 이르기까지 구조가 규명된 모든 물질을 뜻한다.

화학물질 계열chemical classes: 유사한 구조를 가진 화학물은 인체에도 유사한 문제를 일으킬 수 있다. 비스페놀(BPA, BPS)과 과불화화합물(PFOA, PFOS)이 그 사례다. 일부 연구자와 활동가들은 이런 유감스러운 대체물을 방지하기 위하여 유사 성분으로 이루어진 화학물질들을 한 계열로 묶어 규제하기를 희망한다.

환경보호국Environmental Protection Agency, EPA: 대기와 수중의 독성 물질 노출을 규제하는 미국 연방 정부의 독립적 행정기관.

주

서론

1   "The Clean Air Act: Successes and Challenges Since 1970," January 6, 2020, https://www.rff.org/news/press-releases/clean-air-act-successes-and-challenges-1970/.

2   Samantha Oller, "Organic Food Sales Growth Slowed in 2021 as Consumer Priorities Shifted," Food Dive, June 10, 2022, https://www.fooddive.com/news/organic-food-sales-growth-slows-2021/624994/.

3   Maxine Bédat, *Unraveled: The Life and Death of a Garment* (New York: Portfolio/Penguin, 2021).

4   Alden Wicker, "Nope, Fashion Is Not Responsible for 20% of Global Water Pollution, Either," Ecocult (blog), July 27, 2022, https://ecocult.com/fashion-20-percent-global-water-pollution/.

5   Greenpeace International, *Toxic Threads: The Big Fashion Stitch-Up*, November 20, 2012, https://www.greenpeace.org/international/publication/6889/toxic-threads-the-big-fashion-stitch-up.

6   #MoveMe, "#WhoMadeMyClothes Online Social Media Movement," accessed August 24, 2022, https://moveme.berkeley.edu/project/whomademyclothes/.

7   Gregory G. Bond, "How Do We Calculate the Number of Chemicals

in Use Around the Globe?" International Council of Chemical Associations (ICCA) (blog), May 20, 2020, https://icca-chem.org/news/how-do-we-calculate-the-number-of-chemicals-in-use-around-the-globe/.

8   Linn Persson, Bethanie M. Carney Almroth, Christopher D. Collins, Sarah Cornell, Cynthia A. de Wit, Miriam L. Diamond, Peter Fantke, et al., "Outside the Safe Operating Space of the Planetary Boundary for Novel Entities," *Environmental Science & Technology* 53, no. 3 (January 18, 2022), https://doi.org/10.1021/acs.est.1c04158.

9   IEA, "Chemicals—Fuels & Technologies," accessed August 24, 2022, https://www.iea.org/fuels-and-technologies/chemicals.

10   IEA, "The Future of Petrochemicals—Analysis," accessed August 17, 2022, https://www.iea.org/reports/the-future-of-petrochemicals.

1장

1   Steve Vogel, "New TSA Uniforms Trigger a Rash of Complaints," *Washington Post*, January 5, 2009, http://www.washingtonpost.com/wp-dyn/content/article/2009/01/05/AR2009010502146.html.

2   Kathleen Doheny, "Lobbying for Fewer Bad Air Days Aloft—Los Angeles Times," *Los Angeles Times*, February 27, 2000, https://www.latimes.com/archives/la-xpm-2000-feb-27-tr-3029-story.html.

3   "Dirty Laundry: Unraveling the Corporate Connections to Toxic Water Pollution in China," Greenpeace International, 2011, https://www.greenpeace.org/international/publication/7168/dirty-laundry/.

4   Restricted Substance List, Levi Strauss & Co., January 2020.

5   Eileen McNeely, Steven J. Staffa, Irina Mordukhovich, and Brent Coull, "Symptoms Related to New Flight Attendant Uniforms," *BMC Public Health* 17, no. 1 (December 2017): 972, https://doi.org/10.1186/s12889-017-4982-4.

6   Breastcancer.org, "Breast Cancer Facts and Statistics," July 14, 2022, https://www.breastcancer.org/facts-statistics.

7   American Thyroid Association, "General Information/Press Room," *American Thyroid Association* (blog), accessed August 23, 2022, https://www.thyroid.org/media-main/press-room/.

8   American Thyroid Association, "World Thyroid Day Is Heralded by International Thyroid Societies," *American Thyroid Association* (blog), May 19, 2015, https:// www.thyroid.org/world-thyroid-day-is-heralded-by-international-thyroid-societies/.

9   Honor Whiteman, "Most Cancer Cases 'Caused by Lifestyle, Environment—Not Bad Luck,'" Medical News Today, December 17, 2015, https://www.medicalnewstoday.com/articles/304230.

10 Miranda Bryant, "Falling Sperm Counts 'Threaten Human Survival,' Expert Warns," *Guardian*, February 26, 2021, https://www.theguardian.com/us-news/2021/feb/26/falling-sperm-counts-human-survival.

2장

1   Kirsten E. Overdahl, David Gooden, Benjamin Bobay, Gordon J. Getzinger, Heather M. Stapleton, and P. Lee Ferguson, "Characterizing Azobenzene Disperse Dyes in Commercial Mixtures and Children's Polyester Clothing," *Environmental Pollution* 287 (October 15, 2021): 117299, https://doi.org/10.1016/j.envpol.2021.117299.

2   Nena Baker, *The Body Toxic: How the Hazardous Chemistry of Everyday Things Threatens Our Health and Well-Being* (New York: North Point Press, 2009), 197. [《차라리 아이 입에서 젖병을 빼라》, 최지아 옮김, 아주좋은날, 2010]

3   "EPA Re-Initiates Publication of Chemical Health and Safety Notices to ChemView, Enhancing Public Accessibility," US EPA, February 3, 2022, https://www.epa.gov/chemicals-under-tsca/epa-re-initiates-publication-chemical-health-and-safety-notices-chemview.

4   Amit Bafana, Sivanesan Saravana Devi, and Tapan Chakrabarti, "Azo Dyes: Past, Present and the Future," *Environmental Reviews* 19 (2011): 350–70.

5   NimkarTek Blog, "Banned Amines in Textile and Leather," August 11, 2015, http://nimkartek.com/blog/banned-amines-in-textile-and-leather/.

6   Gregory G. Bond, "How Do We Calculate the Number of Chemicals in Use Around the Globe?" International Council of Chemical Associations (ICCA), accessed August 24, 2022, https://icca-chem.org/news/how-do-we-calculate-the-number-of-chemicals-in-use-around-the-globe/.

7   Brandon L. Adler and Vincent A. DeLeo, "Allergic Contact Dermatitis," *JAMA Dermatology* 157, no. 3 (2021): 364.

8   Jane E. Brody, "Solving the Mystery of I.B.S.," *New York Times*, August 2, 2021, https://www.nytimes.com/2021/08/02/well/live/irritable-bowel-syndrome-treatments-cause.html.

9   "Crohn's Disease—Symptoms and Causes—Mayo Clinic," accessed August 24, 2022, https://www.mayoclinic.org/diseases-conditions/crohns-disease/symptoms-causes/syc-20353304.

10 Brody, "Solving the Mystery of I.B.S.," https://www.nytimes.com/2021/08/02/well/live/irritable-bowel-syndrome-treatments-causes.htm.

11 Stéphanie Crettaz, Patrick Kämpfer, Beat J. Brüschweiler, Susanne Nussbaumer, and Otmar Deflorin, "Survey on Hazardous Non-Regulated Aromatic Amines as Cleavage Products of Azo Dyes Found in Clothing Textiles on the Swiss Market," *Journal of Consumer Protection and Food Safety* 15, no. 1 (March 1, 2020): 49–61, https://doi.org/10.1007/s00003-019-01245-1.

12 Anses—Agence nationale de sécurité sanitaire de l'alimentation, de l'environnement et du travail, "Chemicals in Textiles and Footwear: A Proposal for Regulations That Offer More Protection," March 9, 2022, https://www.anses.fr/en/content/chemicals-textiles-and-footwear-proposal-regulations-offer-more-protection.

13 Webb v. Carter's Inc., 272 F.R.D. 489, C.D. Cal., Judgment, Law, case-mine.com, No. CV 08-7367 GAF (MaNx), accessed August 24, 2022.

14 Lisa Arneill, "CPSC and Carter's Advise Parents of Rashes Associated with Heat Transferred, or 'Tag-Less,' Labels," *Growing Your Baby* (blog), October 24, 2008, https://www.growingyourbaby.com/cpsc-and-carter's-advise-parents-of-rashes-associated-with-heat-trans-ferred-or-"tag-less"-labels/.

15 "Green America: Carter's Responds to Calls to Remove Toxic Chemicals from Baby Clothes, Improve Sustainability Practices," April 9, 2020, https://www.businesswire.com/news/home/20200409005488/en/Green-America-Carter%E2%80%99s-Responds-to-Calls-to-Remove-Toxic-Chemicals-From-Baby-Clothes-Improve-Sustainability-Practices.

16 South Florida *Sun-Sentinel*, "Victoria's Secret," *Chicago Tribune*, April 8, 2009, https://www.chicagotribune.com/lifestyles/ health/sns-health-victorias-secret-bras-hurt-story.html.

17 Debra DeAngelo, "Victoria's Secret Responds to Rash Issue with Win-Win Suggestion," Davis Enterprise, July 11, 2015, https://www.davisenterprise.com/forum/opinion-columns/victorias-secret-re-sponds-to-rash-issue-with-win-win-suggestion/.

18 Simon Glover, "ZDHC Foundation Names Top Performing Brands," Eco-textile News, June 17, 2022, https://www.ecotextile.com/2022061729497/dyes-chemicals-news/zdhc-foundation-names-top-performing-brands.html.

3장

1 Eleanor Herman, *The Royal Art of Poison: Filthy Palaces, Fatal Cosmetics, Deadly Medicine, and Murder Most Foul* (New York: St. Martin's Press, 2018). [《독살로 읽는 세계사》, 솝희 옮김, 현대지성, 2021]

2   Marianna Karamanou, George Androutsos, A. Wallace Hayes, and Aristides Tsatsakis, "Toxicology in the Borgias Period: The Mystery of Cantarella Poison," *Toxicology Research and Application* 2 (January 1, 2018): 2397847318771126, https://doi.org/10.1177/2397847318771126.

3   Karamanou et al., "Toxicology in the Borgias Period."

4   Fracesca Scantlebury, "Catherine de' Medici's Scented Gloves," *Costume Society* (blog), accessed August 25, 2022, https://costumesociety.org.uk/blog/post/catherine-de-medicis-scented-gloves.

5   Herman, *The Royal Art of Poison.*

6   Alison Matthews David, *Fashion Victims: The Dangers of Dress Past and Present*, 3rd ed., (London: Bloomsbury Visual Arts, 2015), 60. [《패션의 흑역사》, 이상미 옮김, 탐나는책, 2022]

7   Thomas Le Roux, "The Erasure of the Worker's Body: Health in the Workplace During the Early Industrialization of Paris (1770–1840)," *Le Mouvement Social* 234, no. 1 (March 22, 2011): 103–19.

8   Matthews David, *Fashion Victims,* 56.

9   Graham Martin and Marion Kite, "Potenial for Human Exposure to Mercury and Mercury Compounds from Hat Collections," *AICCM Bulletin* 30 (December 1, 2006): 12–16, https://doi.org/10.1179/bac.2006.30.1.002.

10   Kevin M. Rice, Ernest M. Walker, Miaozong Wu, Chris Gillette, and Eric R. Blough, "Environmental Mercury and Its Toxic Effects," *Journal of Preventive Medicine and Public Health* 47, no. 2 (March 2014): 74–83, https://doi.org/10.3961/jpmph.2014.47.2.74.

11   Alexandre Malek, Krystel Aouad, Rana El Khoury, Maya Halabi-Tawil, and Jacques Choucair, "Chronic Mercury Intoxication Masquerading as Systemic Disease: A Case Report and Review of the Literature," *European Journal of Case Reports in Internal Medicine* 4, no. 6 (May 24, 2017): 000632, https://doi.org/10.12890/2017_000623.

12   Shirley T. Wajda, "Ending the Danbury Shakes: A Story of Workers' Rights and Corporate Responsibility," Connecticut History, a CTHumanities Project, December 12, 2020, https://connecticuthistory.org/ending-the-danbury-shakes-a-story-of-workers-rights-and-corpo-

rate-responsibility/.

13   Linda Stowell, "Last Hat Factory in 'Hat City' Closes," AP News, December 18, 1987, https://apnews.com/article/a56e 970a90b5d28f-d928836acfd68184.

14   Brianna Snyder, "Gloversville Tanneries Fade Away, but Illness Remains," *Times Union*, July 6, 2016, https://www.timesunion.com/news/article/Gloversville-tanneries-fade-away-but-illness-8343901.php.

15   J. G. P., "The Puering, Bating, and Drenching of Skins," *Nature* 90, no. 2240 (October 1912): 130, https:// doi.org/10.1038/090130a0.

16   AFAR, "Chouara Tannery," accessed October 18, 2022, https://www.afar.com/places/chouara-tannery.

17   "Chrome Tanned vs. Vegetable Tanned Leather, Explained," Gentleman's Gazette, YouTube video, August 3, 2020, https://www.youtube.com/watch?v= 6D3TrHqhJHw.

18   Jennifer Mazur, "Historic Gloversville," City of Gloversville, June 2, 2015, http://www.cityofgloversville.com/category/historic-gloversville/.

19   Snyder, "Gloversville Tanneries Fade Away," https://www.timesunion.com/news/article/Gloversville-tanneries-fade-away-but-illness-8343901.php."

20   Debbie M. Price, "In Upstate New York, Life Under Leather's Long Shadow," *Undark Magazine*, February 22, 2017, https://undark.org/2017/02/22/leathers-long-shadow-gloversville-new-york/.

21   Debbie M. Price, "Our Lust for Leather Comes at a High Price in the Developing World," *Undark Magazine*, February 21, 2017, https://undark.org/2017/02/21/leather-tanning-bangladesh-india/.

22   "Chromium (Cr) Toxicity: Clinical Assessment—History, Signs and Symptoms," ATSDR, February 9, 2021, https://www.atsdr.cdc.gov/csem/chromium/signs_and_symptoms.html.

23   "Introduction to Polyurethanes: History," American Chemistry Council, accessed July 28, 2021, https://polyurethane.americanchemistry.com/History/.

24   Mary Bellis, "Explore the History and Evolution of Vinyl," *ThoughtCo*

(blog), February 19, 2019, https://www.thoughtco.com/history-of-vi-nyl-1992458.

25 Jennifer Beth Sass, Barry Castleman, and David Wallinga, "Vinyl Chlo-ride: A Case Study of Data Suppression and Misrepresentation," *Envi-ronmental Health Perspectives* 113, no. 7 (July 2005): 809–12, https://doi.org/10.1289/ehp.7716.

26 "Six Revolutionary Designs by Mary Quant," Victoria and Albert Muse-um, accessed August 25, 2022, https:// www.vam.ac.uk/articles/six-revo-lutionary-designs-by-mary-quant.

27 "Fashion Unpicked: The 'Wet Collection' by Mary Quant," Victoria and Albert Museum, accessed August 25, 2022, https://www.vam.ac.uk/arti-cles/fashion-unpicked-the-wet-collection-by-mary-quant.

28 Kettj Talon, "The PVC Revolution in the Fashion World," *Nss Magazine* (blog), November 29, 2018, https://www.nssmag.com/en/article/16936.

29 Sass, "Vinyl Chloride: A Case Study of Data Suppression and Misrepre-sentation."

30 William H. Hedley, Joseph T. Cheng, Robert J. McCormick, and Wood-row A. Lewis, "Sampling of Automobile Interiors for Vinyl Chloride Monomer," EPA, May 1976.

31 Sass et al., "Vinyl Chloride," https://doi.org/10.1289/ehp.7716.

32 Amy Westervelt, "Phthalates Are Everywhere, and the Health Risks Are Worrying. How Bad Are They Really?," *Guardian*, February 10, 2015, https://www.theguardian.com/lifeandstyle/2015/feb/10/phthalates-plas-tics-chemicals-research-analysis.

33 Carl-Gustaf Bornehag, Fredrik Carlstedt, Bo AG J Jönsson, Christian H. Lindh, Tina K. Jensen, Anna Bodin, Carin Jonsson, Staffan Janson, and Shanna H. Swan, "Prenatal Phthalate Exposures and Anogenital Distance in Swedish Boys," *Environmental Health Perspectives* 123, no. 1 (January 2015): 101–7, https://doi.org/10.1289/ehp.1408163.

34 Forever Barbie Children's Clutch with Di-isodecyl phthalate (DIDP) on 07/28/2022 and children's shoes with Di(2-ethylhexyl)phthalate (DEHP) on 05/03/2022, State of California Department of Justice, Office of the At-

torney General, "Proposition 65 60-Day Notice Search Results," accessed August 25, 2022, https://oag.ca.gov/prop65/60-day-notice-search-results.

35   "Ruth Benerito," Science History Institute, December 1, 2017, https://www.sciencehistory.org/historical-profile/ruth-benerito.

36   Lauren K. Wolf, "What's That Stuff? Wrinkle-Free Cotton," *Chemical & Engineering News*, December 2, 2013, https://cen.acs.org/articles/91/i48/Wrinkle-Free-Cotton.html.

37   "Ruth R. Benerito, 2002 Lemelson-MIT Lifetime Achievement Award Winner," Lemelson Foundation, YouTube video, March 1, 2009, https://www.youtube.com/watch?v=wOUZZu7CoTI.

38   Michael Sadowski, Lewis Perkins, and Emily McGarvey, "Roadmap to Net Zero: Delivering Science-Based Targets in the Apparel Sector," World Resources Institute, November 2021, https://www.wri.org/research/roadmap-net-zero-delivering-science-based-targets-apparel-sector.

39   Amanda Grennell, "Does Formaldehyde Cause Leukemia? A Delayed EPA Report May Hold the Answer," *NewsHour*, PBS, August 29, 2018, https://www.pbs.org/newshour/science/does-formaldehyde-cause-leukemia-a-delayed-epa-report-may-hold-the-answer.

40   "Visa Fabrics Commercial, 1980's," YouTube video, October 28, 2014, https://www.youtube.com/watch?v=tYxxCbtfzHY.

41   Alyssa A. Lappen, "Can Roger Milliken Emulate William Randolph Hearst?," *Forbes*, May 29, 1989, http://www.alyssaalappen.org/1989/05/29/can-roger-milliken-emulate-william-randolph-hearst/.

42   Stephanie Clifford, "U.S. Textile Plants Return, with Floors Largely Empty of People," *New York Times*, September 19, 2013, https://www.nytimes.com/2013/09/20/business/us-textile-factories-return.html.

43   "Introduction to the Problems Surrounding Garment Textiles," BundesinstitutfürRisikobewertung, July 6, 2012, https://www.bfr.bund.de/cm/349/introduction-to-the-problems-surrounding-garment-textiles.pdf.

44   Grennell, "Does Formaldehyde Cause Leukemia?" https://www.pbs.

org/newshour/science/does-formaldehyde-cause-leukemia-a-de-layed-epa-report-may-hold-the-answer.

45   Tara Siegel Bernard, "When Wrinkle-Free Clothing Also Means Form-aldehyde Fumes," *New York Times*, December 11, 2010, https://www.nytimes.com/2010/12/11/your-money/11wrinkle.html.

46   "Breathe by Milliken," Milliken, accessed August 1, 2020, https://www.millikenspecialtyinteriors.com/breathe-by-milliken/.

47   Grennell, "Does Formaldehyde Cause Leukemia?" https://www.pbs.org/newshour/science/does-formaldehyde-cause-leukemia-a-delayed-epa-report-may-hold-the-answer.

48   "Flame Resistant Fabric, FR Fabric Brands, Westex: A Milliken Brand," accessed August 8, 2021, https://www.westex.com/fr-fabric-brands/?gclid=CjwKCAjwgb6IBhAREiwAgMYKRj1HdXbCZXGHkhicl7lD-Jo15k0ElJ9U9X cAPzGtqEh_bNskFqhKFSxoCQ8wQAvD_BwE.

49   Jim Abbot, "The Fishkill on Georgia's Ogeechee River," Scalawag, May 24, 2018, http://scalawagmagazine.org/2018/05/the-fishkill-on-georgias-ogeechee-river/.

50   Laura Corley, "Milliken Asks to Lower Pollution Permit Standards for Ogeechee River Plant," *The Current*, October 28, 2020, http://thecurrentga.org/2020/10/28/milliken-asks-to-lower-pollution-permit-standards-for-ogeechee-river-plant/.

51   "Milliken Sustainability," Milliken, accessed August 8, 2021, https://sustainability.milliken.com/.

52   Corley, "Milliken Asks to Lower Pollution Permit Standards for Ogeechee River Plant."

53   Georgia Department of Natural Resources Environmental Protection Division, Public Hearing Proposed NPDES Permit, King America Finishing, Inc., 2020.

54   Nathaniel Rich, "The Lawyer Who Became DuPont's Worst Nightmare," *New York Times Magazine*, January 6, 2016, https://www.nytimes.com/2016/01/10/magazine/the-lawyer-who-became-duponts-worst-nightmare.html.

55 Sharon Lerner, "The Teflon Toxin: DuPont and the Chemistry of Deception," *The Intercept*, August 11, 2015, https://theintercept.com/2015/08/11/dupont-chemistry-deception/.

56 Matt McGrath, "Pollution: 'Forever Chemicals' in Rainwater Exceed Safe Levels," BBC News, August 2, 2022, https://www.bbc.com/news/science-environment-62391069.

57 Hiroko Tabuchi, "Fire-fighters Battle an Unseen Hazard: Their Gear Could Be Toxic," *New York Times*, January 26, 2021, https://www.ny-times.com/2021/01/26/climate/pfas-firefighter-safety.html.

58 Ariel Wittenberg, "Firefighters Face Lies, 'Phony' Studies on PFAS Exposure," *E&E News*, February 17, 2021, https://subscriber.politicopro.com/article/eenews/1063725299.

59 Jessian Choy, "What You Need to Know About 'Nontoxic' Menstrual Underwear," *Sierra* magazine, March 16, 2020, https://www.sierraclub.org/sierra/what-you- need-know-about-nontoxic-menstrual-underwear.

60 Laurel A. Schaider, Simona A. Balan, Arlene Blum, David Q. Andrews, Mark J. Strynar, Margaret E. Dickinson, David M. Lunderberg, Johnsie R. Lang, and Graham F. Peaslee, "Fluorinated Compounds in U.S. Fast Food Packaging," *Environmental Science & Technology Letters* 4, no. 3 (2017): 105–11, https://doi.org/10.1021/acs.estlett.6b00435.

61 Betsy Sikma, "Milliken & Company Commits to Eliminating PFAS," Milliken, accessed August 25, 2022, https://www.milliken.com/en-us/businesses/textile/news/milliken-and-company-commits-to-eliminating-pfas.

4장

1 Alison Matthews David, *Fashion Victims: The Dangers of Dress Past and Present*, 3rd ed., (London: Bloomsbury Visual Arts, 2020).

2 Arthur Hill Hassall, "On the Danger of Green Paint in Artificial Leaves

and Flowers," *American Journal of the Medical Sciences* 41, no. 81 (January 1861): 290–91, https://doi.org/10.1097/00000441-186101000-00096.

3   Matthews David, *Fashion Victims.*

4   "*English Woman's Journal* (1858–1864), July 1861, Edition 1 of 1, Page 314," Nineteenth-Century Serials Edition, accessed July 8, 2021, https://ncse.ac.uk/periodicals/ewj/is sues/ewj_01071861/page/26/.

5   Matthews David, *Fashion Victims.*

6   José Ramón Bertomeu Sánchez, "Chapter 5, Arsenic in France. The Cultures of Poison During the First Half of the Nineteenth Century," University of Valencia, 2018, https://www.researchgate.net/publication/345017583_5_Arsenic_in_France_The_Cultures_of_Poison_During_the_First_Half_of_the_Nineteenth_Century.

7   Matthews David, *Fashion Victims.*

8   Hassall, "On the Danger of Green Paint in Artificial Leaves and Flowers," https://doi.org/10.1097/00000441-186101000-00096.

9   Matthews David, *Fashion Victims*, 72.

10 J. & A. Churchill, "Arsenical Ball Wreaths," *Medical Times and Gazette* 1 (1862): 139.

11 Matthews David, *Fashion Victims*, 72.

12 Dan Fagin, *Toms River: A Story of Science and Salvation* (New York: Island Press, 2015).

13 Simon Garfield, *Mauve: How One Man Invented a Colour That Changed the World* (London: Faber and Faber, 2000), 100. [《모브》, 공경희 옮김, 웅진지식하우스, 2001]

14 "Development of Physical Chemistry During the Nineteenth Century," Encyclopedia.com, accessed August 26, 2022, https://www.encyclopedia.com/science/encyclopedias-almanacs-transcripts-and-maps/development-physical-chemistry-during-nineteenth-century.

15 Fagin, *Toms River.*

16 "Facts About Benzene," CDC, May 15, 2019, https://emergency.cdc.gov/agent/benzene/basics/facts.asp.

17 Matthews David, *Fashion Victims.*

18   Fagin, *Toms River*.

19   Fagin, *Toms River*, 115.

20   Fagin, *Toms River*.

21   Virginia Postrel, *The Fabric of Civilization: How Textiles Made the World* (New York: Basic Books, 2020).

22   Garfield, *Mauve*.

23   Garfield, *Mauve*.

24   Charlotte Crosby Nicklas, "Splendid Hues: Colour, Dyes, Everyday Science, and Women's Fashion, 1840–1875," doctoral thesis, University of Brighton, 2009, https://cris.brighton.ac.uk/ws/portalfiles/portal/318269/C+Nicklas+Thesis+Final.pdf.

25   D. P. Steensma, "'Congo' Red: Out of Africa?," *Archives of Pathology & Laboratory Medicine* 125, no. 2 (February 2001): 250–52, https://doi.org/10.5858/2001-125-0250-CR.

26   Jenny Balfour-Paul, *Indigo: Egyptian Mummies to Blue Jeans* (London: Firefly Books, 2011).

27   Garfield, *Mauve*.

28   Amit Bafana, Sivanesan Saravana Devi, and Tapan Chakrabarti, "Azo Dyes: Past, Present and the Future," *Environmental Reviews* 19 (2011): 350–70, https://cdnsciencepub.com/doi/abs/10.1139/a11-018.

29   Matthews David, *Fashion Victims*, 110.

30   Garfield, *Mauve*.

31   Matthews David, *Fashion Victims*, 101.

32   "Jaeger Wool Corset, 1890s," FIDM Museum, November 5, 2014, https://fidmmuseum.org/2014/11/jaeger-wool-corset-1890s.html.

33   Jocelyn Sears, "Wearing a 19th-Century Mourning Veil Could Result in—Twist—Death," Racked, March 29, 2018, https://www.racked.com/2018/3/29/17156818/19th-century-mourning-veil.

34   Prince A. Morrow, A System of Genito-Urinary Diseases, Syphilology and Dermatology v. 3, 1894," https://books.google.com/books?id=s-7bA2MduF5sC&pg=PR1&lpg=PR1&dq=Morrow,+%E2%80%-9CA+System+of+Genito-+Urinary+Disea ses,+Syphilology+and+-

Dermatology+v.+3,+1894,%E2%80%9D&source=bl&ots=x-
6LcT-gbvl&sig=ACfU3U2BexjJa7dBm9UZ25pNfOF5pRxN-
2w&hl=en&sa=X&ved=2ahUKEwjz6dLtnuf7AhUPK1kFHagnD_AQ
6AF6BAgGEAM#v=onepage&q=Morrow%2C%20%E2%80%-
9CA%20System%20of%20Genito-%20Urinary%20Diseases%2C%20
Syphilology%20and%20Dermatology%20 v.%203%2C%20
1894%2C%E2%80%9D&f=false.

35   *New York Medical Journal*, vol. 50, D. Appleton & Company, 1889,
      https://books.google.com/books/about/New_York_Medical_Journal.
      html?id=FDICAAAAYAAJ.

36   *Maryland Medical Journal*, vol. 21, Harvard University 1889, https://
      books.google.com/books/about/Maryland_Medical_Journal.htm-
      l?id=Io0RAAAAYAAJ.

37   Sears, "Wearing a 19th-Century Mourning Veil Could Result in—
      Twist—Death," https://www.racked.com/2018/3/29/17156818/19th-cen-
      tury-mourning-veil.

38   Matthews David, *Fashion Victims*, 115.

39   Matthews David, *ashion Victims*, 115.

40   William E. Austin, *Principles and Practice of Fur Dressing and Fur Dyeing*
      (New York:Van Nostrand, 1922).

41   Nena Baker, *The Body Toxic: How the Hazardous Chemistry of Everyday
      Things Threatens Our Health and Well-Being* (New York: North Point Press,
      2009), 89.

42   Matthews David, *Fashion Victims*.

43   "Aniline, Medical Management Guidelines, Toxic Substance Portal,"
      ATSDR, accessed July 15, 2021, https://wwwn.cdc.gov/TSP/MMG/
      MMGDetails.aspx?mmgid=448&toxid=79.

44   David Michaels, "Waiting for the Body Count: Corporate Decision
      Making and Bladder Cancer in the U.S. Dye Industry," *Medical Anthro-
      pology Quarterly* 2, no. 3 (1988): 215–32, https://doi.org/10.1525/ma-
      q.1988.2.3.02a00030.

45   Garfield, *Mauve*, 110.

46 Michaels, "Waiting for the Body Count," https://doi.org/10.1525/ma-q.1988.2.3.02a00030.

5장

1 Linu Dash and Onkar Sumant, "Assisted Reproductive Technology Market Growth by 2030," Allied Market Research, August 2021, https://www.alliedmarketresearch.com/assisted-reproductive-technology-market-A13077.

2 Shanna H. Swan and Stacey Colino, *Count Down: How Our Modern World Is Threatening Sperm Counts, Altering Male and Female Reproductive Development, and Imperiling the Future of the Human Race* (New York: Simon & Schuster, 2020), 45. [《정자 0 카운트다운》, 김창기 옮김, 행복포럼, 2022]

3 Swan and Colino, *Count Down*, 36.

4 "Our Story," CHEM Trust, October 19, 2016, https://chemtrust.org/our_story/.

5 Swan and Colino, *Count Down*, 21.

6 Saniya Rattan, Changqing Zhou, Catheryne Chiang, Sharada Mahalin-gam, Emily Brehm, and Jodi A. Flaws, "Exposure to Endocrine Disruptors During Adulthood: Consequences for Female Fertility," *Journal of Endocrinology* 233, no. 3 (June 2017): R109–29, https://doi.org/10.1530/JOE-17-0023.

7 Rick Smith, Bruce Lourie, and Sarah Dopp, *Slow Death by Rubber Duck: The Secret Danger of Everyday Things* (Berkeley, CA: Counterpoint, 2009), 34–35. [《슬로우 데스》, 임지원 옮김, 동아일보사, 2022]

8 Barbara Demeneix, Laura N. Vandenberg, Richard Ivell, and R. Thomas Zoeller, "Thresholds and Endocrine Disruptors: An Endocrine Society Policy Perspective," *Journal of the Endocrine Society* 4, no. 10 (October 1, 2020): bvaa085, https://doi.org/10.1210/jendso/bvaa085.

9   Andreas Kortenkamp, Martin Scholze, Sibylle Ermler, Lærke Priskorn, Niels Jørgensen, Anna-Maria Andersson, and Hanne Frederiksen, "Combined Exposures to Bisphenols, Polychlorinated Dioxins, Paracetamol, and Phthalates as Drivers of Deteriorating Semen Quality," *Environment International* 165 (July 1, 2022): 107322, https://doi.org/10.1016/j.envint.2022.107322.

10 Swan and Colino, *Count Down*, 87.

11 Swan and Colino, *Count Down*, 139.

12 Swan and Colino, *Count Down*, 84.

13 Jessie P. Buckley, Jordan R. Kuiper, Deborah H. Bennett, Emily S. Barrett, Tracy Bastain, Carrie V. Breton, Sridhar Chinthakindi, et al., "Exposure to Contemporary and Emerging Chemicals in Commerce Among Pregnant Women in the United States: The Environmental Influences on Child Health Outcome (ECHO) Program," *Environmental Science & Technology* 56, no. 10 (May 17, 2022): 6560–73, https://doi.org/10.1021/acs.est.1c08942.

14 Swan and Colino, Count Down, 125.

15 "BASF, Hexamoll® DINCH®—the Trusted Non- Phthalate Plasticizer," BASF, YouTube video, 2016, https://www.youtube.com/watch?v=M4J-5D4pMgb4.

16 Swan and Colino, *Count Down*, 88.

17 John Mowbray, "Exclusive: Chemical Cocktail Found in Face Masks," Ecotextile News, April 1, 2021, https://www.ecotextile.com/2021040 127603/dyes-chemicals-news/ex clusive-chemical-cocktail-found-in-face-masks.html.

18 Arthur Friedman, "Harmful Chemical Found in 75 Sock Brands," *Sourcing Journal* (blog), November 2, 2021, https://sourcingjournal.com/topics/raw-materials/testing-california-harmful-chemical-socks-adi-sa-champion-reebok-new-balance-gap-310952/.

19 Parija Kavilanz, "High Levels of Toxic Chemical Found in Sports Bras, Watchdog Warns," *CNN*, October 13, 2022, https://www.cnn.com/2022/10/13/business/bpa-sports-bras/index.html.

20 Jasmin Malik Chua, "'Cancer Alley' a Cautionary Tale for Fashion's Polyester Love Affair," *Sourcing Journal* (blog), July 21, 2022, https://sourcingjournal.com/sustainability/sustainability-news/cancer-alley-recycled-polyester-toxic-chemicals-antimony-defend-our-health-355467/.

21 Swan and Colino, *Count Down*, 42.

22 AFP-Relaxnews, "Some Cosmetics Could Increase the Risk of Endometriosis," FashionNetwork.com, April 7, 2021, https://us.fashionnetwork.com/news/Some-cosmetics-could-increase-the-risk-of-endometriosis,1293156.html.

23 Swan and Colino, *Count Down*, 68.

24 Swan and Colino, *Count Down*, 39.

25 Swan and Colino, *Count Down*, 110.

6장

1 Ashton Kang, "High-Flying Fashion Reaches New Heights," Delta News Hub, May 29, 2018, https://news.delta.com/high-flying-fashion-reaches-new-heights.

2 "Zac Posen Presents New Uni- forms for Delta," *New York Times*, October 18, 2016, https://www.nytimes.com/2016/10/20/fashion/zac-posen-delta-air-lines-new-uniforms.html.

3 Ronald Sullivan, "Theron G. Randolph, 89, Environmental Allergist," *New York Times*, October 5, 1995, https://www.nytimes.com/1995/10/05/us/theron-g-randolph-89-environmental-allergist.html.

4 "Gulf War Veterans' Medically Unexplained Illnesses," Public Health, US Department of Veterans Affairs, Veterans' Health, accessed August 24, 2022, https://www.publichealth.va.gov/exposures/gulfwar/medically-unexplained-illness.asp.

5 "Gulf War Syndrome," Johns Hopkins Medicine, accessed August 24, 2022, https://www.hopkinsmedicine.org/health/conditions-and-diseas-

es/gulf-war-syndrome.

6 Michael K. Magill and Anthony Suruda, "Multiple Chemical Sensitivity Syndrome," *American Family Physician* 58, no. 3 (September 1, 1998): 721–28.

7 Anne Steinemann, "National Prevalence and Effects of Multiple Chemical Sensitivities," *Journal of Occupational and Environmental Medicine* 60, no. 3 (March 2018): e152–56, https://doi.org/10.1097/JOM.0000000000001272.

8 R. F. Palmer, T. Walker, D. Kattari, R. Rincon, R. B. Perales, C. R. Jaén, C. Grimes, D. R. Sundblad, and C. S. Miller, "Validation of a Brief Screening Instrument for Chemical Intolerance in a Large U.S. National Sample," *International Journal of Environmental Research and Public Health* 2021, 18, 8714, https://doi.org/10.3390/ijerph18168714.

9 Claudia S. Miller, Raymond F. Palmer, Tania T. Dempsey, Nicholas A. Ashford, and Lawrence B. Afrin, "Mast Cell Activation May Explain Many Cases of Chemical Intolerance," *Environmental Sciences Europe* 33, no. 1 (November 17, 2021): 129, https://doi.org/10.1186/s12302-021-00570-3.

7장

1 Talia Avakian, "Southwest Just Debuted Its First New Uniforms in 20 Years," *Travel and Leisure*, June 23, 2017, https://www.travelandle isure.com/airlines-airports/southwest-airlines-new-uniforms.

2 Southwest Flight Attendant Speaks Out About Severe Reactions to Uniforms," Philly.com, March 7, 2020, https://www.inquirer.com/business/health/uniforms-toxic-rashes-southwest-american-alaska-delta-flight-attendants-20200307.html.

3 "Local 556 History," TWU Local 556, accessed August 24, 2022, https://twu556.org/about/history/.

4 Dunn, "'They're Hiding Something,'" https://www.inquirer.com/business/health/uniforms-toxic-rashes-southwest-american-alaska-delta-flight-attendants-20200307.html.

5 "Autoimmune Diseases," NIH: National Institute of Allergy and Infectious Diseases, May 2, 2017, https://www.niaid.nih.gov/diseases-conditions/autoimmune-diseases.

6 "Autoimmune Disease," National Stem Cell Foundation, accessed August 24, 2022, https://nationalstemcellfoundation.org/glossary/autoimmune-disease/.

7 Committee for the Assessment of NIH Research on Autoimmune Diseases, Board on Population Health and Public Health Practice, Health and Medicine Division, and National Academies of Sciences, Engineering, and Medicine, *Enhancing NIH Research on Autoimmune Disease* (Washington, DC: National Academies Press, 2022), https://doi.org/10.17226/26554.

8 Donna Jackson Nakazawa, *The Autoimmune Epidemic* (New York: Touchstone, 2008).

9 Committee for the Assessment of NIH Research on Autoimmune Diseases, Board on Population Health and Public Health Practice, Health and Medicine Division, and National Academies of Sciences, *Engineering, and Medicine, Enhancing NIH Research on Autoimmune Disease*, https://doi.org/10.17226/26554.

10 GBD Chronic Respiratory Disease Collaborators, "Prevalence and Attributable Health Burden of Chronic Respiratory Diseases, 1990–2017: A Systematic Analysis for the Global Burden of Disease Study 2017," *The Lancet Respiratory Medicine* 8, no. 6 (June 2020): 585–96, https://doi.org/10.1016/S2213-2600(20) 30105-3.

11 Laura Dwyer-Lindgren, Amelia Bertozzi-Villa, Rebecca W. Stubbs, Chloe Morozoff, Shreya Shirude, Mohsen Naghavi, Ali H. Mokdad, and Christopher J. L. Murray, "Trends and Patterns of Differences in Chronic Respiratory Disease Mortality Among US Counties, 1980–2014—PMC," *Journal of the American Medical Association* 318, no. 12 (September 26,

2017): 1136–49.

12 "What Causes COPD," American Lung Association, accessed August 24, 2022, https://www.lung.org/lung-health-diseases/lung-disease-look-up/copd/what-causes-copd.

13 Nirupama Putcha, Han Woo, Meredith C. McCormack, Ashraf Fawzy, Karina Romero, Meghan F. Da- vis, Robert A. Wise, et al., "Home Dust Allergen Exposure Is Associated with Outcomes Among Sensitized Individuals with Chronic Obstructive Pulmonary Disease," *American Journal of Respiratory and Critical Care Medicine* 205, no. 4 (February 15, 2022): 412–20, https://doi.org/10.1164/rccm.202103-0583OC.

14 Nakazawa, *The Autoimmune Epidemic*, 21.

15 Nakazawa, *The Autoimmune Epidemic*, 30.

16 Nakazawa, *The Autoimmune Epidemic*, 70.

17 Nakazawa, *The Autoimmune Epidemic*, 117.

18 Committee for the Assessment of NIH Research on Autoimmune Diseases, Board on Population Health and Public Health Practice, Health and Medicine Division, and National Academies of Sciences, Engineering, and Medicine, *Enhancing NIH Research on Autoimmune Disease*, https://doi.org/10.17226/26554.

8장

1 Jasmin Malik Chua, "Rising Cotton Prices Behind Indian Garment Makers' Strike Plan," *Sourcing Journal* (blog), May 5, 2022, https://sourcingjournal.com/topics/raw-materials/india-cotton-prices-strike-tirupur-garment-owners-association-knitwear-343331/.

2 Adam Matthews, "The Environmental Crisis in Your Closet," *Newsweek*, August 13, 2015, https://www.newsweek.com/2015/08/21/environmental-crisis-your-closet-362409.html.

3 J. Kiruthika, R. Jayasree, S. Vidhya, P. San- geetha, and R. Sudhaa, "Com-

parative Study on Orathupalayam Dam Before and After Releasing of 'Contaminated' Water (Part II)," *NCSC*, Project submitted to Jaivabai Municipal Girls HR. Sec. School, Tirupur, India, 2005.

4   Neeta Deshpande, "India's Textile City of Tiruppur Is an Environmental Dark Spot," *The Wire*, February 12, 2020, https://thewire.in/environment/australian-open-tiruppur-dyeing-bleaching-groundwater-contamination-agriculture-noyyal-river.

5   "Can the Courts Save India's Rivers from Pollution? Tirupur Shows the Answer Is No," Covai Post Network, August 30, 2016, https://www.covaipost.com/columns/can-the-courts-save-indias-rivers-from-pollution-tirupur-shows-the-answer-is-no/.

6   Chua, "Rising Cotton Prices Behind Indian Garment Makers' Strike Plan," https://sourcingjournal.com/topics/raw-materials/india-cotton-prices-strike-tirupur-garment-owners-association-knitwear-343331/.

7   "Hearing Loss to Tuberculosis: The Occupational Health Hazards Faced by Garment Workers," Environics Trust, accessed August 24, 2022, https://environicsindia.in/2021/07/06/hearing-loss-to-tuberculosis-the-occupational-health-hazards-faced-by-garment-workers/.

8   "Hearing Loss to Tuberculosis," Environics Trust.

9   David G. Kern, Eli Kern, Robert S. Crausman, and Richard W. Clapp, "A Retrospective Cohort Study of Lung Cancer Incidence in Nylon Flock Workers, 1998–2008," *International Journal of Occupational and Environmental Health* 17, no. 4 (December 2011): 345–51, https://doi.org/10.1179/107735211799 041814.

10   SimpliCity News Team, "Four Youth Die of Suffocation in Tirupur: Authorities Seal Dyeing Unit," Simplicity.In, April 15, 2019, https://simplicity.in/coimbatore/english/news/46258/Four-youth-die-of-suffocation-in-Tirupur-Authorities-seal-dyeing-unit.

11   Humayun Kabir, Myfanwy Maple, Kim Usher, and Md Shahidul Islam, "Health Vulnerabilities of Readymade Garment (RMG) Workers: A Systematic Review," *BMC Public Health* 19, no. 1 (January 15, 2019): 70,

https://doi.org/10.1186/s12889-019-6388-y.

12   "Dirty Laundry: Unravelling the Corporate Connections to Toxic Water Pollution in China," Greenpeace International, 2011, https://www.greenpeace.org/international/publication/7168/dirty-laundry/.

13   "Toxic Threads: The Big Fashion Stitch-Up," Greenpeace International, November 20, 2012, https://www.greenpeace.org/international/publication/6889/toxic-threads-the-big-fashion-stitch-up.

14   Contributors: Textile and Footwear Industry," Roadmap to Zero, accessed August 24, 2022, https://www.roadmaptozero.com/contributor-category/textile-and-footwear-industry.

15   Simon Glover, "Mountain of Salt Sludge Hampers Dyehouses," Ecotextile News, accessed October 19, 2022, https://www.ecotextile.com/2022101029927/dyes-chemicals-news/mountain-of-salt-sludge-hampers-dyehouses.html.

16   Simon Glover, "H&M, Nudie in Call for Chemical Transparency," Ecotextile News, April 22, 2022, https://www.ecotextile.com/2022042229254/dyes-chemicals-news/h-m-nudie-in-call-for-chemical-transparency.html.

17   Catherine Tubb, Nitin Sukh, and Peter Elwin, *Threadbare Data: Poor Environmental Disclosures by Textile Wet Processing Companies Prevent Investors from Properly Pricing ESG Risks and Opportunities*, Planet Tracker, May 2021, https://planet-tracker.org/environmental-data-dearth-in-wet-processing/.

18   Alden Wicker, "The Fashion Industry Could Reduce Emissions—If It Wanted To," *Wired*, November 13, 2021, https://www.wired.com/story/fashion-industry-reduce-emissions/.

19   John Mowbray, "Screening Pinpoints Textile Chemical Pollutants," Ecotextile News, November 17, 2020, https://www.ecotextile.com/2020111727003/dyes-chemicals-news/screening-pinpoints-textile-chemical-pollutants.html.

20   Najifa Farhat, "Hazardous Azo Dye Plagues Local Garments Market," *Dhaka Tribune*, June 4, 2022, https://www.dhakatribune.com/bangla-

desh/2022/06/04/hazardous-azo-dye-plagues-local-garments-market.

21 "The Environmental Crisis in Your Closet," *Newsweek*, August 13, 2015. https://www.newsweek.com/2015/08/21/environmental-crisis-your-closet-362409.html.

22 "Can the Courts Save India's Rivers from Pollution? Tirupur Shows the Answer Is No," https://www.covaipost.com/columns/can-the-courts-save-indias-rivers-from-pollution-tirupur-shows-the-answer-is-no/.

23 Deshpande, "India's Textile City of Tiruppur Is an Environmental Dark Spot," *The Wire*, February 12, 2020, https://thewire.in/environment/australian-open-tiruppur-dyeing-bleaching-groundwater-contamination-agriculture-noyyal-river.

24 Dan Fagin, *Toms River: A Story of Science and Salvation* (New York: Island Press, 2015).

25 "Gujarat's Deep Sea Effluent Pipeline Likely to Benefit Nearly 4,500 Industrial Units," *Financial Express*, November 20, 2020, https://www.financialexpress.com/industry/gujarats-deep-sea-effluent-pipeline-likely-to-benefit-nearly-4500-industrial-units/2132449/.

9장

1 "America's Biggest Ports Handled a Record 50.5 Million Shipping Containers Last Year," MarketWatch, February 23, 2022, https://www.marketwatch.com/story/americas-biggest-ports-handled-a-record-50-5-million-shipping-containers-last-year-11645539342.

2 Chris Baraniuk, "What Lurks Inside Shipping Containers," *Hakai Magazine*, July 7, 2022, https://hakaimagazine.com/news/what-lurks-inside-shipping-containers/.

3 Urban Svedberg and Gunnar Johanson, "Occurrence of Fumigants and Hazardous Off-Gassing Chemicals in Shipping Containers Arriving in

Sweden," *Annals of Work Exposures and Health* 61, no. 2 (March 1, 2017): 195–206, https://doi.org/10.1093/annweh/wxw022.

4   "Incident Report Details: 20211222-CCE09-2147358340," SaferProducts. gov, December 22, 2021, https://www.saferproducts.gov/PublicSearch/ Detail?ReportId=3534047.

5   "Incident Report Details: 20211112-93C7E-2147358801," SaferProducts. gov, November 12, 2021, https://www.saferproducts.gov/PublicSearch/ Detail?ReportId=3494045.

6   "Incident Report Details: 20211030-BF3E1-2147359010," SaferProducts. gov, October 30, 2021, https://www.saferproducts.gov/PublicSearch/ Detail?ReportId=3484737.

7   "Incident Report Details: 20210512-13F30-2147364164," SaferProd- ucts.gov, May 12, 2021, https://www.saferprod ucts.gov/PublicSearch/ Detail?ReportId=3281051.

8   "Incident Report Details: 20201116-56398-2147368093," SaferProd- ucts.gov, November 16, 2021, https://www.saf erproducts.gov/Public- Search/Detail?ReportId=2034295.

9   William Alan Reinsch, "De Minimis," Center for Strategic and Interna- tional Studies, January 18, 2022, https://www.csis.org/analysis/de-mini- mis.

10 "Joint Letter from Industry and Public Interest Groups to Congress Strongly Supporting the CPSC's Mission and a Substantial Increase in Funding," Consumer Reports Advocacy, June 2, 2021, https://advocacy. consumerreports.org/research/joint-letter-from-industry-and-pub- lic-interest-groups-to-congress-strongly-supporting-the-cpscs-mis- sion-and-a-substantial-increase-in-funding/.

11 Serena Marshall and John Parkinson, "Obama Enacts New Chem- ical Regulations: What Do Changes Mean?," ABC News, June 22, 2016, https://abcnews.go.com/Health/chemical-regulations/sto- ry?id=39723122.

12 Puneet Kollipara, "The Bizarre Way the U.S. Regulates Chemicals— Letting Them on the Market First, Then Maybe Studying Them," *The*

Washington Post, March 19, 2015, https://www.washingtonpost.com/news/energy-environment/wp/2015/03/19/our-broken-congress-lat-est-effort-to-fix-our-broken-toxic-chemicals-law/.

13 Sharon Lerner, "EPA Division Has 'Incredibly Toxic' Work Envi-ron- ment," *The Intercept*, March 30, 2022, https://theintercept.com/2022/03/30/epa-new-chemicals-division-workplace/.

14 Kollipara, "The Bizarre Way the U.S. Regulates Chemicals—Letting Them on the Market First, Then Maybe Studying Them," *The Wash-ington Post*, March 19, 2015, https://www.washingtonpost.com/news/energy-environment/wp/2015/03/19/our-broken-congress-latest-ef-fort-to-fix-our-broken-toxic-chemicals-law/.

15 Jasmin Malik Chua, "New York Assembly Votes to Ban PFAS From 'Common Apparel,'" *Sourcing Journal*, May 19, 2022, https://sourc-ingjournal.com/sustainability/sustainability-news/new-york-assem-bly-pfas-ban-aafa-polyfluoroalkyl-forever-chemicals-345297/.

16 Shanna H. Swan and Stacey Colino, *Count Down: How Our Modern World Is Threatening Sperm Counts, Altering Male and Female Repro-ductive Development, and Imperiling the Future of the Human Race* (New York: Simon & Schuster, 2020), 199.

17 Safety Gate: the EU Rapid Alert System for Dangerous Non-food Prod-ucts, "Alert Number: A12/00538/21," April 22, 2021, https://ec.europa.eu/safety-gate-alerts/screen/webReport/alertDetail/10003496.

18 Safety Gate: the EU Rapid Alert System for Dangerous Non-food Prod-ucts, "Alert Number: A12/01273/20," September 24, 2020, https://ec.eu-ropa.eu/safety-gate-alerts/screen/webRe port/alertDetail/10001928.

19 Tony Whitfield, "ECHA Enforcement Finds Breaches of EU Chemical Laws," Ecotextile News, December 9, 2021, https://www.ecotextile.com/2021120828706/dyes-chemicals-news/echa-enforcement-proj-ect-finds-breaches-of-eu-chemical-laws.html.

20 "Will Regulators Target Amazon for Prop. 65 Claims Without Section 230 Protection?" *The Recorder*, March 16, 2022, https://www.law.com/therecorder/2022/03/16/will-regulators-target-am-

azon-for-prop-65-claims-without- section-230-protection/?slre-turn=20220724162024.

21 "National PFAS Datasets," ECHO, US EPA, accessed August 24, 2022, https://echo.epa.gov/tools/data-downloads/national-pfas-datasets.

22 Based on the number of perfluorochemicals in Oeko-Tex's Restricted Substance List: ECO PASSPORT by OEKO-TEX®, Edition 01.2022.

23 Deborah Belgum, "Counterfeits Crammed with Toxic Chemicals, AAFA Says," *Sourcing Journal* (blog), March 23, 2022, https://sourcingjournal.com/topics/compliance/toxic-chemicals-counterfeit-footwear-apparel-aafa-arsenic-lead-phthalates-cadmium-335544/.

24 "SIN List," ChemSec, accessed August 24, 2022, https://sinlist.chemsec.org/.

25 Tom Perkins, "'Forever Chemicals' Found in Nearly 60% of Children's 'Waterproof' or 'Stain-Resistant' Textiles," *Guardian*, May 7, 2022, https://www.theguardian.com/environ ment/2022/may/07/pfas-forever-chemicals-children-textiles.

26 Chunjie Xia, Miriam L. Diamond, Graham F. Peaslee, Hui Peng, Arlene Blum, Zhanyun Wang, Anna Shalin, et al., "Per- and Polyfluoroalkyl Substances in North American School Uniforms," *Environmental Science & Technology* 56, no. 19 (October 4, 2022): 13845–57, https://doi.org/10.1021/acs.est.2c02111.

10장

1 Jessica Binns, "Kids' Shoes Sold on Amazon Recalled for Lead Contamination," *Sourcing Journal*, September 7, 2022, https://sourcingjournal.com/footwear/footwear-business/amazon-kolan-childrens-shoe-recall-lead-toxic-consumer-product-safety-commission-370067/.

2 "Fashion Trans-parency Index 2022," Fashion Revolution, August 1, 2022, https://www.fashionrevolution.org/about/transparency/.

3   Li-ping Wang and Jin-ye Wang, Skin Penetration of Inorganic and Me-
    tallic Nanoparticles, *Journal of Shanghai Jiaotong University* (Science) 19
    (2014): 691-97, doi: 10.1007/s12204-014-1567-6.
    R. George, S. Merten, T. T. Wang, P. Kennedy, and P. Maitz, "In Vivo
    Analysis of Dermal and Systemic Absorption of Silver Nanoparticles
    Through Healthy Human Skin," *Australasian Journal of Dermatology* 55,
    no. 3 (2014): 185-90. doi: 10.1111/ajd.12101.

4   Zannatul Ferdous and Abderrahim Nemmar, "Health Impact of Silver
    Nanoparticles: A Review of the Biodistribution and Toxicity Following
    Various Routes of Exposure," *International Journal of Molecular Sciences*
    21, no. 7 (March 30, 2020): 2375, https://doi.org/10.3390/ijms21072375.

5   Consumer Report, "How to Use Permethrin on Clothing, Safely," ac-
    cessed October 6, 2022, https://www.consumerreports.org/insect-repel-
    lent/how-to-use-permethrin-on-clothing-safely-a4370607226/.

6   "Toxic Chemicals Found in Common Scented Laundry Products, Air
    Fresheners," ScienceDaily, July 24, 2008, https://www.sciencedaily.com/
    releases/2008/07/080723134438.htm.

7   Anne C. Steinemann, Ian C. MacGregor, Sydney M. Gordon, Lisa G.
    Gallagher, Amy L. Davis, Daniel S. Ribeiro, and Lance A. Wallace, "Fra-
    granced Consumer Products: Chemicals Emitted, Ingredients Unlisted,"
    Environmental Impact Assessment Review 31, no. 3 (April 1, 2011): 328–33,
    https://doi.org/10.1016/j.eiar.2010.08.002.

8   J. D. Johansen, L. Skov, A. Volund, K. Andersen, and T. Menné, "Al-
    lergens in Combination Have a Synergistic Effect on the Elicitation
    Response: A Study of Fragrance-Sensitized Individuals," *British Jour-
    nal of Dermatology* 139, no. 2 (1998): 264–70, https://doi.org/10.1046/
    j.1365-2133.1998.02363.x.

9   "Fact Sheet: Tetrachloroethene (PERC) in Indoor & Outdoor Air," New
    York State Department of Health, September 2013, https://www.health.
    ny.gov/environmental/chemicals/tetrachloroethene/.

10 Gregory G. Bond, "How Do We Calculate the Number of Chemi-
    cals in Use Around the Globe?," International Council of Chemical

Associations (ICCA), accessed August 24, 2022, https:// icca-chem. org/news/ how-do-we-calculate-the-number-of-chemicals-in-use-around-the-globe/.

11 Jim Tankersley, "A Winter-Coat Heavyweight Gives Trump's Trade War the Cold Shoulder," *New York Times*, November 23, 2018, https:// www.nytimes.com/2018/11/23/business/economy/columbia-sports-wear-trump-trade-war.html.

12 Arthur Friedman, "Proposed de Minimis Bill 'Would Shut Down Shein,' Trade Expert Says," *Sourcing Journal*, January 19, 2022, https:// sourcingjournal.com/topics/trade/de-minimis-tariff-ecommerce-chi-na-shein-earl-blumenauer-trade-subcommittee-bill-323561/.

13 Saniya Rattan, Changqing Zhou, Catheryne Chiang, Sharada Mahalin-gam, Emily Brehm, and Jodi A. Flaws, "Exposure to Endocrine Disrup-tors During Adulthood: Consequences for Female Fertility," *Journal of Endocrinology* 233, no. 3 (June 2017): R 109–29, https://doi.org/10.1530/ JOE-17-0023.

14 "WA—New Study Finds Toxic Chemicals in Most Products Labeled Stain- or Water-Resistant," Toxic-Free Future, January 26, 2022, https:// toxicfreefuture.org/press-room/wa-new-study-finds-toxic-chemi-cals-in-most- products-labeled-stain-or-water-resistant/.

결론

1 "Court Rules in Favor of Twin Hill," Twin Hill, October 3, 2016, https:// www.prnewswire.com/news-releases/court-rules-in-favor-of-twin-hill-300337694.html.

2 "Court Rules in Favor of Twin Hill."

3 Lewis Lazare, "An American Airlines Pilot Drops Bombshell About Twin Hill Uniforms," *Chicago Business Journal*, May 16, 2017, https://www. bizjournals.com/chicago/news/2017/05/16/an-american-airlines-pi-

lot-drops-bombshell-about.html.

4   Dan Churney, "Judge Trims, but Refuses to Ground Suit Alleging
    American Airlines' Uniforms Made Workers Sick," *Cook County
    Record*, April 28, 2020, https://cookcountyrecord.com/stories/
    533248071-judge-trims-but-refuses-to-ground-suit-alleging-ameri-
    can-airlines-uniforms-made-workers-sick.

5   Zurbriggen v. Twin Hill American Airlines—Second Amended Com-
    plaint—Public (PDF), accessed August 24, 2022, https://www.scribd.com/
    document/395986448/Zurbriggen-v-Twin-Hill-American-Airlines-Sec-
    ond-Amended-Complaint-Public.

6   Association of Flight Attendants-CWA, "Uniforms," accessed October
    8, 2022, https://www.afacwa.org/uniforms.

7   Lewis Lazare, "American Airlines' Evolving Uniform Crisis Takes
    Two More Surprising Turns," *Chicago Business Journal*, May 9, 2017,
    https://www.bizjournals.com/chicago/news/2017/05/09/american-air-
    lines-evolving-uniform-crisis-takes.html.

8   Eileen McNeely, Steven J. Staffa, Irina Mordukhovich, and Brent
    Coull, "Symptoms Related to New Flight Attendant Uniforms," *BMC
    Public Health* 17, no. 1 (December 2017): 972, https://doi.org/10.1186/
    s12889-017-4982-4.

9   "Delta Flight Attendant Uniforms Found to Contain Toxic Chemi-
    cals in Levels 10x Higher Than What's Permitted by H&M," Paddle
    Your Own Kanoo, May 22, 2020, https://www.paddleyourownkanoo.
    com/2020/05/22/delta-flight-attendant-uniform-found-to-contain-tox-
    ic-chemicals-in-levels-10x-higher-than-whats-permitted-by-hm/.

10 Hillel Aron, "Barely Legal: The Surreal Saga of Tom Girardi and Erika
    Jayne," *Los Angeles Magazine*, November 29, 2021, https://www.lamag.
    com/culturefiles/the-surreal-saga-of-tom-girardi-and-erika-jayne/.

11 On March 4, 2021, Bearup filed a "Personal Injury—Other Product
    Liability" lawsuit against Cintas Corporation. This case was filed in US
    District Courts, Ohio Southern District. The judge overseeing this case is
    Matthew W. McFarland. The case status is "Pending—Other: Pending."

https://unicourt.com/case/pc-db5-bearup-v-cintas-corporation-839622.

12 "Nobody Really Knows What Happens to PFAS When We Throw Our Old Products Away," ChemSec, May 12, 2022, https://chemsec.org/nobody-really-knows-what-happens-to-pfas-when-we-throw-our-old-products-away/.

13 Shira Joudan and Rylan J. Lundgren, "Taking the 'F' out of Forever Chemicals," *Science* 377, no. 6608 (August 19, 2022): 816–17, https://doi.org/10.1126/sci ence.add1813.

14 US EPA, OA, "EPA Proposes Designating Certain PFAS Chemicals as Hazardous Substances Under Superfund to Protect People's Health," news release, August 26, 2022, https://www.epa.gov/newsreleases/epa-proposes-designating-certain-pfas-chemicals-hazardous-substances-under-superfund.

15 Arthur Friedman, "ZDHC Adding PFAS Chemicals to Naughty List," *Sourcing Journal* (blog), September 16, 2022, https://sourcingjournal.com/topics/raw-materials/zdhc-pfas-chemicals-manufacturing-restricted-substances-list-textiles-footwear-373208/.

16 Bay City News, "California Bans 'Forever Chemicals' in Fabrics, Makeup," NBC Bay Area, October 2, 2022, https://www.nbcbayarea.com/news/california/california-bans-chemicals-makeup-fabrics/3019162/.

17 Antonio Ragusa, Alessandro Svelato, Criselda Santacroce, Piera Catalano, Valentina Notarstefano, Oliana Carnevali, Fabrizio Papa, et al., "Plasticenta: First Evidence of Microplastics in Human Placenta," *Environment International* 146 (January 1, 2021): 106274, https://doi.org/10.1016/j.envint.2020.106274.

18 Mike Snider, "Microplastics Have Been Found in Air, Water, Food and Now . . . Human Blood," *USA Today*, March 25, 2022, https://www.usatoday.com/story/news/health/2022/03/25/plastics-found-inside-human-blood/7153385001/.

19 Damian Carrington, "Microplastics Found Deep in Lungs of Living People for First Time," *Guardian*, April 6, 2022, https://www.theguardian.com/environment/2022/apr/06/microplastics-found-deep-in-lungs-of-liv-

in-people-for-first-time.

20 Zehua Yan, Yafei Liu, Ting Zhang, Faming Zhang, Hongqiang Ren, and Yan Zhang, "Analysis of Microplastics in Human Feces Reveals a Correlation Between Fecal Microplastics and Inflammatory Bowel Disease Status," *Environmental Science & Technology* 56, no. 1 (January 4, 2022): 414–21, https://doi.org/10.1021/acs.est.1c03924.

21 "Fashion Waste from Nike, Clarks and Other Top Brands' Suppliers Burnt in Toxic Kilns Employing Modern-Day Slaves in Cambodia," Greenpeace UK, August 8, 2022, https:// www.greenpeace.org.uk/ news/fashion-waste-from-nike-clarks-and-other-top-brands-suppliers-burnt-in-toxic-kilns-employing-modern-day-slaves-in-cambodia/.

22 Maxine Bédat, *Unraveled: The Life and Death of a Garment* (New York: Portfolio/Penguin, 2021).

23 Bédat, *Unraveled*, 180.

24 Bédat, *Unraveled*, 213.

25 Bédat, *Unraveled*, 202.